本成果得到中国人民大学2016年度
"建设世界一流大学（学科）和特色发展引导专项资金"专项经费的支持

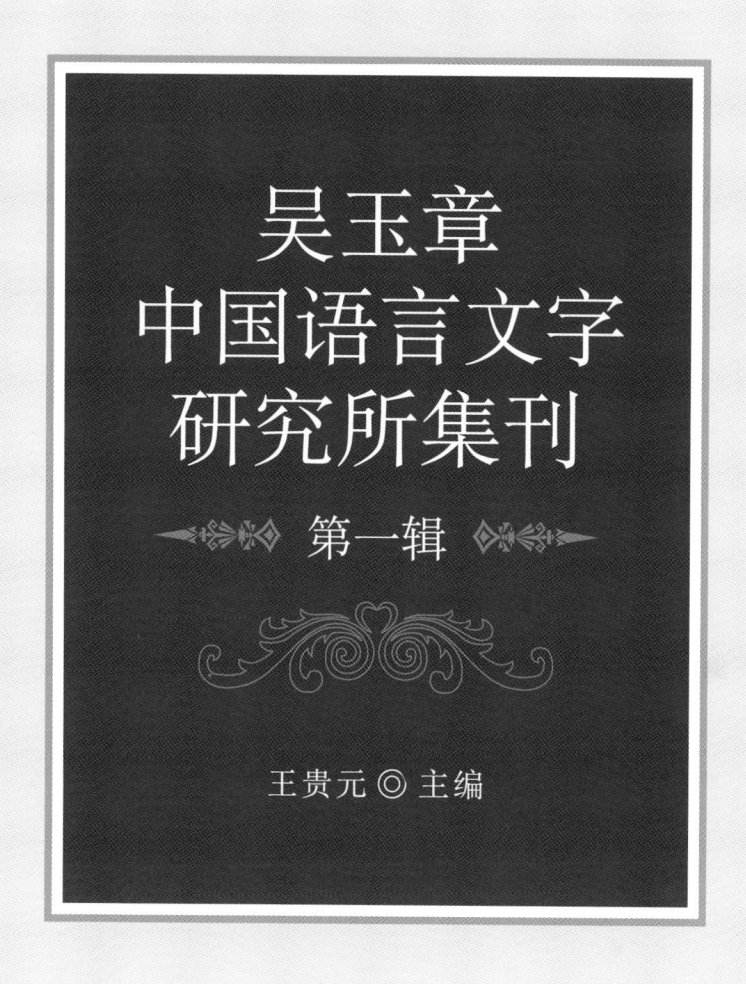

吴玉章中国语言文字研究所集刊

第一辑

王贵元 主编

中国社会科学出版社

图书在版编目（CIP）数据

吴玉章中国语言文字研究所集刊.第一辑/王贵元主编.—北京：中国社会科学出版社，2017.12
ISBN 978-7-5203-1936-2

Ⅰ.①吴… Ⅱ.①王… Ⅲ.①汉语-语言学-文集 Ⅳ.①H1-53

中国版本图书馆CIP数据核字（2018）第004793号

出 版 人	赵剑英
责任编辑	任　明
责任校对	郝阳洋
责任印制	李寡寡

出　　版	中国社会科学出版社
社　　址	北京鼓楼西大街甲158号
邮　　编	100720
网　　址	http：// www.csspw.cn
发 行 部	010-84083685
门 市 部	010-84029450
经　　销	新华书店及其他书店

印刷装订	北京君升印刷有限公司
版　　次	2017年12月第1版
印　　次	2017年12月第1次印刷

开　　本	710×1000　1/16
印　　张	19.25
插　　页	2
字　　数	308千字
定　　价	85.00元

凡购买中国社会科学出版社图书，如有质量问题请与本社营销中心联系调换
电话：010-84083683
版权所有　侵权必究

吴玉章先生
(1878年12月30日—1966年12月12日)

《吴玉章中国语言文字研究所集刊》
编委会

主　　　　编	王贵元
编　　　　委	（以姓氏笔画为序）
	龙国富　朱冠明　李　泉　李禄兴
	吴永焕　陈满华　陈前瑞　郑林啸
	骆　峰　陶曲勇　董正存　冀小军
编辑部主任	陶曲勇
本辑执行编辑	张　翔

目 录

- **纪念吴玉章中国语言文字研究所成立五十六周年特稿**

    语言文字学的人文性 …………………………………… 王　宁（3）
    学习吴老，全面推动语言文字事业的创新发展 ………… 苏培成（7）
    谈谈汉字整理工作中应该遵循的一些规律 ……………… 黄天树（11）
    谈谈中国语言学史研究的材料问题 ……………………… 张显成（14）
    《官话指南》北京口语词例释 …………………………… 张美兰（23）
    试论越南汉喃铭文中的汉越通用俗字 ………… 何华珍　刘正印（41）

- **汉字研究**

    三国吴简"竖画"考 ………………………………………… 刘　玥（63）
    楼兰汉文简纸文书笔形系统探析 ………………………… 路志英（73）
    篆隶改写的规则性研究——以∪类篆体成分为例 ……… 许　悦（89）
    西北汉简符号及相关汉字研究 …………………………… 李洁琼（99）
    春秋金文字际关系辩证三则 ……………………………… 杨秀恩（123）
    笔画识别和规范书写在汉字教学中的实践与应用 ……… 程　艳（130）

- **域外汉文古字书研究**

    日本藏汉文古字书集成与整理研究 ……………………… 王贵元（141）
    日本藏汉文古字书述要 …………………………………… 郭照川（148）
    《伊吕波字类抄》"天象"部、"地仪"部校注 …………… 陶曲勇（167）
    《篆隶万象名义》疑难词义校证拾零 …………………… 范文杰（176）

《篆隶万象名义》反切上字取字规律初探 …………… 郑林啸（196）
观智院本《类聚名义抄》人部字考辨 ……………… 赵晨霞（207）
《新撰字镜》的成书与版本问题 …………………… 张　翔（216）
《倭名类聚抄》成书及版本考述 …………………… 刘寒青（226）
日本字书《倭楷正讹》及其价值 …………………… 张颖慧（240）
日藏汉文古字书图书寮本《类聚名义抄》研究述评 … 李昕皓（249）
《下学集》所引汉诗与《韵府群玉》一致性比较 …… 蒋慧茹（261）

• 出土文献研究

上博楚简新《王居》篇的编连及有关释文的校释问题 … 龙国富（279）

• 学术信息

纪念吴玉章中国语言文字研究所成立五十六周年
　　高端论坛在京举办 ………………………………（297）
国家社科基金重大项目《日本藏汉文古字书集成与整理研究》
　　专家咨询会顺利举办 ……………………………（301）

纪念吴玉章中国语言文字研究所成立五十六周年特稿

语言文字学的人文性

王 宁

我这里说的语言文字学，主要指汉语语言文字学，也就是研究自己母语的学问。一个研究语言文字的人，先把自己的母语研究好，这不仅是一种学问，更是一种责任。

中国语言学史一般从周代开始写，近现代汉语语言学本应从章太炎先生将旧"小学"转变为"中国语言文字学"开始，但是进入20世纪50年代以后，人们的共识却认为中国科学的语言学是从《马氏文通》开始。将近一个世纪以来，这样的科学语言学究竟给我们注入了什么样的特点？需要做一个简单的回顾。

19—20世纪之交，晚清洋务运动之后，国门打开，硝烟随着不平等条约散去，西方列强对中国的文化输入以语言输入为前奏，西方语法是随着基督教的传播进入中国的。各类双语词典和专科双语词典不断涌入，母语的安全其实发生了问题。尽管一批爱国者和思想家已经发现了这个问题，但是，在当时的形势下，旧的帝王体制虽然已经覆灭，但几千年帝制推而不倒，不断复辟；与此同时，封建思想的暗流仍在涌动，作为精神层面的"国故"主流派，虽然旨在提醒维护民族独立的重要性，但在形式上与旧思想无法划清界限，很难成为社会思想的主流。新文化的模板是欧美的"文明"，虽也有弊病，但毕竟与几千年的封建社会和帝制有形式上的差别，因而在西化和"国故"的对决中，逐渐成为时代的潮流。从那时候起，"西化即现代化"的意识已经形成。

汉语的研究受西方语言学观念的影响很深。举例来说：结构语言学教给我们最有用的是共时语言的描写，这使汉语语言学成了现代科学，这里面凝聚着几个观念：共时与历时，语言系统，描写。句法结构、音系和音位的概念也是西方教给我们的，也非常有用……只不过，这些研究一旦到了中国语言学的顶层，有两个不言而喻的思想被无形中凝固在我们的研究方法里，一个是"形式化"，另一个是"抽象"。语言的内容被语言学忽略，到20世纪80年代以后，想要找回来，也是在句法结构的框架下研究，没有成为一个独立的语言学门类。

20世纪50年代学习苏联，《马克思主义与语言学问题》有不少观点对中国语言学有绝对的影响，语言三要素被界定为物质外壳的语音、构成材料的词汇、结构句子的语法，仍然没有提到最关键的语义。"语言没有阶级性"和"语言是工具"，一直在语言学界起着不言而喻的渗透作用，"没有阶级性"，指的是外部形式，只能成为交际和交流思想的"工具"，另一个观念随之产生——语言只是一种符号，一种形式。

信息时代到来后，汉字进入了计算机，中文可以进行信息处理了，资源库、语料库、数据库产生，作为符号的汉语和汉字的数理特性，也就更为彰显。受到泛科技思潮的影响，语言文字研究更多采用自然科学的量化方法，"数据"成为一种科学的标记，也成为语言文字学不可或缺的手段。

上述三个时代留下的学术印记，都不能说是完全错了，但是同时，在语言文字学发展过程中，我们是否忽略了什么？有没有造成什么片面性？回眸当代语言学的发展，上述三个时期被冲击到几乎没有声响的，是我们自己的语言学传统。

语言文字既是符号，研究它外在的形式和结构，当然没有错；语言文字符号既有系统，当然会有一部分数理的特性，可以在一定程度上量化，这也是一种进步；语言作为符号系统，确实没有阶级性，是思维交流思想的工具，这一点也不贬低它。但是，语言首先是人说的话，不是只有形式，形式是内容决定的。语言文字的确是符号，但这种符号不是纯数理符号，而是人文符号。语义是语言的内容，只有形式，没有内容，不是语言。意义不是纯粹客观理性的，是包含经验的，意义关系呈不等距的网络状，不能抽象为完全等距的数理符号。汉语恰恰是重意义而意义又隐形、内化的，如果我们把意义全部抽象掉，让其中的经验流失，置隐于底层的内化意义于不顾，语言文字研究会丢掉多少信息？还能真正描写出它的真相来吗？汉语当然不是没有句子结构，但是韵律常常对结构形成"挟持"状态。启功先生有一个极为生动的比喻，他说韵律是汉语的血小板，没有它，不能成为正常的血液。韵律像陷阱，想躲它，一不小心就掉进去。单句里不能说的，对句里都能说，散文里不能说的，韵文里到处有。没有形式的意合法，不具标记的内在范畴，形成一种"文气"，充满了特例，汉语语感不强的外国人甚至早就远离了传统的中国人都难以体会，完全形式化的归纳挂一漏万，四处不适应，到处是特例。语言文字都是负载文化的，如果我们连文化都抽象掉，把人文性抛弃，它还能是真正的汉语汉字吗？语言文字抽象到只剩了形式，最后完全可以用数学公式来计算，它丢掉的信息恐怕会是最本质的东西，得到的结论还能不能还原为人说的话？研究一个事物，最后验证时已经不再是这个事物，还谈什么科学性？

为了拾回这个人文性，中国传统语言文字学不断提出意义和文化问题，作出了多方面的努力。60年代一些青年学者发难，提出了"文化语言学"问题。70年代一些中年人发难，提出了"言语语言学""话语语言学"问题。80年代以来，一些理论语言学家一直想从汉语出发来研究语言理论，并且关注过汉字在语言学研究中的积极作用问题。最近又有人强调立足于中国传统的"文献语言学"。坚守的人不是没有，但无法改变现有的格局。

失掉了语言文字学的人文性，产生了什么样的后果？

首先是年青一代语言学的人才，越来越失去了真正汉语的语感。胸中的经史、诗书渐渐缺乏。不论是古代还是现代的好文章，都变成了一句一句的例子，甚至句子也拆成一个一个的词来研究。自古以来的"道"与"器"的关系被破坏了，我们的前辈语言学家具有的文气、文采、他们对汉语汉字的醇浓的感觉越来越少了。

经、史必须"小学"来解读、阐释，这两宗典籍对汉语、汉字发展的影响怎么估计也不算过分；文学是语言的艺术，语言学和文学作了上百年的伙伴，但文学无法运用语言学的成果，反而认为，语言学固化了一些形式，用语法一分析句子，让人不会说话了。语言学应当被文学吸收、关注，但语言学描写不了文学中的语言现象。专门学习语言学，文学修养不足，阅读量不够的人才，连编语文教材、教语文课都不占优势。对语言艺术不起作用的语言学，谈何应用？

中国自西周开始，语言文字就与教育相生。"礼、乐、射、御、书、数"——"书"是识字，当然属于语文；"数"的教科书《九章算术》一直与"小学"（文字、音韵、训诂学）同科，是用语文的方式编写的；"礼乐"要训练，但观念、规范写在经书上，也要阅读文本，理解文意，其实也是基于高级语文。射箭和驾车虽属于武科，但是，"射御"在"礼乐"的覆盖下，首先是要阅读和理解文本的。所以，一切教育均以语文为基础。但是现在的语言学研究对语文教育的切入度少得可怜。语法要分专家语法和教学语法，似乎专家语法就应该不能在教学里用。词汇、语义在语文课里应当是非常重要的，但现在的研究也不能介入。说到汉字，小学1—3年级应当以识字为主，带动阅读；3年级以后以阅读、写作为主，增强识字。中国传统教育识字的经验最丰富，"文字者，经艺之本，王政之始。前人所以垂后，后人所以识古"，"周礼八岁入小学，保氏教国子，先以六书"。可是大量的小学老师不知道怎么教汉字，不知道简化字怎样简化来的，不会讲字理，不会把字理和词义关联到一起。都在编故事、苦心孤诣想出一些"趣味记忆法"，教了一个，乱了一片。

语文教学，提高全民文化素养是语言学最大的应用，可是，中国几千年的语言文字都不仅仅是语言形式，而是带着思想、载负情感、富有文化、凝聚美感的话语和篇章。培养学生的语文能力，需要引导学生积累，积累的不只是几条形式化的规律，更多的是具体环境中的言语经验和优质的母语语感。现有的语言学研究插不上手，与语言文字学人文性的失落应当是有关系的。

把人文性排斥在语言学之外的一些观念，已经越来越显性化了，变成一种价值观，很让人担忧。这样做，我们将越来越远离语言的艺术，更会越来越失去对语言教育的话语权。这是我们一直在反思的问题，需要深度思考，需要妥善解决。

（王宁：北京师范大学文学院，100875，北京）

学习吴老,全面推动语言文字事业的创新发展

苏培成

一 学习吴老的革命精神,做好新时期的语言文字工作

热烈祝贺中国人民大学吴玉章中国语言文字研究所成立56周年。吴玉章吴老是革命家,他把文字改革事业看作中国革命的重要组成部分。从1928年开始一直到晚年,一生从事文字改革运动,他为我国的文字改革做出了重大贡献。1930年他写出了《拉丁化中国字初学教本》,作为中国字拉丁化的初步尝试。1931年,吴老等文字改革家在海参崴召开了中国新文字第一次代表大会,做出了《中国汉字拉丁化的原则和规则》,制定了《中国新文字方案》。在延安时期,吴老和林伯渠等人发起并组织"陕甘宁边区新文字协会",用新文字开展冬学运动和国民教育及社会教育,推动边区政府在1940年发布"新文字与汉字有同等地位"的决定。新中国成立后,吴老担任中国文字改革委员会主任,对于文字改革的三项任务——简化汉字、推广普通话、制定并推行《汉语拼音方案》做了大量工作。在出任中国人民大学校长时,在人大组建语言文字研究所,配合文改会的工作。20世纪50年代中国文字改革出现了高潮,这和吴老的努力是分不开的。我们每个人都是文字改革的受益者,要铭记吴老对文字改革的教导,把新时期的文字改革工作做好。

作为老革命家的吴老,他能够面对错误并勇于改正错误,这是一项突出的优点。1952年2月,吴老在《在中国文字改革研究委员会成立会上的讲话》里说:"我本着自我批评的精神来说,我过去对文字改革的认识有以下两方面的错误:(一)认为文字是社会上层建筑,并认为文字是有阶级性的。前年斯大林发表《论马克思主义在语言学中的问题》以后,我才认

识到过去的意见是错误的。我在《新文字与新文化运动》一书里说：'文字是文化的工具，它和其它艺术、宗教、文学等等一样是人类社会的上层建筑'，这句话就错了。我并未读过马尔的书，但已有这样的和他一样的错误观点。（二）没有估计到民族特点和习惯，而把它抛开了。认为汉字可以立即用拼音文字来代替。这事实上是一种脱离实际的幻想。中国人没有拼音的习惯，以前念书的人少，懂得反切和音韵学的人更少。汉字已有悠久的历史，在文化生活上有深厚的基础，其改革必须是渐进的，而不应粗暴地从事。"人非圣贤，孰能无过？过而能改，善莫大焉。吴老这两种精神都值得我们很好地继承和发扬。

吴老当年说的"文字改革"现在叫"语文现代化"，名称改了而内容一脉相承。"文字改革"里面包括推广普通话，而推广普通话是语言问题，不是文字问题。把"文字改革"改为"语文现代化"名和实更相符，也更便于与国际交流。

二 预祝吴玉章中国语言文字研究所再创辉煌

今年是中国人民大学吴玉章中国语言文字研究所成立56周年。这个研究所当年在吴老的关怀下在文字改革方面做了大量工作，编辑并出版了不少著作，给人们留下了深刻的印象。"文革"结束后的所长是吴老的生活秘书王宗柏同志，所内研究力量相当充实，有一批专家。那时，文改领域遇到的一个大挑战是徐德江主持的《汉字文化》，该刊发了一系列违背国家语文政策、违背语言文字学基本原理的所谓"新观点"的文章，鼓吹"汉字优越论"，在语文界和社会上造成一定混乱。在批评徐德江的错误观点中，人大语文所发挥了重要作用。有一年的五四青年节，语文所和人大语文系联合举行大型的学术研讨会，有许多语文界的前辈学者出席讲话。在语文系的谢自立主任主持下，批判了《汉字文化》宣传的《神奇的汉字》科教片。中央电视台原来已经预告将播出《神奇的汉字》，在各界的批评声中，宣布撤播，这是批评《汉字文化》取得的一个重要胜利。王所长退休后，胡瑞昌、郭先珍先后出任所长，继续做了许多有益的工作。改革开放以来，中国正在崛起。在这种形势下，人大语文所恢复工作恰逢其时。笔者相信人大语文所一定能不辱使命，再创辉煌。下面仅就语文所今后的工作提出一点粗浅的想法，敬请指正。

笔者建议，语文所还是以语言文字应用研究为重点，和社科院语言所做适当的分工。语言文字应用研究一直是语文研究中的薄弱环节，应该逐步有所加强。当前语言文字应用研究，要面向现实的语文生活，开拓新领域，解决新问题。

第一，研究信息网络时代的语言文字生活发生的新发展新变化。我们已经进入信息网络时代。纸介质正在改变为磁介质，无纸阅读、无纸办公已经进入我们的生活。磁介质文件的查阅检索，容量大、检索快，不必再翻箱倒柜。信息的传递速度加快，中国到美国的一封电子邮件瞬间可达。新词语的产生日新月异，通过网络迅速传遍全国。在这种条件下，许多新问题产生了。例如，拼音输入已经成为汉字输入的主流，可是同音字同音词的选择依旧费时费力，特别是输入文言文时。外字制作还是不便。繁简汉字的电脑转换问题并未完全解决，这恐怕要改变思路，要控制汉字的数量。老年人要追上时代的步伐，如何运用电脑，如何使用手机，都要设法解决。

第二，要弘扬语言文字中包含的传统文化。汉字本身就包含传统文化，这是尽人皆知的事实。汉字文本更是传播传统文化的主要方式，可是要读懂古书，特别要让电脑读懂古书，必须先弄懂文字、音韵、训诂。因此必须加强汉字研究，特别是汉字文化的研究。可是研究汉字谈何容易，非下苦功夫不可。研究汉字是科学，不是胡乱猜想，不能信口开河。但近年来，胡乱解说汉字的不良作风有所滋长。如流沙河著的《正体字回家》《白鱼解字》等受到一些媒体的不恰当吹捧。这是糟蹋汉字。语文所在汉字研究上要做出表率，带好头，推出高质量的研究成果。

第三，要加强语言文字规范化研究。信息化要提高语文规范化的质量，语文规范化要上新台阶。《通用规范汉字表》颁布推行三年多来，发现《字表》存在一些不足，应该适时修订完善。《简化字总表》是推行简化字的根据，不能废止，也废止不了，要继续贯彻。如果废止了《简化字总表》，哪些字和哪些偏旁可以类推就失去了根据。"表外字不再类推简化"是把本来可以简化的字不准简化，死抱住繁体字不放。这本来就不是《字表》的内容，不见于国务院的批示，而属于部分人的落后意识，片面认识。有的人违背国务院公布《通用规范汉字表》的批示节外生枝，跟风搭车，早就应该叫停。第六版《辞海》已经受到这种不良观点的影响，出现了繁简混用。这个错误不能再继续下去，要及时纠正。

语言文字规范标准的制定事关重大，一定要审慎，要重视质量。近几年发布的规范标准有的缺少调查研究，脱离实际、质量不高，难于推行，语文所的专家应该从学术上多做研究，提出修订完善的指导意见。

第四，对汉字的拼音化问题要做出新的判断。我个人的认识是：汉字基本适合汉语的特点，有长久的生命力。汉字不适合改用拼音文字。汉字要区分声调，要区分同音词。不区分"买"和"卖"，不区分"陕西"和"山西"，不区分"权力"和"权利"的文字不切合实用，没有前途。以前我们说汉字无法进入电脑，无法适应高科技的应用，如今这个问题已经不复存在。周有光先生在《比较文字学初探》里指出："文字制度的重大变化都是在文字传播到异民族以后才发生的。"这也就是说，汉字只有传播到其他民族才可能发生体制的变化，在本土很难发生这种变化。这个观点值得重视。

（苏培成：北京大学文学院，100872，北京）

谈谈汉字整理工作中应该遵循的一些规律*

黄天树

汉字简化有十种方法：（1）恢复古体。如"弃/棄"中的简体"弃"来自《说文》。（2）变换结构。如"体/體"。体是会意。體是形声。（3）声符简化。如"疗/療"。（4）截除一角。如"声/聲"。（5）简存匡廓。如"夺/奪"。（6）省形省声。如"条/條"中的简体"条"可分析为从"木""攸"省声。（7）并画简化。如"戋/戔"。（8）同音代替。如"几/幾"。（9）记号代替。如"观/觀"、"邓/鄧"。（10）草书楷化。如"头/頭"、"尧/堯"。

在汉字整理工作中有些简化方法如"恢复古体"是比较合理的。例如：
达/達（《说文·二下·辵部》）迹/邇（《说文·二下·辵部》）
咏/詠（《说文·三上·言部》）弃/棄（《说文·四下·华部》）
秆/稈（《说文·七上·禾部》）网/網（《说文·七上·网部》）
灾/災（《说文·十上·火部》）烟/煙（《说文·十上·火部》）

上举简化字均见于《说文》，既减少了笔画，又不增加新构件，不破坏构字理据，可谓两全其美。但是，也有一些简化字没有遵循文字发展演变规律，或有得有失，或得不偿失。限于篇幅，下面就"基本构件"和"谐声系统"这两个问题谈谈个人的看法。不妥之处，敬请批评指正。

首先，谈谈汉字的基本构件的总量问题。

汉字发展演变有一条规律是"时代早，构件多；时代晚，构件少"。也就是说，时代越早，汉字的基本构件就越多，时代越晚，基本构件就减少。大家知道，记录汉语，如果采用汉语拼音文字来记录汉语即为拼音文字，

---

* 本文系国家社科基金重大招标项目"殷墟甲骨拓本大系数据库建设"（项目批准号：15ZDB094）的阶段性成果。

字符只需要26个字母，非常经济。如果用方块汉字来记录汉语，其基本构件至少是拼音文字字符数量的10倍以上，需要有300个左右的基本构件才行，这就必须严格控制已经够多的基本构件的总量。王宁先生在《汉字构形学讲座》一书中说："《说文》9431个正篆只分析出基础构件367个。"

与拼音文字26个字母相比，汉字的基本构件的总量实在是太庞大了。因此，汉字的简化不仅仅是减少笔画，还应该包括压缩汉字基本构件的总量。由于简化，汉字体系里又增加了一批基本构件，例如：

兰/蘭、卢/盧、仑/侖、仓/倉、戋/戔、当/當、专/專、义/義、与/與、兴/興、农/農、卫/衛、头/頭、书/書、伞/傘、来/來、夹/夾、乐/樂、圣/聖、击/擊、办/辦、韦/韋、两/兩、龙/龍、严/嚴、为/爲、肃/肅、尽/盡、金/僉、东/東、东/柬、𠂇/𠫓、画/畫、呙/咼、发/發/髮。

上举新增加的基本构件大多由"草书楷化"造成的。它以破坏构字理据、谐声系统和增加基本构件为代价，单纯追求"笔画少"，如"尧"是"草书楷化"字，把上部楷化为非"戈"非"弋"的一个新部件，增加汉字体系的基本构件，这是得不偿失的事情。它违反汉字体系"时代早，构件多；时代晚，构件少"的演变规律。

其次，谈谈谐声系统。

谐声系统指汉字谐声偏旁（声符）及其谐声的字的系统。汉字从商代甲骨文开始就有一套谐声系统。例如，甲骨文"ㄅ"（合19608）即"柯"的象形初文，像弯头的枝柯之形，适宜作斧斤之"斤"的把柄。甲骨文"ㄅ（斤）"去掉刃部"<"所剩"ㄅ"即"柯"的象形初文。甲骨文从"ㄅ（柯）"谐声的有"𣲙（河）"、"ㄓ（何）"、"ㄅ（可）"、"𡚽（妸）"等字。又如，甲骨文从"丨（必）"谐声的有"𥁢（飶）"、"𠙿（㴞）"、"𧴪（宓）"、"𩡣（馝）"等字[1]。又如，甲骨文从"𦍌（羊）"谐声的有"𦍋（姜）"、"ㄔ（羌）"、"𦍌（羞）"等字。据统计，在商代甲骨文里，谐声字（即形声字）占已识字的47%[2]。其后，

---

[1] 裘锡圭：《释"柲"》，原载《古文字研究》第三辑（中华书局1980年版），后收入《裘锡圭学术文集》第1卷，复旦大学出版社2012年版，第51—67页。

[2] 黄天树：《殷墟甲骨文形声字所占比重的再统计》，刊李宗焜主编《中央研究院第四届国际汉学会议议论文集——出土材料与新视野》，中央研究院，2013年9月，第27~136页；后收入《黄天树甲骨金文论集》，学苑出版社2014年版，第54—131页。

形声字所占比重不断上升，到春秋时代，形声字的数量就已经超过表意字了。《说文》中形声字比重高达86%以上。大家知道，段玉裁明确提出"同（谐）声必同部"。谐声字的声符有"基本声符"和"复合声符"之分。例如："招"字可以分析为从"手""召"声两个字符，"招"字中的"手""口""刀"是基本字符，声符"召"是复合声符。如果简化字改复合声符为基本声符，如：赶（趕）、秆（稈），能保留其基本声符，表音功能并未丧失，是合理的。但有些简化字破坏了这一谐声系统，十分可惜。例如：

顧、瀘、廬、驢／颅、泸、庐、驴

斜杠"／"前的四个字视觉效果好，都从"盧"谐声。而斜杠"／"后的四个简化字或简化为"卢"，或简化为"户"，十分随意。又如：

燈、鄧、證、橙／灯、邓、证、橙

斜杠"／"前的四个字视觉效果好，皆从"登"谐声。而斜杠"／"后的四个简化字视觉效果凌乱不堪。又如：

當、嘗、常／当、尝、常

斜杠"／"前的三个字视觉效果好，都从"尚"谐声。而简化字破坏了谐声系统。又如：

溝、講、遘／沟、讲、遘

斜杠"／"前的三个字视觉效果好，全部从"冓"谐声。而简化字破坏了视觉上的美感。众所周知，传统汉字的谐声系统，从商代甲骨文至今是一套完整的有机体系。即便是那些今天读起来拗口的谐声字，也是研究古代语音的珍贵语料，即所谓"深者得其深，浅者得其浅"。

总之，这方面有很多历史经验可资借鉴。凡是按照"笔画少，结构好，不增加基本构件"的简化方法产生的简体就成功，反之就有缺点。今天，我们应该从纯学术的角度，总结经验教训，以利今后的汉字整理工作。今后的汉字整理工作不能仅仅局限于大陆地区的学者，应该包括港澳台地区乃至全球的华裔学者共同参与，这是一份祖先留下的珍贵文化遗产，值得珍惜。

（黄天树：首都师范大学甲骨文研究中心；
出土文献与中国古代文明研究协同创新中心，100048，北京）

谈谈中国语言学史研究的材料问题[*]

张显成

著名学者傅斯年先生说过一句至理名言："凡一种学问能扩张他研究的材料便进步，不能的便退步。"[①]也就是说，在科学研究中，如果我们不能及时扩展研究材料，特别是新发现材料，我们的研究将会落伍，这一论断适合于任何学科。

中国语言学史是研究中国语言学产生发展的历史的一门科学。它研究中国各个历史时期的语言学，研究各个历史时期的语言学家及其语言学著作。中国语言学史这门学科的正式建立至少已近一个世纪，[②]但检讨这一个世纪以来的研究，我们不难发现，我们对这门学科研究材料的利用还是做得不够，甚至很不够。以下简要谈谈。

一 对新材料的利用不够

地不爱宝，百年来，我国的考古发现中有不少文献材料，甲金、简帛、敦煌写卷，都成为专门的学问，且是显学，其中特别是简帛文献，更是这几门显学中最为耀眼的学科，不少佚亡一两千年的文献都重见了天日，据我们初步统计，20世纪初至今这百年以来出土的战国秦汉魏晋时期的简帛总共达22万枚（件）左右，总字数约700万，这一数量是十分惊人的，是原来完全想象不到的，简直就是为我们开启了一座美不胜收的"地下图书馆"。并且，近年来又不断有新的发现，还往往都是重大发现，这

---

[*] 本文系西南大学创新团队项目（项目批准号：SWU1509395）阶段性成果。

[①] 傅斯年：《历史语言研究所工作之旨趣》，载中央研究院《历史语言研究所集刊》民国17年第一本第一分册。

[②] 如果从林祝敔《语言学史》（世界书局1935年版）开始算，中国语言学史这门学科建立的历史也已有80多年。

种愈演愈烈的局面，预示着简帛将不光进一步与传世的先秦汉魏文献相互妍美，而且还有在数量上与之并驾齐驱甚至超过之势。这些宝贵的材料中，就不乏中国语言学史研究的材料，但是，学界对这些新材料的利用还不够。兹仅举两例以说明。

1. 关于名实问题的新材料

我们知道，名实问题实际上是语言观的问题，对名实问题的研究，是中国语言学早期历史上的一个重要问题，先秦诸子中就有不少这方面的论述，如：

> 老子的"无名"理论。《老子·道经》中说："道，可道也，非恒道也。名，可名也，非恒名也。无名，万物之始也。有名，万物之母也。"①
>
> 孔子的"正名"理论。《论语·子路》中说："必也正名乎！……名不正，则言不顺；言不顺，则事不成；事不成，则礼乐不兴；礼乐不兴，则刑罚不中；刑罚不中，则民无所错手足。故君子名之必可言也，言之必可行也。君子于其言，无所苟而已矣。"②
>
> 墨子的"名实合"理论。《墨子·经上》云："名实合。"《经说上》解释此句经文曰："所以谓，名也；所谓，实也。名实耦，

---

① 此引文以帛书本为准。
"道，可道也"：今本无"也"，以下各"也"字今本均无。
恒：今本作"常"，为避汉文帝刘恒名所致，下"恒"字同。
万物：今本作"天地"，下同。《史记·日者列传》引与帛书相同。今本王弼注："凡有皆始于无，故未形无名之时则为万物之始。""可知原本与"帛书本同，今本作"天地"当属后人妄改。
此段老子的意思是说：道，可以说得出来的（即可以用言语表述的），它就不是平常之"道"。名，可以叫得出来的（即是可以确定其名称的），它就不是平常之"名"。无名，是万物的原始。有名，是万物的根本。

② 孔子"正名"的核心内容，就是"君君，臣臣，父父，子子"（《论语·颜渊》），就是这个他认为不能变更的社会秩序。君臣父子关系之名称，与君臣父子关系这一客观事实相符了，则为"正名"；否则，名实若不相符，则为"名不正"。故名不正，则言语就不会顺理（合乎事理）；言语不顺理，则事就不能做好；事做不好，则礼乐制度就不能兴；礼乐制度不能兴，则刑罚就不会得当；刑罚不得当，则民连手足都无所措，不知该干什么。也就是说，"名不正"会造成社会的无序状态之严重后果。所以，孔子接下来说，君子口中的名称概念，必定要有可言之理，说出的话一定要可行。君子对于自己的言语，应没有马虎。孔子的这"正名"主张本是从政治需要出发提出的，但是实际上也是语言学的"名称、概念"与"事物"的关系问题，故我们说，孔子是主张名实相符的。

合也。"①

　　最有名的是荀子的"约定俗成"名实理论。《荀子·正名》篇说："名无固宜②，约之以命，约定俗成谓之宜，异于约则谓之不宜。③名无固实，约之以命实，约定俗成谓之实名。名有固善，径易而不拂，谓之善名。"④

　　以上是传世文献中的旧材料。一个世纪以来，从地下陆续发掘出了先秦两汉时期的不少简帛文献，其中也不乏有关"名实"论述的材料。例如，1973年在湖南长沙发现的马王堆汉墓帛书，其中有黄老书《经法》《经》《称》《道原》四种，依次抄写在帛书《老子》乙本的前面，据研究，它们就是失传已久的《汉书·艺文志》所载的"《黄帝四经》四篇"，其成书年代在"战国前期之末到中期之初，即公元前400年前后"。⑤《黄帝四经》的发现，不仅为研究道家学派提供了极为宝贵的资料，同时，也为我们研究中国语言学史提供了极其宝贵的资料，因为内中有大量关于名实问题论述的材料，且是迄今所知最早的出土资料。以下仅选录一段以见一斑⑥：

---

　　①　意思是说，用来称呼事物的是"名"，所指称的对像（事物）是"实"。名实相符（耦），则为一致（合）。
　　②　宜，即适宜，适合。
　　③　杨倞注："名无故宜，言名本无定也。约之以命，谓立其约而命之，若约为'天'则人皆谓之'天'也。"
　　④　杨倞注："径疾平易而不违拂，谓易晓之名也，即谓呼其名遂晓其意，不待训解者。"
　　此段大意是：名称没有固定原本就适宜于指称的事物，即用什么样的名称来表达某一事物，二者没有必然的联系。需要人们共同约定给事物命名；约定俗成后方谓之宜，即某事物的名称经过人们长期实践共同认可者，则谓之适宜。未经约定俗成者则谓之不适宜。名称原本并无固定的指称事物（对象），需要人们共同约定给事物命名；约定俗成后方谓之事物的名称。名称原本有善者，表义直接平易而不违拂（即表义简洁明确而不使人误解）者，这样的名称叫作善名。
　　⑤　唐兰：《马王堆出土〈老子〉乙本卷前古佚书的研究》，《考古学报》1975年第10期。关于《黄帝四经》的成书及作者等问题，后龙晦、任继愈、李学勤等先生多有补说（龙说见龙晦《马王堆出土〈老子〉乙本卷前古佚书探原》，《考古学报》1975年第4期；任说见任继愈《中国哲学史》（秦汉）第102页，人民出版社1985年版；李说见李学勤《马王堆帛书〈经法·大分〉及其它》，载《道家文化研究》第三辑，上海古籍出版社1993年版）。也有学者认为不是《黄帝四经》，但属先秦较早的道家学派著作是无疑的。
　　⑥　以下见拙文《论述名实的最早出土数据——附训诂术语三条》，《简帛研究2002、2003》，广西师范大学出版社2005年版，第144—150页。

《经法·论》50行上~57行下:"天建【八正①以行七法】。明以正者,天之道也;适者,天度也;信者,天之期也;极而【反】者,天之生(性)也;必者,天之命也;□□□□□□□□□者,天之所以为物命也。此之胃(谓)七法。七法各当其名,胃(谓)之物②。物各□□□胃(谓)之理。理之所在,胃(谓)之□。物有不合于道者,胃(谓)之失理。失理之所在,胃(谓)之逆。逆顺各自命也,则存亡兴坏可知【也。强生威,威】生惠(慧),惠(慧)生正,【正】生静。静则平,平则宁,宁则素,素则精,精则神。至神之极,【见】知不惑。帝王者,执此道也。是以守天地之极,与天俱见,尽□于四极之中,执六枋(柄)以令天下,审三名以为万事□,察逆顺以观于霸王危亡之理,知虚实动静之所为,达于名实【相】应,尽知请(情)、伪而不惑,然后帝王之道成③。六枋(柄):一曰观,二曰论,三曰僮(动),四曰转,五曰变,六曰化。观则知死生之国,论则知存亡兴坏之所在,动则能破强兴弱,转则不失讳(韪)非之□,变则伐死养生,化则能明德徐(除)害。六枋(柄)备则王矣。三名:一曰正名④,立(位)而(乃)偃(安);二曰倚名⑤,法而(乃)乱;三曰强主灭,而(乃)无名⑥。三名察则事有应矣。动静不时,种树⑦失地之宜,【则天】地之道逆矣。臣不亲其主,下不亲其上,百族⑧不亲其事,则内理逆矣。逆之所在,胃(谓)之死国,【死国】伐之。反此之胃(谓)顺,顺之所在,胃(谓)之生国,生国养

---

① 八正:指本篇上文所谈的"四时有度,动静有位,内外有处"。
② 七法各当其名,谓之物:"七法"各自有自身的名称,叫作"物"。
③ 执六柄以令天下,审三名以为万事□,察逆顺以观于霸王危亡之理,知虚实动静之所为,达于名实相应,尽知情、伪而不惑,然后帝王之道成:执掌六柄(六种治理国家的方法)以号令天下,详审三名(三种名实关系)以处理各种事务,明察顺与不顺来探求霸主、帝王危亡之理,明了虚、实、动、静各方面的做法,判断事物达到用名与实相符的标准去衡量,则尽知实情与伪诈而不被迷惑,这样,帝王治理天下的方法便成熟了。
④ 正名:与实相符之名,即名实相符,与"倚名"、"无名"相对。("正名"在帛书不同的语境中常有不同的两种意义:一是名词义,即符其实之名;一是动词义,就是使名正,也就是使名实相符。这里是名词义,下文引文中有时是动词义。)
⑤ 倚名:即名不正,亦即名实不相符。
⑥ 强主灭,乃无名:再强的霸主灭亡了,于是也会无名无实。
⑦ 种树:分别指种植谷物和种植树木。
⑧ 百族:即百姓。

之。逆顺有理，则请（情）、伪密矣。实者视（示）【人】虚，不足者视（示）人有徐。以其有事起之则天下听，以其无事安之则天下静。名实相应则定，名实不相应则静（争）①。勿（物）自正也，名自命也，事自定也②。三名察则尽知请（情）、伪而【不】惑矣。有国将昌，当罪先亡。"

此段论国家存亡兴坏之所在，强调事物要"当其名"，要名实相符；并着重阐明了三种名实关系（"三名"），一是"正名"，二是"倚名"，三是"无名"；最后指出，"名实相应则定，名实不相应则争"，"名自命"，"三名察则尽知情、伪而不惑"。这些，都是围绕着循名责实的问题来展开论述的，并且，名实问题的论述是与政治伦理问题的论述紧密相连的。

下面再举一则文字短的例子：

《经法·道法》8行上："凡事无大小，物自为舍。逆顺死生，物自为名。名刑（形）已定，物自为正。"

此段大意是：凡事无论大小，万物都是自行确立其存在的位置。万物的逆顺死生，都是自行确立其相应的名称。名实关系确立以后，万物就会各自正常地发展变化。这里，也是首先说明万物都有其名，即"物自为名"，然后强调名实关系的重要，即"名刑（形）已定，物自为正"。

仅马王堆汉墓帛书《黄帝四经》中有关名实的材料就有很多，据本人统计，达几十处。并且，与原来我们已知的传世文献中诸子的名实论述相比，出土材料有关名实论述的政治性更强，这些材料往往是既在谈名实关系，又在谈政治伦理问题，而谈政治伦理问题又往往是借名实理论来阐述的，由出土材料可见，名实理论在先秦时期是非常重要的。

如上所述，《经法》《经》《称》《道原》四种佚书，就是失传已久

---

① 名实相应则定，名实不相应则争：指名与实相符社会就会安定，名实不相符社会就会争乱。

② 物自正也，名自命也，事自定也：这是黄老思想的无为理论，指事物各自为政，事物各自为自身命名，事物各自为定。

的《汉书·艺文志》所载的"《黄帝四经》四篇",其成书年代在"战国前期之末到中期之初,即公元前400年前后"。《黄帝四经》的发现,不仅为研究道家学派,特别是为研究黄老学派,提供了极为宝贵的资料,而且这批关于名实问题论述的最早的地下出土文献,为我们研究中国语言学史和哲学史提供了极其宝贵的资料。

2. 有关《苍颉篇》的材料

在中国语言学史上,因为汉字特点的原因,文字学的研究往往也属语言学的研究,特别是中国语言学史的早期,语言学更是与文字学密不可分,研究语言学史必须要研究文字学史。故谈中国语言学史的早期状况,不得不谈文字学的问题。

据《汉书·艺文志·六艺略·小学序》可知,秦王朝为统一文字,曾编写过一系列文字学专书,其中"(《史籀篇》者,周时史官教学童书也,与孔氏壁中古文异体。)<u>《苍颉》七章者,秦丞相李斯作也</u>;《爰历》六章者,车府令赵高所作也;《博学》七章者,太史令胡毋敬所作也。文字多取《史籀篇》,而篆体复颇异,所谓秦篆者也。"

另据《汉书·艺文志·六艺略·小学序》载,汉王朝也曾有不少文字学著作,<u>汉兴</u>,"<u>闾里书师合《苍颉》《爰历》《博学》三篇,断六十字以为一章,凡五十五章,并为《苍颉篇》</u>。武帝时,司马相如作《凡将篇》,无复字。元帝时,黄门令史游作《急就篇》。成帝时将作大匠李长作《元尚篇》,皆《苍颉》中正字也。《凡将》则颇有出矣……《苍颉》多古字,俗师失其读,宣帝时征齐人能正读者,张敞从受之,传至外孙之子杜林,为作训故,并列焉"。《汉书·艺文志·六艺略·小学》还记载了扬雄撰《苍颉训纂》一篇。

以上都说明,《苍颉篇》在中国语言学史上曾有着极其重要的地位。然而,此书早已失传,后人无法见到其书,自是憾事。一个世纪以来,从地下发掘出了不少《苍颉篇》的材料,主要有以下数批:

(1)20世纪初斯坦因在汉代敦煌出土的汉简《苍颉篇》(凡公布2批)

(2)1930年西北科学考察团在居延汉代烽燧遗址出土的《苍颉篇》

(3)1972—1974年在居延汉代烽燧遗址出土的《苍颉篇》

(4)1977年在甘肃玉门花海出土的《苍颉篇》

（5）1977年在安徽阜阳双古堆出土的阳汉简《苍颉篇》
（6）1979年甘肃马圈湾出土的汉简《苍颉篇》
（7）1993年新疆尼雅出土的汉简《苍颉篇》
（8）2008年甘肃永昌县水泉子出土的汉简本《苍颉篇》
（9）2015年北京大学刊布的从香港购回的汉简《苍颉篇》

以上考古发现的《苍颉篇》，虽然都不是全本，但已经向我们展示了《苍颉篇》的基本面貌，并且我们进一步知晓了《苍颉篇》的不少情况，如：

> 李斯撰的《苍颉篇》是四言本，首句为"苍颉作书"，故以此命名为"苍颉篇"。

汉代闾里书师所改编的《苍颉篇》句式较为齐整，断六十字为一章，凡五十五章，共3300字，而"闾里书师本"之前的本子，每章字数不定，多为一百字左右。

汉代的《苍颉篇》还有七言本，这是原来没有想到的。不过，无论是七言本还是四言本，其编排都"有韵可循，以类相从"，内容涵盖古代生活的方方面面，但都只列字词而不做训释。

以上这些关于中国语言学史上的重要著作《苍颉篇》的重要信息，显然是极其宝贵的，为我们研究中国语言学早期历史提供了非常有价值的材料。

二　对旧材料的挖掘也不够

以上谈的是中国语言学史研究应重视新材料并予以充分利用。下面谈谈对旧材料的挖掘利用问题。

如上所述，中国语言学史研究中国各个历史时期的语言学，研究各个历史时期的语言学家及其语言学著作，而我们对旧材料中的中国历史上的语言学著作甚至语言学家的认识还是不够，并且有些是我们自认为很熟悉的学人及其著作，例如：

明代的李时珍，我们绝大部分人都只知道他是医药学家，而实际上，李氏既是医药学家，同时也是语言学家，这在他的名著《本草纲目》中就有明确的体现。《本草纲目》在每一味药后都有"释名"栏，解释该药名称的由来，即词源，亦即训诂学所谓"得名之由"。"释名"栏后还有"集解"栏，往往予以继续申说。以下不妨仅限"释名"栏举几例看看：

《水部之二·地浆》"释名"曰：又名"土浆"。引陶弘景曰："此掘黄土地作坎，深三尺，以新汲水沃入搅浊，少顷取清用之，故曰地浆，亦曰土浆。"

《土部之一·白垩（音恶）》"释名"曰：又名"白土善"。"土以黄为正色，则白者为恶色，故名垩。后人讳之，呼为白善。"

《草部之三·补骨脂》"释名"曰：又名"破故纸"。"补骨脂言其功也……而俗讹为破故纸也。"

《果部之二·银杏》"释名"曰：又名"白果"、"鸭脚子"。"原生江南，叶似鸭掌，因名鸭脚。宋初始入贡，改呼银杏，因其形似小杏而核色白也。今名白果。"

《果部之二·胡桃》"释名"曰：又名"羌桃"、"核桃"。引苏颂曰："此果本出羌胡，汉时张骞使西域始得种还，植之秦中，渐及东土，故名之。"接着时珍说："此果外有青皮肉包之，其形如桃，胡桃乃其核也。羌音呼核如胡，名或以此。或作核桃。"

《木部之二·松杨》"释名"曰："其材如松，其身如杨，故名松杨。"

《木部之二·苏方木》"释名"曰：又名"海岛有苏方国，其地产此木，故名"。

《木部之二·巴豆》"释名"曰："此物出巴蜀，而形如菽豆，故以名之。"

《木部之三·木芙蓉》"释名"曰：又名"地芙蓉"、"木莲"。"此花艳如荷花，故有芙蓉、木莲之名。"

《虫部之二·蝇》"释名"曰：又名"蝇飞营营，其声自呼，故名"。

《虫部之三·衣鱼》"释名"曰：又名"白鱼"、"蠹鱼"。宋冠宗奭《本草衍义》云："衣鱼生久藏衣帛中、及书纸中，其形稍似鱼，其尾又分二歧，故得鱼名。"接着，李氏又解释"白鱼"语源说："白，其色也。"

例证不用赘举，由上举已完全清楚，李时珍对词源亦即事物的得名之由多有贡献，且言简意赅，说得清清楚楚。这自然说明，李时珍是实实在在的语言学家，他及其作品，应该是中国语言学史上的一位值得我们去认真研究的人物。过去我们在研究中国语言学史时，对李氏多有忽略，这自然是不应该的。

其实，就医家而言，应该成为中国语言学史研究的人物及其作品不少，岂止李时珍一人，例如：

南朝·齐梁·陶弘景及其《本草经集注》
唐·陈藏器及其《本草拾遗》
宋·苏颂及其《图经本草》
宋·唐慎微及其《证类本草》

等等，均在名物训诂上，在词源学上有着重要成就，它们均当成为中国语言学史上不可忽视的研究对象。

三　简短的小结

以上我们分别从"对新材料的利用不够"和"对旧材料的利用也不够"两方面，简要谈了当前中国语言学史研究在研究材料方面存在的问题。总之，我们应该及时利用新材料，特别是地下考古材料，同时注意发掘旧材料，特别是过去我们未能引起重视的材料，这是当前中国语言学史研究应该注意的问题。只有做好既注意新材料的利用，又注重旧材料的发掘，才能有利于中国语言学史的科学构建。

（张显成：西南大学汉语言文献研究所，510275，重庆）

《官话指南》北京口语词例释*

张美兰

北京官话《官话指南》（1881）是一部很好的学习北京官话的教科书。作为汉字文化圈背景下的日编汉语读本，这本书目的明确，贴近口语，在第三卷《使令通话》中还包含了很多新词新语，这些新的词语大多数是外来词汇，以名词居多，如：自鸣钟、嘎啡（咖啡）[①]、锡撇罐（罐头筒/易拉罐）、面包、黄油、刷牙散、施医院、三宾酒（香槟酒）、领事官、法国府、俄国公馆等。《官商吐属》卷出现了"通判"、"候补"、"烦缺"、"简缺"、"实缺"与"捐"、"补"、"署"等专用于官场的名词、动词等；另外，北京土话土词大量运用，如："您纳"、"明儿（个）"、"亏短"、"云山雾照"、"上天不生无禄的人"、"马尾儿穿豆腐——提不起来"等。王澧华曾从正反两方面总结了这本书的特点："其课文组织，既有日常应对，又有公务交涉。情景逼真，语料丰富，句型生动，口吻酷肖。其所不足，在于外语会话读物而无母语或通用语对照；趣味阅读的偏重，带来了生词稍多、用词稍难、句型复杂、篇幅稍大等问题。"[②]的确《官话指南》中有生僻词、方言词，"用词稍难"尤其对于非北京地区的今人而言更加明显。本文依据《官话指南》7个汉文文本（含方言文本）的异文对照，仅就"用词稍难"这一点来谈谈《官话指

---

* 本文系北京市社科课题"《清末民初北京话口语词词典》之编撰"（项目批准号：16YYB022）、清华大学亚洲研究中心课题"清末民初北京话口语词特征词与口语词词典编撰研究"的阶段性成果。

① "嘎啡"即"咖啡"异写。（A）老爷是要沏什么茶？是嘎啡，是红茶？（B）老爷是要泡甚么茶，是嘎啡，是红茶？【C】老爷，要泡啥个茶？加非呢，还是红茶？【E】老爷，係要冲乜野茶呢？係㗎啡，嘆红茶呢？【F】$_z$先生要乜野茶呀？咖啡啰红茶呢？

② 王澧华：《日编汉语读本〈官话指南〉的取材与编排》，《上海师范大学学报》2006年第3期。

南》的词义理解问题。《官话指南》（七种）分别以字母A、B、C、D、E、F为代号标示（统称《指南》各版）。各版本情况如下：

　　A：初版《官话指南》，编者吴启南、郑永邦，明治14年（1881）12月杨龙太郎出版。全书分为四卷。本书依据的是杨龙太郎出版初刻本。

　　B：改订本《官话指南》，四卷。九江书会著，大清光绪十九年（1893），九江印书局活字印刷。本书依据的是九江印书局出版刻本。

　　C：上海方言版《土话指南》，三卷。1889年由上海土山湾慈母堂出版，全书内容体例完全依据《官话指南》，是《官话指南》的上海方言翻译本。方言译者待考，法文则为法国传教士董师中翻译。本书依据的是1908年土山湾慈母堂第二次印刷。

　　D：沪语版《沪语指南》，两卷。1908年由上海美华书馆出版。

　　E：粤方言版《粤音指南》，四卷。1895年出版，译者待考。本书依据的是宣统二年（1910）香港别字馆印本。

　　F：粤方言版《订正粤音指南》，三卷。1930年英国威礼士重订。

　　G：英国驻烟台领事官金璋（Hopkins, Lionel Charles）翻译的英译本 *The Guide to Kuan Hua* a Translation of the kuan Hua Chin Nan with an Essay on Tone and Accent in Pekinese and a Glossary of Phrases（1889）。该译本由凯利·沃尔什股份有限公司（又称别发洋行，Kelly & Walsh Limited）出版。

　　因D版只有两卷，C版、F版只有三卷，所以不是所有例句版本都有。各版用字有各自特点，保存原版用字；引文后标注卷数和章数（3—6，第三卷第六章），特此说明。

　　1. 跑海

　　"跑海"，在《官话指南》5个版本中的异文有：

　　（1）【A】今儿雇的不是那站口子的车。那么是跑海的车么？也不是，是宅门儿的车。（3—6）

　　　　【B】今天雇的不是那站口子的车。那么是跑海的车么？也不是，是公馆里的车。

　　　　【C】今朝叫拉个勿是路上便车。是野鸡车呢啥？勿是，人家宅里个车子。

　　　　【E】今日叫唔系站头嘅车。噉样系散站嘅车咩？都唔系，系长班嘅车。

【F】甲今日个驾车，唔系由站口雇嘅。乙噉就佢到处都去得吗？甲又唔系，嗰样车系私家车呀。

按："跑海的车"，在几个文本中有用"野鸡车"、"散站嘅车"、"到处都去得"，就是到处招揽活的车。与之相对的是相对固定的地点，等主顾找过来的——"站口、站头子的车"、"路上便车"。清末至民国，盖北京骡车（轿车）有二大类，一者为营业性，细分站口、跑海二类，如上所述；一者为自有车。[①]自有车即"宅门儿的车"、"私家车"、"宅里个车子"等，此类车盖稍有租赁。又据徐珂《清稗类钞》："京师轿车之不按站口者谓之跑海。"[②] "跑海"也可以指人奔走四方，江湖上谋生。如《儿女英雄传》第七回："你算，我们庙里他们爷儿五哇，除了二师傅，他是在外头跑海走黑道儿的，三儿小呢，可巧剩他爷三个、咱们姐儿三个，咱们闹个'刘海儿的金蟾垫香炉——各抱一条腿儿'。你瞧，这高不高？"

徐丽引例上文【A】句，解释"跑海"为：指没有固定地点，四处招揽活的车夫。[③]按：这个解释基本正确，但是，此处"跑海"一词非名词性。此句指车非指车夫。所以中心语限定为"车夫"欠妥。其亦可指向骡车、驴车、粪夫、奔波之人、孩童游戏、卖艺表演等。徐珂《清稗类钞》指出："海者，泛滥无范围之谓。"故"跑海的车"是指东西南北哪儿都去，没有固定网站的车。又按：朗秀川重订的《改良民国官话指南》注解"跑海的"为："未归车行的车"，姑为一说。

2. 哦嗻

"哦嗻"，在《官话指南》6个版本中的异文有：

（2）【A】你干事老是这么忙忙叨叨的，你瞧把这湛新的台布都弄成了这么哦嗻半片的了。（3—4）

【B】你做事总是这么忙忙碌碌的，你看把湛新的台布都弄坏了，这么哦嗻半片的了。

【C】侬做事体味总是投五投六个，乃侬看一块新揩台布，弄龌

---

① 李文海主编：《民国时期社会调查丛编 城市（劳工）生活卷 下 二编》，福建教育出版社2014年版，第7页。
② 徐珂：《清稗类钞》第37册，商务印书馆1928年版，第8页。
③ 徐丽：《日本明治时期汉语教科书研究——以〈官话指南〉、〈谈论新篇〉、〈官话急就篇〉为中心》，博士学位论文，北京外国语大学，2014年。

齷齪之半把。

【E】你做事总系咁燥燥暴暴，你睇吓搣呢张速矿新嘅台布，都整成咁污糟嘅。

【F】乙你时时做野，系咁急躁嘅，你睇吓咁新嘅台布，你整得咁污糟嘅痕迹喺处。

【G】You're always in such a hurry-scurry in what you do. Just look how you have made this brand-new table-cloth all over dirty stains.（The Guide to Kuan Hua）

按："哦嗻"一词，未知所云，对比异文，则为方言词"齷齪、污糟"同义词。金璋翻译成英文"dirty stains"。官话中也有用"赠"、"腌赠"等词，其异文情况，如：

（3）【A】这些家伙，都赠的了不得，怎么你也不拾掇啊？（3—16）

【B】这些家伙，都腌赠的了不得，怎么你也不收拾啊？

【C】多化家生齷齪来非凡，那能侬勿出理个？

【E】嗰啲家伙，都了唔得咁污糟，敨都唔一气修整吓佢咩？

【F】及各部份好污糟，点解你唔理妥的野呢？

（4）【A】你怎么把澡盆的赠水都倒在马棚外头了呢？

【B】你怎么把澡盆里的水都倒在马棚外头了呢？

【C】阿是浴盆个水禿倒拉马棚外头？

【E】你做乜搣洗身盘啲污糟水倒嗰落个马棚处呢？

【F】做乜将洗身房的污糟水倒马房外便呢？

又按：章炳麟《新方言·释言》："《说文》：'濆，污洒也。'则旰切。今……或直谓污为濆，俗字作赠，重言曰腌赠。"（转引自蒋绍愚2015：83）这是对"赠"语源的一种说法。蒋绍愚（2015：83）认为"濆或赠单用都很少见，所以此说未必可信"。而在《官话指南》中似乎可以成立。

（5）【A】你还得换上干净点儿的衣裳。平常在家里做粗活，那原不讲究。（3—18）

【B】你还要换上干净点儿的衣裳。平常在家里做粗事，那原不讲究。

【C】侬衣裳还要换来干净点。拉屋里做粗生活，本来勿要紧。

【E】你重要换过件干净衣服呀。闲时喺屋做事，嗰啲原本唔使拘。

【F】甲你重要着的干净衣服至得。因你喺屋里头，着个的嚟做污糟嘅工夫，就唔系好睇。

那么，"哦唪"表满布液体浸湿过的痕迹，其命名来源是怎样的呢？陈刚《北京方言词典》收有"浨淋"一词，"浨淋：液体浸湿过留下的痕迹。""字亦作鹅涟儿、哦唪、恶丽、恶啦、浼痕、沃淋、污澜。"[①]宋孝才的《北京话词语汇释》，"鹅涟（浼痕）e lian；e lin，被液体弄脏留下的痕迹。""鹅沾，同'鹅涟'。"[②]金受申编《北京话语汇》，"浼痕"é lìn，女真语水纹说"斡论"，满族语水纹说"沃楞"，"浼痕"也许是借用少数民族的语言。[③]金受申编《北京话语汇》"浼痕"正音念wò hén，北京口语念é lìn，就是衣服、书纸上水痕的意思。[④]齐如山《北京土话》："罗澜：凡衣服、纸物被水质等湿又干后，恒留一圈式的痕迹，即名'罗澜'。"[⑤]"鹅淋：与'罗澜'义同。大致内城皆说鹅淋，外城皆说罗澜。"

按："哦唪"似是借用少数民族的语言，有说"满语oori（精液）"的，有说"女真语"的。那究竟是哪个来源，还有待进一步探讨。满语oron【名词】痕迹、印记、踪迹、影子。bi oron inu bahafi donjihaku（我连影儿也没得听见）。

在今天冀南等地方言口语里还有这种用法。据《河北方言词汇编》此词见于邯郸地区大名县、邯郸市方言，字形写作"恶囊"。[⑥]又，邯郸涉县方言也见此词，可补。而今冀北保、唐、承、石等地用"齷齪"，也见用"腌臜"。[⑦]按：朗秀川重订的《改良民国官话指南》注解"哦唪"为："绉成一团"，不确切。

同时，我们也通过系联"污糟"一词，对比发现粤语E版中用方言词"捻"：

---

① 陈刚：《北京方言词典》，商务印书馆1985年版，第73页。
② 宋孝才：《北京话词语汇释》，北京语言学院出版社1987年版，第191页。
③ 金受申：《北京话语汇》，商务印书馆1965年增订本，第49页。
④ 同上书，第200页。
⑤ 齐如山：《北京土话》，辽宁教育出版社2008年版，第28页。
⑥ 李行健：《河北方言词汇编》，商务印书馆1995年版，第646页。
⑦ 同上书。

（6）【A】可小心着，别拿墩布臜了墙。（3—14）

【B】可小心的，莫拿抹布臜了墙。

【C】当心，墙脚勿要碰龌龊。

【E】总要小心啲，咪俾抹地布整捻啲墙。

【F】要小心，咪俾湿布整污糟个墙，快的埋手喇。

通过上下文义，粤语"捻"之义也可以大致明白了，即"污糟"的同义词。

3. 撒俐

"撒俐"，在《官话指南》5个版本中的异文有：

（7）【A】到别的宅里去，总得要撒俐纔是样子哪。（3—18）

【B】到别人家里去，总得要撒俐纔成样子哪。

【C】到底到别人家搭去，总要清（爽）点味好。

【E】去别人处，就总要打整得企理的致似样嘅。

【F】你去第间屋，都要齐整的至合格呀。

按：撒俐，打理清爽。"撒俐"与"清水"、"企理"、"齐整"异文，其义自现。但"撒俐"还是有比较具体的含义。齐如山《北京土话》："杀利：与'麻利'义略同。但人穿衣服紧凑，亦曰'打扮的真杀利'。或曰'杀溜'；或曰：'杀巴'。"又"刷利，与"杀利"义略同，或曰"刷溜"。[①]今冀南方言有"俐撒"（本字不明），兼表行动利落、着衣干净体面等，又有"溜撒"（本字不明），只表行动利落，动作敏捷。

4. 苦力

"苦力"，在《官话指南》6个版本中的异文有：

（8）【A】你和苦力说，小心出大门的时候磨伤了桌子。（3—9）

【B】你和挑夫说，小心出大门的时候莫碰了棹子。

【C】伲去对脚班上话一声，小心出大门个时候台子勿要碰坏。

【E】你共挑夫讲，担野出大门之时要小心啲，睇刷花啲台。

【F】甲个苦力行出去嘅度大门，咪划花个张台呀。

【G】Hi! Tell the coolie to be careful, when he's going through the

---

[①] 齐如山：《北京土话》，辽宁教育出版社2008年版，第178页。

front gate, not to spoil the table by knocking it about.

（9）【A】是我想要装在一个大家伙里，叫苦力挑了去倒妥当。（3—9）

【B】是我想要装在一个大家伙里，叫挑夫挑了去倒妥当。

【C】我想装拉一只大个家生里，教个脚班上人挑妥当点。

【E】我话揾个大野装埋佢一起，叫挑单担去重好喇。

【F】搣大箱嚟装好佢，俾苦力抬去，更为妥当。

【G】if all your small articles outside are put in a large packing case, and the coolie carried them on a pole.

（10）【A】若不然就叫苦力挑着，跟了你去罢。（3—18）

【B】若不然就叫挑子挑着，跟了你去罢。

【C】勿是味教个脚班挑之，依跟之伊去味者。

【E】不如叫个咕哩担住，跟你去罢喇。

【F】你就叫苦力同去担喇。

（11）【A】你就叫苦力快打扫屋子，你出去搬行李去。（3—14）

【B】你就叫小工快打扫房子，你出去搬行李去。

【C】快点教小工扫地，依去搬行李去。

【E】你叫咕哩快啲打扫好间房，你就出去搬行李喇。

【F】你叫苦力快的整净个间房，你就出去搬行李入嚟喇。

按："苦力"与"挑子"、"挑夫"、"脚班"、"小工"、"挑单"、"咕哩"异文，其义自现。"苦力"是英译音译词，又作"咕哩"。根据我们的调查：A版"苦力"8例，F版"苦力"8例同，G版都用"the coolie"；B版对应的是"挑夫"2例、"小工"5例、"挑子"1例；C版对应的"脚班"4例、"小工"4例；E版"挑单"1例、"挑夫"1例、"咕哩"6例。威妥玛《语言自迩集》收有"苦力"一词，英语课文对应为A coolie，即"苦力k'u^3 li^4（重体力劳动）"。《语言自迩集》（2002：157）原注："这个词北京人不知道，除非当作一个英式汉语的词（an Anglo-Chinese term）。"这是清末新出现的英译外来词。按：该词来自英语还是其他语言还可探讨。亨特（美国）的《广州番鬼录》中，涉及讲"广东英语"时，说有一些词起源于印度语，如bazaar（市场）、cooly（苦力）、kaarle（咖喱）。[①]（中山大学陈淑梅老师提示）

[①] 威妥玛：《语言自迩集》，张卫东译，北京大学出版社2002年版，第157页。

5. 皮刺

"皮刺"，在《官话指南》6个版本中的异文有：

（12）【A】还有其余的那些个粗重的东西，你挑那皮刺的，都装在那个刘二雇来的大车上罢。（3—9）

【B】还有其余的那些的粗重的东西，你拣那皮刺的，都装在那个刘二雇来的大车上罢。

【C】还有别样硬头家生，侬担一众碰得起个物事，装拉刘二叫来个大车子上。

【E】与及个啲粗重嘅野，你拣啲坚固嘅，都装落刘二叫嚟个驾大车处。

【F】及粗重嘅野，拣出的坚固嘅，装落刘二雇嚟个驾大车喇。

按："皮刺"与"碰得起"、"坚固"异文，其义自见。皮刺：原指皮类药材表面的一种硬而尖头的突出物，称皮刺，如海桐皮。此用来形容坚固的东西。徐世荣字形作"皮拉"（称东西坚固等）。该词又写作"皮实"，今北方人还用。徐世荣：皮实，坚固，健壮。哈尔滨方言也有"皮实的"，形容强壮结实。①（据李荣《现代汉语方言大词典》）常锡桢（1992：41）还指出"皮实"又形容人身体健康，顽皮结实。《改良民国官话指南》注解"皮刺"为："言粗笨之物也"，不确。

6. 官座儿

"官座儿"在《官话指南》6个版本中的异文有：

（13）【A】官座儿若是现在立刻定，还怕没有。若是没有的时候，定桌子行不行？（3—11）

【B】官座现在立刻定，还怕没有。若是没有的时候，定棹子行不行？

【C】官座现在定起来，恐怕无没者。比方无得之味，别个座位要否？

【E】公座若系而家即刻去定，都重怕冇。如果冇呢，就定张台做得唔做得呢？

【F】乙如果要即刻定位，怕而家冇厢房。若然系冇，就平常嘅

---

① 徐世荣：《北京土语辞典》，北京出版社1990年版，第308页。

座位做得唔呢？

【G】If you want to engage them immediately, I'm afraid there won't be any boxes to be had; if there aren't, will ordinary seats do ?

（14）【A】那也使得，定官座儿，可总找那不吃柱子的地方纔好。（3—11）

【B】那也可得，定官座儿，却总找那不靠柱子的地方纔好。

【C】个亦使得个，定起官座来味，要拣一个地方勿要有柱头挡没拉个。

【E】都可以嘅，但係定公座，至紧咪揾着个的俾柱遮住嘅地方致好。

【F】甲係做得，倘若定厢房，至紧要揾的唔系有柱阻住嘅。

【G】Yes, they will do; If you take boxes, mind and find ones that are not behind a column.

（15）【A】我这两天听戏，瞧见对面儿官座儿里有一个人吃东西，那也可以么？（3—11）

【B】我这两天听戏，看见对面那官座儿里有一个人吃东西，那也可以么？

【C】前二日我看戏个辰光，看见对面官座里有人吃物事，亦可以个呢啥？

【E】我呢两日睇戏，睇见对面公座里头有个人喺处吃野，噉都做得嘅咩？

【F】呢两日我喺戏园，见对面嘅厢房有人食野，噉做得唔呢？

【G】the last two days when I was at the theatre, I saw a man eating in the box opposite; is that all right?

按："官座儿"与"厢房"、box opposite异文，"官座儿"不是"平常嘅座位"、ordinary seats，而是"公座"，"厢房"里的"公座"，类似现在剧院里的包厢。《儿女英雄传》第三十二回："占下场门儿的两间官座儿楼。"又按：《改良民国官话指南》注解"官座儿"为"头等坐位"，姑备一说。

7. 力把儿头、跐窝

"力把儿头"在《官话指南》6个版本中的异文有：

（16）【A】那赶车的若是个力把儿头，赶到了前门，走到石头道上，可就把车竟往跶窝里赶……现在这个是个好手赶车的，决不至于这么样。（3—6）

【B】那赶车的若是个力把儿头，赶到了前门，走到石头路上，却就把车竟往跶窝里赶……现在这个是个好手赶车的，决不至于这么样。

【C】若使车夫咾火头火脑，到之前门石头路上，担车子打七高八底个户荡走……箇个车夫好把手者，勿造至于什介個。

【E】个车夫若係唔在行，驶到前门个啲石头路处，就将车赶落车痕嘅坑里头处……现在呢个车夫系个好手，断不致唫嚟样。

【F】如果个车夫係新手，到前门嗰条石路，有车过嘅痕迹，就唫令个驾车两便辘，两便搽……甲啊，呢个车夫好熟手，断有嚟造作嘅。（3—6）

【G】If the driver is a raw hand, when he gets to the stone road at the Ch'ien Men, he's sure to drive into all the ruts……Oh, this one here is a clever driver; he will never do like that.

按："力把儿头"与"火头火脑"、"唔在行"、"新手"、raw hand 异文，与"好手"、"好熟手"对文，可见是指一个人对一件事情在行与不在行，是不是有经验的好手还是新手。老北京人常指没有经验的新手。该词还直接称"力巴"，如，《儿女英雄传》第六回："女子见这般人浑头浑脑，都是些力巴。"《儿女英雄传》第十一回："行家莫说力把话，你难道没带着眼睛，还要问却是为何？"邓友梅《别了，濑户内海》十二："虎子一下子感到自己长大了一大截，不再是个自顾自的小力巴了。"力巴，北平方言，指外行。亦作"力把"、"劣把"。指笨手笨脚的外行人。金受申《北京话语汇》作"力巴"："过去，凡对一件事不内行的，叫做力巴。"[①]北京话说人力巴时，总喜欢加上一个"头"字，称为"力巴头（lì ba tóu）"。还称为力巴儿、小力巴儿、小力巴儿塔儿。这是北方方言词，把外行、不懂行，说成"力巴"或"力巴儿"。东北方言也用。济南方言中"力巴"是指：过分，外行，差距大。追根溯源，元朝人把力巴说成"戾家"，赵子昂《论曲》把"行家生活"与"戾家把戏"对称。力巴，也称作力把、劣巴。

---

① 金受申：《北京话语汇》，商务印书馆1965年增订本，第100页。

"跬窝"：土路经过车辙碾压出一道道车痕，造成坑坑洼洼的小坑，一下雨就变成泥塘。因此，"跬窝"与"七高八底个户荡（七高八底之处）"、"车痕嘅坑里头处"、"车过嘅痕迹"、all the ruts（所有的车轮痕）异文，其义自明。

8. 醒钟

"醒钟"在《官话指南》6个版本中的异文有：

（17）【A】还有上回我托您给买一个醒钟，您给买了没有？（2—14）

【B】还有上回我托您替买一个闹钟，您纳买了没有？

【C】还有上回托办拉个只醒钟买着否？

【D】还有上回我托侬替我买一只闹钟，侬买呢勿曾买？

【E】重有件口播，前回我托阁下买个闹钟，你共我买倒冇呀？

【F】我先躺托你买个闹钟，有买倒唔呢？

按："醒钟"与"闹钟"异文，其义自现。清乾隆年间制"时辰醒钟"，即为闹钟。陈刚（1985：299）："醒子钟"，即"闹钟、闹表"。

9. 铺保

"铺保"在《官话指南》6个版本中的异文有：

（18）【A】那就是了。那么，我还得有铺保罢？铺保自然是得有的，您找得出铺保来么？（2—1）

【B】那就是了。那么，我还要有保人罢？保人自然是必要的，您找得出保人来么？

【C】固就介味者。还要有啥店家做保人个否？保人是总要个，自家寻得着否咾？

【D】盖就是哉。实盖末，我还要睃啥保租否？保租自然要个，侬寻得出保人来否？

【E】噉就喺啦。噉样，我重使要铺头担保唔使呀？保担自然要喇，你揾得出铺头担保嚹吗？

【F】乙噉，好喇。怕要稳当担保系吗？甲自然要喇，你揾得倒唔呢？

（19）【A】是，我找得出铺保来。您都是有甚么铺保？要甚么铺保有甚么铺保。（2—1）

【B】是，我找得出保人来。您都是有甚么保人？要甚么保人有甚么保人。

　　【C】寻是寻得着个。阁下有啥店家可以做保人否？随便自家要那里一个就那里一个。

　　【D】是个，我寻得出个。侬全是有那能个保人？要那能个保人就有那能个保人。

　　【E】系，搵得嘅。你有乜铺头担保呢？要乜嘢铺头就有乜嘢铺头咯。

　　【F】乙系，我搵得倒。甲你有乜担保呢？乙要嗰样就有嗰样喇。

按："铺保"与"保人"、"担保"、"铺头"异文，其义自见。"铺保"为清代至民国常见。董晓萍（2011）以民俗文化研究为角度阐述铺保与寺庙的关系："铺保是另一种特殊的'保人'，曾在北京城市传统手工业经济与城市宗教寺庙生存中起到结构性的作用……所谓铺保，是在政府和寺庙之间，由一个商号出面，在政府注册，为寺庙做信誉担保和经济担保。"又卢忠民阐述了铺保为近代北京民间社会常见："铺保，是中国旧时以店铺名义为他人出具证明所做的一种担保。"[①]

10. 俏货

"俏货"在《官话指南》6个版本中的异文有：

（20）【A】是又买着甚么俏货了么？（2—9）

　　【B】是又买着甚么俏货了么？

　　【C】还是侬要买啥巧货呢啥？

　　【D】是又买着啥好货哉否？

　　【E】又怕买到帮乜嘢平货嚹咞？

　　【F】甲你又买倒的相宜货吗？

（21）【A】他去封货，就许遇见俏货，赶他封了，当铺就卖漏给他了，他就可以赚了好钱了。（2—20）

　　【B】他去估货，就许遇见俏货，等他估了，当铺就卖漏把他了，他就可以赚了好钱了。

　　【C】估起来咪，碰着好东西，估之后来，典当里卖拉伊，伊就可以赚好价钱。

[①] 卢忠民：《近代北京社会的"铺保"初探》，载常建华编《中国社会历史评论》第11卷，天津古籍出版社2012年版，第8页。

【D】伊去划货色，就会碰着巧货，等伊划着，典当里就卖拨伊哉，伊就可以赚多个铜钱。

【E】佢去拆亲，必哙碰倒啲靓货，及佢去拆唎，当铺又卖漏啲俾佢，佢就赒大钱唎。

【F】去拆亲，就得的靓货，当铺东家又卖极平货俾佢，佢就赒大钱。

（22）【A】后来拾掇好了，卖了四十多两，赚了有十倍利。这就是遇见俏货，得了便宜了。（2—20）

【B】后来收拾好了，卖了四十多两，赚了有十倍利。这就是遇见俏货，得了便宜了。

【C】后来收作好之，卖之四十多两银子，赚之十倍利息。个就叫碰着之好物事味便宜者。

【D】后来收筑好之，卖之四十几两，赚之十倍。第个就是碰着巧货，得之便宜哉。

【E】后来佢修好，卖翻四十多两银，挜哓十倍利呢。呢啲系碰着靓货，就得倒便宜咯。

【F】就将个表嚟擦光，卖四十多两银，挜十倍嘅利。噉就系遇着的靓货，又赒得大钱咯。

按："俏货"与"巧货"、"好货"、"靓货"异文，其义自见。是价格物好且便宜的"相宜货"、"平货"。今天做古董生意这行的，仍用这个词，表示货好价格也恰到好处的东西。宋孝才（1987：556）：俏，可以表示"便宜货"、"销路好"。俏，表示"好"，北方方言和通语有"走俏"（畅销、受欢迎）。冀南方言有"卖得俏"（商品卖得好，走俏）。

11. 滑藉

"滑藉"在《官话指南》6个版本中的异文有：

（23）【A】好是好，赶插在里头之后，可得拿滑藉或是棉花揎磁实了，别叫他在里头摇撼纔行哪。

【B】好是好，等插在里头之后，却要拿东西或是棉花筑结实了，莫叫他在里头摇动纔行哪。

【C】好是好个，放之后来，拿点草或者棉花挨挨紧，勿要让伊动咾动,个味好。

【E】好系好,总系丢野落去之后,四围要使禾草或棉花嚟搁到紧,咪俾佢喺里头嚟摇动致得噃。

【F】甲可以嘅,但执好之后,你要俾的禾秆或棉花,摄到佢实,等佢咪两头啷蹯。

按:"滑藉"与"草"、"禾草"、"禾秆"异文,其义自见。陈刚(1985:117)作"滑秸":麦秸义。今冀南方言直呼禾草、秸秆为"麦秸"。①

12. 潮脑

"潮脑"在《官话指南》6个版本中的异文有:

(24)【A】一层一层儿的都垫上纸,下上潮脑。

【B】一层一层儿的都垫上纸,加上潮脑。

【C】逐一层上㩒纸头上下底味放樟脑。

【E】一层层俾纸隔好,落翻樟脑。

【F】一层层俾纸隔住,落的樟脑。

(25)【A】拿包袱盖上,四周围都披严了,再盖上盖儿。不然潮脑就走了。

【B】拿包袱盖上,四周围都披严了,再盖上盖子。不然潮脑就走了。

【C】担包袱盖拉上头,四面挨挨紧,乃味担来盖好之。勿什介能樟脑就要烊完个。

【E】拧袱包铺住,四边押到冚,再用盖晾上。唔系呢,個的樟脑就哙走气嘅嘞。

【F】用袱包揿住,四便摄实佢,揿番个盖。免致樟脑泄气消融呀。

按:"潮脑"与"樟脑"异文,其义自见。据包锡生《中药别名手册》(1991:321)"潮脑"即"樟脑"。谢观(1994:1539)指出:"潮脑是樟脑,产于广东旧潮州府境者。"

---

① 陈刚:《北京方言词典》,商务印书馆1985年版,第117页。

13. 抱沙锅

"抱沙锅"在《官话指南》6个版本中的异文有:

（26）【A】父亲死之后,他一定抱沙锅。（2—17）

【B】他父亲死之后,他一定扦棍儿。

【C】父亲死之后来咔,一定煨沙锅。

【D】伊爷死之以后,伊一定讨饭做叫花子。

【E】佢老豆死之后,佢一定揸砵头。

【F】佢老哑死,佢就必哙去揸砵头。

按:"抱沙锅"与"扦棍儿"、"讨饭做叫花子"、"煨沙锅"、"揸砵头"异文,其义自见。徐世荣（1990:508）:抱沙锅,言乞丐寒冬无衣服,胸前抱一砂锅,内盛炭火取暖。"抱沙锅"是贫穷末路的代称。

14. 掰

"掰"在《官话指南》6个版本中的异文有:

（27）【A】就连出去走走逛逛,他们俩都掰着我。

【B】就连出去走走荡荡,他们两都捭（掰）/撇着我。

【C】或者出去走走白相,伊拉总避脱我。

【D】就连我出去走勃相,伊拉两个全避脱我。

【E】连到出去逛吓,佢两个都骗开我。

【F】连到同行,佢都唔睬我。

按:"掰"与"撇"、"骗开"、"唔睬"异文,据其义概为把对方支开不予理睬。B版之A1录作"捭",有误,"捭",指两手合抱,引申为结交。与此上下文不合。如此,"捭"当写作"掰"。A版正作"掰",可证。

15. "唛"

"唛"在《官话指南》6个版本中的异文有:

（28）【A】就凭这么个唛乡下老儿,到京里就能进宫里去么,好容易事啊?（2—39）

【B】就凭这么个唛乡下老儿,到京里就能进宫里去么,好容易事啊?

【C】个个蠢体个乡下人,到之京里能彀到宫里去,什介容易个么?

【D】实盖一个乡下老头子,进京就容易,进宫实盖便当?

【E】净指以噉嘅蠢才乡下公，咁容易到京，就入得宫中喇咩。

【F】噉一个乡下佬到京，就一直入得宫殿，冇乜难处唎咩?

【G】Of course, even for such a raw countryman, in coming to Peking and going straight into the Palace, would there?

按："唛"与"蠢笨"、"蠢才"异文，其义可知。英文翻译为raw countryman。虽没有说出语义来，但"唛"在今天北方口语里还用，如："办事怎么这么唛呢""别漏唛"。但是其源头待考。

16. 擸

"擸"在《官话指南》6个版本中的异文有：

（29）【A】还有赶车的说，还擸他两块钱的车钱哪。把这两块钱给他拿出去罢。

【B】还有赶车的说，还找他两块钱的车钱哪。把这两块钱和他拿出去罢。

【C】车夫话，还有两块洋钱车钱勿曾拨。担两块洋钱去拨拉伊。

【E】但系车夫话，重争佢两个银钱啊。擸呢两个银钱拧出去俾佢喇。

【F】乙哦，个车夫话，先生不记得俾两个银钱车费啊。甲就拧呢两个银钱出去俾佢。

按："擸"原指"持、执"义，在这个语境中与找、拨是一组对应的词，粤语对应为："争佢两个银钱"，"争"：欠，欠少。"擸"指因欠少而拿出补足。

17. 摩抄：用手掌轻轻下按朝下捋，使衣物平贴。

"摩抄"在《官话指南》6个版本中的异文有：

（30）【A】你先把左底边迭上，再把右底边折在上头，然后再把衣裳一搂，把领子合上，摩抄平了，俩袖子往两边儿外头一折，然后再一合就得了。（3—10）

【B】你先把左底边迭上，再把右底边拆（折）在上头，然后再把衣裳一搂，把领子合上，摩抄平了，两袖子往两边儿外头一拆（折），然后再一合就是了。

【C】担左面个边朝上折，再担右面个边味折上去，乃味担衣裳捼一捼，领头合拢来，担手来捕平之，两只袖子朝外面一折，乃迭拢来咊，是拉者宛。

【E】先将左边呢幅折起，再将右边呢幅迭上嚟，然后搣件衫登吓，将条领合埋，抹舒服佢，两边衫袖喺外头一覆，就得略。

【F】先喺左手下便，折过去，然后喺右手下便，又折番上，后来扯行嗰件衫，将个条领折落去，整到佢平正，两边袖又喺外便折番入去，再折一折就啱略。

【G】First fold over the left-hand lower edge, then take the right-hand lower edge and fold it over on to the top of that, after that take the dress and give it a pull out, double the collar over on top, smooth it out flat, told over the two sleeves outside each side, give another double over, and there you are.（P81）

按："摩抄"与"捕平"、"抹舒服"、"整到佢平正"、"smooth it out flat"异文，其义大致可见。"摩抄"与《现代汉语词典》"摩挲"实为一词。《现代汉语词典》（第六版2012：860）：收有"摩挲"："〈口〉动：用手轻轻按着并一下一下地移动。摩挲衣裳。"这是一个地道的北京话口语词。弥松颐《京味儿夜话》（1999：143—144）曾考证"摩抄"之本字为"潽泧"，并引证《说文解字》："潽：潽泧，饰（拭）灭貌，从水蔑声。"段玉裁注："拭灭者，拂拭灭去其痕也。潽泧，今京师人语如此，音如麻沙。《释名》曰：摩娑，犹末杀也，手上下之言也。"段玉裁记录了清代京师口语词"潽泧"，可见当时口语多用。《骆驼祥子》中有"潽泧"用例。弥松颐还指出了"潽泧"一词异写形式，《释名》中的"末杀""摩娑"，《字林》中之"抹杀"，还有"摩抄"、"抆娑"、"攠撒""摩撒""摩娑"等，《红楼梦》中的"摩娑"。齐如山《北京土话》作"摩索"："手抹使平也，如衣服布匹有折，则喷湿用手摩索摩索就平了。"

《北京话语汇》（1961：106）：摩撒（mā sa）用手掌舒展东西或按摩。北京儿歌：摩撒摩撒肚儿，开小铺儿，又卖油儿，又卖醋儿。

《北京土语辞典》（1990：261）：有摩挲一词。指出："潽泧，虽古有据，但嫌字太生，不如借用'摩挲'。'摩'（mó）变读，'挲'（suo）古有（shā）音，变读。"

限于篇幅，我们姑且先罗列以上词条。深切的感受是非北方人研究北方词，需要更多的文本材料和现实中的口语资料的互证。深切地感受到口语词的个性特点，有其音也有其语音的多种文字外在体现：所谓"一词多形"。因此，口语词的考释不能仅限于字形，要探求其音与义还要依靠上下文语境。

《官话指南》多方言异文译本以及英文译本同期材料，都为我们提供了参照，文本材料的互证的重要性得到充分体现。

（张美兰：香港浸会大学中文系，香港九龙塘/清华大学中文系，100084，北京）

试论越南汉喃铭文中的汉越通用俗字*

何华珍　刘正印

一　引言

从某种意义上说，越南的汉字发展史，既是俗字传播史，也是俗字变异史。纵观越南汉籍之金石、写本、刻本，其异体俗字之多且与汉语俗字之近似，乃为不容置疑之客观事实。可见"汉越通用俗字"是中越俗字研究之根基。此外，金石类与其他类文献相比，又具有地理分布范围广、年代跨度大、涉及内容多等特点。其中，由越南文化通讯出版社出版的《越南汉喃铭文拓片总集》（以下简称《总集》）已收铭文共22 000条，主要以石碑为载体，用汉字和少数喃字系统地记载了越南北部民族的生活文化状况，时间跨度为16世纪至20世纪初，内容包括规约类、寄忌类、颂德类、事功类、诗歌类及其他类等。该《总集》（1—22册）图片清晰，俗字满目，犹如唐宋，为越南俗字研究提供了宝贵的第一手资料[①]。

本文则选取《总集》作为研究材料，从时代用字和构字规律两方面来对越南汉喃铭文中的"汉越通用俗字"进行调查探究，以求揭示其传承性特征。

二　时代用字

在汉字文化圈中，越南是浸染中国文化最深的国家。汉字是伴随着中国政治势力的南披而传入越南。下面，我们以汉字史特别是汉字域外传播

---

* 本文系国家社科基金重大项目"越南汉字资源整理及相关专题研究"（17ZDA308）阶段成果。

① 何华珍：《国际俗字与国别俗字——基于汉字文化圈视角》，《译学与译学书》（韩国）2013年版。

史为视角，从传播的阶段、载体、途径、方式等不同角度，探求"汉越通用俗字"在越南不同时代的传播轨迹和使用情况。

（一）原始部落时期（汉字尚未传入）

中国封建王朝在越南设置郡县之前，"交趾之南有越裳国，周公居摄六年，制礼作乐，天下和平。越裳氏以三象重译而献白雉，曰：'道路悠远，山川阻深，恐使之不通，故九译而朝。'"[①]又"交趾昔未有郡县之时，土地有雒田，其田从潮水上下，民啃食其田，因名雒民"[②]。由此可见，先秦时期两地人民已有一定联系，但语言差异较大，须"九译而朝"，说明汉语汉字尚未传入该地区；且越南生产力低下，还处于"文明的门槛上"，未见产生民族固有文字。

（二）郡县时期

1. 秦汉至六朝：汉字开始传入阶段

公元前214年，秦始皇"发诸尝逋亡人、赘婿、贾人略取陆梁地，为桂林、南海、象郡，以适遣戍"[③]。越南自此开始其一千多年的郡县时期，被动接受汉文化和汉字，汉字也成为越南历史上使用的第一种文字。然"凡交趾所统，虽置郡县，而言语各异，重译乃通。人如禽兽，长幼无别，项髻徒跣，以布贯头而著之。后颇徙中国罪人，使杂居其间，乃稍知言语，渐见礼化"[④]。秦亡后，赵佗割据岭南，立南越国。［越］黎崱《越鉴通考总论》记载赵佗"以诗书而化训国俗，以仁义而固结人心"[⑤]。可见，郡县之初的越南仍与中原言语相异，缺乏礼教。后来通过流放、移民等方式，促进了越南与中原地区的经济文化交流，使之由"稍知言语"到"粗知言语"，同时《诗》《书》等汉籍也逐步传入越南，共同推动了汉字在当地的传播。

东汉时，"光武中兴，锡光为交趾，任延守九真，于是教其耕稼；制

---

① 皮锡瑞：《尚书大传疏证·卷五·归禾》，光绪丙申师伏堂刻本。
② 郦道元：《水经注·卷三十七·叶榆河》引《交州外域记》，陈桥驿校释，杭州大学出版社1999年版，第642页。
③ 司马迁：《史记·卷六·秦始皇本纪》，中华书局1959年版，第253页。
④ 范晔：《后汉书·卷八十六·南蛮传》，中华书局1965年版，第2836页。
⑤ ［越］黎崱：《越鉴通考总论》，参见吴士连等编撰，陈荆和编校《大越史记全书》，东京大学东洋文化研究所1984年版，第84页。

为冠履，初设媒聘，始知姻娶；建立学校，导之礼义"①。中央王朝开始通过学校教育，确立汉字在越南的正统地位。汉末三国时，交趾太守士燮"初开学，教取中夏经传，翻译音译，教本国人，始知习学之业"②。当时中原大乱，交州则偏安一隅，中原士人"往以避难者以百数"③。士燮与这些人在当地大开文教，传播汉语汉字和汉文化，推动交趾地区文教事业的发展，越南"不但不是炎徼蛮夷之地，而是华风飒飒的学术荟萃之都"④。为此，[越]吴士连对士燮作了高度的评价："我国通诗书，习礼乐，为文献之邦，自士王始，其功德岂特施于当时，而有以远及于后代，岂不盛矣哉！"⑤

魏晋南北朝至隋朝，中原地区政局仍动荡不安，汉语汉字及汉文化的传播亦受影响，较之两汉，大为逊色。

2. 隋唐：汉字系统传入阶段

在唐朝，岭南划分为五府或五管，实行科举考试选拔人才，用汉文教授、考试，学和考的内容均是汉文的诗书礼义，且不断有越南人入仕中原。其中，爱州名士姜公辅第进士，登制策科，官至相位。此外，唐诗对越南的影响亦大。如安南都护高骈的《南海神祠》《赴安南却寄台词》《安南送曹别敕归朝》《南征叙怀》《叹征人》等诗作；另一都护马总"用儒术教其俗，政事嘉美"，"可谓文学政事，兼而有之矣"⑥。又王勃之父王福畤任交趾令期间，"大开文教，士民德之"⑦。在官吏们大兴文教的同时，唐朝的许多文人墨客也作客安南，对汉语汉字及汉文化在越南的传播作出贡献。如杜审言《旅寓安南》，沈佺期《初达驩州》等。同时，亦有不少安南文人北上，与中土文人互相切磋诗艺，酬酢唱和。如张籍《山中赠日南僧》《送南客》，杨臣源《供奉定法师归安

---

① 何华珍：《国际俗字与国别俗字——基于汉字文化圈视角》，《译学与译学书》（韩国）2013年版。
② 严从简：余思黎点校《殊域周咨录·卷六·安南》，中华书局1993年版，第236页。
③ 陈寿：《三国志·卷四十九·士燮传》，裴松之注，中华书局1982年版，第1191页。
④ 郑永常：《汉字文学在安南的兴替》，（台湾）商务印书馆1987年版，第33页。
⑤ [越]吴士连等：《大越史记全书·外纪·卷三·士王纪》，越南内阁官版正和十八年重刊本。
⑥ 宋祁等：《新唐书·卷一六三·马总传》，上海涵芬楼影印南宋黄善夫刻本，商务印书馆中华民国二十五年十二月初版。
⑦ 徐延旭：《越南辑略·卷二·名宦》，光绪三年梧州郡署刊本。

南》，贾岛《送安南惟鉴法师》等。因此，诸多中土学者长期生活在安南，汉籍也会随着他们文化活动的开展而传播至当地，进一步推动汉字发展。

因此，纵观秦汉至唐千余年的郡县时代，汉语汉字及汉文化主要通过政治统治、中原移民、"循吏"治理、汉籍南传、开办学校、科举等方式已系统地、大规模地在越南传播。

3. 用字情况

关于郡县时期汉字文献的保存及用字情况，据（越）郭氏娥统计：（1）汉字文献写本共8种，原本均失传；铭文共27种，其中一种原本已失传，其余均保留原本。（2）越南铭文中篆、隶、楷三种字体基本保留其主形结构。然而，三种字体还有大量形体变异的字数。篆书变异字数占篆书总数的26%，隶书变异字数占隶书总数的40%。篆书、隶书变异基本反映中国篆隶的变异源流。楷书变异字数占楷书字数的12%。变异类型可归纳出8种：笔画增加，笔画减少，笔画换用，笔画移位，构件减少，构件换用，构件移位，整字换用。其中，大部分变异类型是笔画变异。变异原因主要是混同、误笔、简化趋向、书写方便等。楷书构件、整字变异大都源于中国汉字变异，既是传承性的变异，少量的是越南独有的汉字变异。（3）越南铭文异体字均集中于中频率和低频率区域，即次常用字和罕用字两类，说明异体字使用不频繁，因此异体字形率不高，异体几率较少。高频字区域基本没有异体，说明汉字书写比较规范，而异体字的书写变异只是偶然，无规律性。[①]

由此可见，郡县时期的越南属于中国封建时代的行政区域，汉字是越南使用的第一种文字，不论写本还是铭文用字，均传承自中国，与中土无异。

（三）藩属时期

1. 宋元明清：汉字巩固和发展阶段

907年，唐朝灭亡，中原地区政局动荡。此时，越南地区豪强纷起，在长达半个多世纪里，先后有曲承裕、杨廷艺、矫公羡、吴权和丁部领五氏

---

① [越]郭氏娥：《越南北属时期汉字文献用字研究》，研究生博士学位论文，华东师范大学，2013年。

崛起，进行了摆脱中国的统治。968年，丁部领削平"十二使君之乱"，建"大瞿越"国，越南自此成为独立自主的封建国家。独立后的越南与中国保持着"藩属"关系。在此期间，越南历代王朝之典章制度、社会组织机构等方面均效法中国，如建立文庙、修国子监、开科举等。同时，政府使用汉字颁布政令和告示，并用汉字撰写国史；文人墨客以汉字吟诗作赋，著书立说；民间签订契约、刻碑记事亦多用汉字；农村也开办私塾传授汉学。且越南属明时，明朝官吏亦在越南各州、府、县广设学校。

此外，随着政治关系的改变，汉籍向越南的传播也呈现出新特点。越南使臣在其中充当了重要角色，如《宋史·安南传》："大观初，贡使至京，乞市书籍，有司言不许，诏嘉其慕义，除禁书、卜筮、阴阳、历算、术数、兵书、敕令、时务、边机、地理外，余书许卖。"[①]又《明英宗实录》记载天顺元年（1457）六月，安南陪臣黎文老奏曰："诗书所以淑人心，药石所以寿人命，本国自古以来每资中国书籍、以明道理，以跻寿域。今乞循旧习，以带来土产、香味等物易其所无，回国资用。从之。"[②]

因此，在以上诸多因素的影响下，汉文化的传播在越南不断扩大和深入，汉字的正统书写地位也在越南得到了巩固和发展。

2. 用字情况

《总集》所收碑铭时间跨度为16世纪至20世纪初，皆属"藩属"时期文献。对于铭文中的"汉越通用俗字"，我们尽量穷尽性选取俗字字样，并分别与中国的碑刻、写本、刻本三种不同文献用字进行比照。字形比照时，因载体形成的非区别性字形特征，忽略不计。

（1）碑刻用字（与《汉魏六朝碑刻异体字典》比照）

艾—𦫼（6752[③]）（2[④]）　　備—俻（7870）（25）　　比—𠃰（5963）（16）

必—𢘑（3352）（29）　　筆—𥲒（20439）（29）　　庇—庀（1556）（30）

畢—𢌿（7556）　　畢（8599）（30）　　碧—琗（4803）（33）

邊—𨘗（377）　　边（916）　　邉（11084）（37）

---

① 脱脱等：《宋史·卷四百八十八》，中华书局1977年版，第14070页。
② 佚名：《明英宗实录·卷二百七十九》，《明实录·二十》，台湾"中央研究院"历史语言研究所1962年据国立北平图书馆藏红格抄本微卷缩印本。
③ 此为《总集》铭文编号，编号前面的剪切字形源自《总集》。下同。又，如字库能够显示的一般字形，则不剪切原形。
④ 此为选取比照的材料页码，下同。

賓—寘(10655)(45)　　冰—氷(6404)(47)　　嘗—甞(11164)(80)
辰—辰(6004)(85)　　乘—乗(6404)(93)　　齒—歯(3409)(100)
崇—崈(1136)(103)　　初—衩(2040)　　　衩(13983)(109)
處—处(2614)　　　　处(12471)(111)　　傳—傅(901)(116)
創—刱(11947)(118)　垂—乗(718)(119)　　春—旾(5569)(119)
辭—辝(2186)(124)　　此—此(18077)(124)　聰—聡(5199)(127)
從—従(6442)　　　　袋(1445)(128)　　嵯—嵳(4552)(136)
答—荅(4501)(138)　　帶—帯(1446)(140)　擔—擔(2614)(143)
殿—殿(450)(166)　　島—㠀(12550)(150)　蹈—踊(11893)(150)
德—惠(5155)　　　　悳(372)(154)　　　遞—迤(2534)(163)
點—點(1445)(165)　　殿—殿(450)(166)　　丁—丅(7982)(170)
鼎—鼑(2164)(171)　　定—之(5471)(172)　睹—覩(1446)(180)
段—叚(7344)(184)　　斷—断(1962)(185)　峨—峩(8914)(191)
恩—悬(901)(194)　　兒—児(7644)(195)　貳—貮(16)(198)
發—彂(1560)　　　　發(372)　　　　發(7134)(199)
番—畨(3198)(202)　　法—泆(1962)　　　法(11636)(201)
凡—凢(901)(203)　　分—兮(11488)(218)　峰—峯(450)(224)
豐—豊(916)(225)　　輔—輔(5026)(240)　撫—捬(15966)(240)
覆—復(6004)(245)　　覆—覆(6004)(248)　改—攺(10258)(250)
蓋—盖(19083)　　　盖(5007)(251)　　概—槩(4037)(251)
功—㓛(8509)(269)　　鼓—皷(4028)(278)　觀—覌(6709)(285)
關—関(7835)(284)　　管—筸(1553)(286)　歸—皈(814)(292)
鬼—鬼(5346)(293)　　葵—葵(7571)(294)　厚—㫗(9806)(326)
號—號(901)　　　　　号(4354)(308)　　壺—壼(7880)
壺(6004)(330)　　　　灰—灰(7595)(350)　輝—煇(7618)(352)
徽—徽(19721)(353)　　回—囘(12482)(353)　迴—廻(5078)(353)
或—或(1945)(362)　　幾—㡬(1446)(366)　既—旡(916)(382)
寄—寄(2942)(383)　　濟—済(916)(387)　兼—蒹(1445)(395)
疆—疆(5279)(407)　　剿—勦(1954)(415)　教—敎(13535)(418)
鳩—鳩(901)(444)　　覺—覚(831)(462)　　舊—舊(1612)
菖(2418)(447)　　　舉—舉(5369)(452)　據—㨿(2168)(455)
鐫—鎸(14231)(457)　刻—刋(3357)(476)　禮—礼(32)(515)

试论越南汉喃铭文中的汉越通用俗字

吏—叓(12868)(217)	廉—廉(901)(526)	聯—聨(3518)(527)
梁—樑(377)(531)	茫—汒(823)(588)	靈—灵(3650)
囊(4362)(548)	留—畱(15534)(552)	臚—臚(1406)(563)
美—美(2767)	美(37)(269)	美—美(2767)
美(37)(595)	彌—弥(4103)(602)	覓—覔(1170)(605)
面—靣(4028)(609)	滅—减(5140)(612)	默—黙(450)(627)
冥—寘(4103)	寘(12479)(618)	命—命(4929)(620)
墨—墨(1446)(626)	難—難(916)(638)	年—秊(416)
羊(6030)	年(7556)(645)	能—能(5137)(640)
羆—羆(372)(669)	片—片(7746)(672)	嬪—嬪(2614)(674)
蒲—蒲(1406)(681)	僕—僕(5137)(682)	奇—奇(2184)(689)
棋—棊(6709)(691)	齊—齐(1547)(693)	器—噐(5279)(700)
謙—謙(450)(703)	虔—虔(1146)(704)	錢—銭(2942)(706)
勤—勲(7618)(718)	輕—軽(4350)(721)	慶—慶(916)(723)
窮—窮(12617)(725)	虬—虬(1737)(728)	勸—勸(1737)(737)
壤—壌(5459)(744)	實—寔(3329)(800)	飪—飪(11138)(749)
權—權(13151)(736)	若—者(2164)	若(13239)(759)
榮—荣(12973)(752)	柔—柔(8550)(753)	肉—肉(17070)
肉(11138)(753)	善—善(19721)	羊(8348)(770)
深—深(12460)(784)	勝—勝(11488)(792)	聲—聲(14927c)
声(5279)(791)	聖—聖(5315)(793)	時—昔(2614)(799)
世—丗(4427)	丗(1393)(805)	釋—釋(13151)(813)
收—収(6267)(814)	壽—壽(3409)(817)	疏—踈(1612)(822)
鼠—鼡(1445)	鼡(8715)(825)	雙—雙(916)(831)
爽—爽(3650)(832)	送—逆(2170)(845)	通—通(718)(888)
蘇—蘓(4501)(846)	箒—箒(1136)(851)	遂—遂(9932)(853)
歲—歲(814)(854)	所—所(918)(858)	土—士(882)(896)
兔—兔(7880)(897)	頹—頹(4903)(899)	陀—陁(9571)(901)
宛—宛(3409)(906)	萬—万(5279)(908)	往—往(2168)(910)
忘—忘(4427)(912)	望—望(6022)(912)	微—微(5347)(914)
武—武(37)(938)	聞—聞(12486)(929)	無—无(4103)(936)
兮—ㄎ(7088)(944)	鮮—鮮(4103)(446)	雄—雄(1556)(1000)

熊—㷱（372）（1000） 朽—𣎜（4526） 𣎜（7503）(10003)
須—湏（19328）(1007) 學—斈（5296）(1018) 勳—勲（1438）(1019)
勳—勲（1438）(469) 巡—廵（10538） 廵（7543）(1020)
焉—烏（814）(1028) 煙—烟（3773） 烟（18077）(1029)
鹽—塩（2012）(1034) 雁—鴈（3409）(2034) 夜—亱（1633）(1056)
以—㠯（450）(1069) 矣—𠂹（19328） 𠂹（568）(1070)
倚—𠋣（16650）(1070) 因—囙（9408）(1085) 𠀇—𠭊（9727）(1086)
陰—隂（372）(1087) 雍—雖（10706）(1103) 擁—搄（13344）(1104)
尤—尢（916）(1111) 於—扵（814） 扵（10646）(1122)
與—㠯（1847） 㠯（568）(1130) 域—𢧌（10618）(1133)
淵—渊（19315）(1141) 鴛—鴛（372）(1141) 緣—縁（1737）(1146)
遠—逺（901） 逺（16095）(1148) 怨—惌（4795）(1149)
哉—𢦏（1447）(1161) 災—灾（5239）(1161) 贊—替（7098）(1165)
讚—讃（5347）(1167) 讚—讃（5347）(1165) 葬—塟（5137）
葬（12616）(1166) 昭—炤（16019）(1183) 真—眞（4103）(1193)
振—搌（5113）(1196) 衷—衺（7750）(1223) 眾—𠂤（1446）
𠂤（5279）(1227) 齋—㪅（1619）(1175) 莊—𡉑（12482）(1243)
卒—卆（17104）(1262) 最—冣（7000）(1265) 佐—𠈃（4103）(1268)
坐—㘴（5232） 坐（7045）(1268)

（2）写本用字（与《敦煌俗字典》比照）

備—俻（7870）(13) 比—𫝀（5963）(16) 必—㢙（3352）(17)
邊—边（11084）(22) 禪—禅（1446）(42) 嘗—甞（11164）(43)
乘—乗（6404）(50) 齒—歯（3409）(154) 初—𥘉（2040）(58)
處—処（2614） 処（12471）(59) 傳—傅（901）(61)
垂—𠂹（2164）(63) 辭—辝（2186）(65) 從—従（6442）
袋—𢃳（1445）(67) 答—荅（4501）(72) 帶—帯（1446）(73)
擔—担（2614）(75) 當—当（15930）(77) 德—恴（5155）
恴（372）(79) 遞—逓（1807）(83) 點—㸃（1445）(84)
殿—毆（450）(85) 鼎—鼡（2164）(89) 定—㝎（5471）(89)
睹—覩（1446）(92) 斷—㫁（1962）(93) 風—凨（5496）(113)
恩—𢠳（901）(103) 兒—児（7644）(103) 貳—貮（2168）(104)
發—𤼲（372）(104) 法—灋（11636）(105) 凡—凣（901）(106)

试论越南汉喃铭文中的汉越通用俗字

飛—𠖦(4103)(109)　分—分(11488)(111)　豐—豊(916)(112)
朵—朶(6226)(97)　峰—峯(450)(113)　福—福(7821)(117)
輔—辅(5026)(118)　覆—覆(6004)(120)　覆—覆(6004)(121)
改—攺(10258)(122)　蓋—盖(5007)(122)　概—槩(4037)(123)
鼓—皷(4028)(134)　觀—覌(6709)(138)　歸—歸(814)(140)
關—関(1612)　開(7835)(137)　鬼—鬼(5346)(142)
號—号(19390)(150)　灰—灰(7595)(165)　輝—煇(7618)(166)
徽—徽(19721)(167)　迴—迴(5078)(167)　或—或(1945)(170)
幾—𡴎(1446)(178)　既—旣(916)(179)　急—𢚩(8567)(176)
濟—済(916)(179)　兼—兼(1445)(185)　堅—坚(11941)(184)
疆—畺(5279)(190)　剿—勦(1954)(193)　舊—舊(2418)(207)
禮—礼(32)(239)　舉—挙(5369)(210)　鐫—鐫(14231)(213)
眷—𠅘(9359)(458)　梁—樑(377)(243)　覺—𧠋(7032)
覔(831)(215)　看—𥋇(1737)　肎(8142)(219)
刻—刻(3357)(222)　臘—臈(1619)(231)　靈—灵(3650)
囊(4362)(249)　留—畱(15534)(250)　美—美(2767)
羙(37)(269)　門—门(6030)(270)　夢—夣(1612)(272)
彌—弥(4103)(272)　覓—𧠋(1170)(273)　面—靣(4028)(274)
滅—𣴃(5140)(276)　冥—冥(4103)(278)　默—黙(450)(280)
某—厶(6490)(281)　難—𮕵(916)(284)　年—秊(416)
秊(7556)　牛(8889)(290)　寧—寕(1762)(293)
片—片(7746)(205)　憑—凭(4190)(307)　齊—斉(1547)(312)
奇—竒(2184)(312)　器—噐(5279)(317)　謙—謙(450)(319)
虔—虔(1146)(319)　錢—銭(2942)(319)　輕—軽(4350)(326)
慶—慶(916)(327)　虬—虬(1737)(329)　勸—勧(1737)(332)
柔—𥬇(8550)(340)　權—権(13151)(332)　肉—𠕇(17070)(340)
閏—閏(10997)(343)　若—若(2164)(343)　善—善(8348)(354)
攝—揨(4103)(358)　收—収(6267)(371)　深—深(12460)(359)
勝—胜(11488)(363)　聖—𦔌(5315)(363)　時—旹(2614)(365)
世—丗(1393)(367)　疏—踈(1612)(375)　爽—爽(3650)(380)
鼠—鼠(1445)　鼠(8715)(376)　雙—双(916)(379)
詩—詩(13342)(82)　蘇—蘓(4501)(386)　算—筭(1136)(388)

歲—歳(814)(390)	所—処(1406)(392)	肆—肂(18675)(383)
炭—炭(11644)(398)	逃—迯(1712)(399)	土—圡(882)(409)
兔—兎(7880)(410)	頹—頺(4903)(410)	陀—陁(9571)(412)
宛—宛(3409)(416)	萬—万(5279)(417)	往—徃(2168)(419)
忘—忘(4427)(420)	望—望(6022)(420)	微—微(5347)(421)
為—为(17760)(424)	武—武(37)(432)	無—魚(15902)
亨(17162)	死(4103)(430)	雄—雄(1556)(460)
朽—朽(7503)(462)	須—湏(19328)(462)	學—斈(5296)(468)
以—㠯(450)(494)	衙—衙(8989)(472)	焉—焉(814)(473)
鹽—塩(2012)(476)	雁—鴈(3409)(481)	養—養(17760)(494)
矣—矣(568)(494)	陰—陰(372)(500)	與—与(1847)(515)
擁—攤(13344)(507)	雍—雑(10706)(508)	于—亐(11754)(512)
於—扵(814)	扵(10646)(53)	魚—魚(33)(513)
域—域(10618)(517)	淵—淵(19315)(520)	鴛—鴛(372)(520)
緣—縁(1737)(522)	怨—怨(4795)(523)	遠—逺(901)
逵(16095)(523)	哉—我(1447)(531)	災—灾(5239)(531)
贊—替(7098)(533)	讚—讃(5347)(533)	葬—葬(5137)
葬(12616)(534)	齋—斎(1619)(539)	咒—呪(10438)(561)
眾—衆(1446)	衆(5279)(559)	莊—莊(12482)(568)
縱—縦(5569)(574)	卒—卆(17104)(575)	最—㝡(7000)(577)
佐—佐(4103)(579)	坐—坐(5232)	坐(7045)(580)

（3）刻本用字（与《宋元以来俗字谱》比照）

拜—拝(567)(121)	辦—办(3329)(132)	寶—宝(16)(22)
備—俻(7870)(3)	邊—辺(377)	边(916)(97)
冰—氷(6404)(117)	茶—茶(11130)(72)	嘗—甞(11164)(129)
塵—塵(901)(17)	稱—称(456)(59)	齒—歯(19970)(132)
寵—宠(22)	處—處(2614)	爱(12471)
处(12776)(68)	辭—辝(2186)(136)	此—此(18077)(117)
聰—聡(5199)(64)	答—荅(4501)(61)	帶—帯(1446)(123)
從—従(6442)	従(1445)	从(7747)(7)
擔—擔(2614)(41)	黨—党(11510)(135)	蹈—蹈(11893)(59)
德—德(372)(7)	遞—迿(2534)(95)	點—點(1445)(52)

试论越南汉喃铭文中的汉越通用俗字

殿—殿（450）（128）	鼎—鼎（6701）（127）	定—㝎（5471）（20）
獨—独（1803）（133）	斷—断（1962）（136）	多—夛（19982）（117）
恩—恩（901）（33）	兒—児（7644）（118）	發—發（1560）
叢（372）（128）	番—番（3198）（134）	凡—九（901）（115）
分—分（11488）（4）	豐—豊（916）（134）	佛—仸（708）（1）
歌—欹（1848）（44）	個—个（15982）（2）	觀—覌（6709）（82）
關—関（1612）（100）	管—管（303）（61）	歸—婦（17104）
埽（814）	帰（6490）（134）	號—号（901）
号（4354）（69）	後—后（32）（7）	壼—壺（7880）
壼（6766）（130）	畫—昼（3773）（54）	還—还（7513）（96）
魂—䰟（5736）（110）	或—或（1945）（120）	幾—凣（7870）（129）
急—急（8567）（32）	兼—兼（1445）（124）	堅—坚（11941）（17）
疆—疆（5279）（55）	舊—舊（2418）（68）	舅—舅（9309）（67）
盡—尽（5471）	尽（6757）（56）	舉—举（5369）
本（1447）（67）	據—据（8886）（40）	覺—覚（7032）
覔（831）（82）	開—开（5353）	闲（5626）（99）
刻—刻（3357）（4）	藍—蓝（8723）（75）	樂—楽（5346）（30）
麗—覔（1560）（112）	聯—聨（3518）（64）	兩—両（4732）（11）
靈—灵（3650）	靈（4362）	霊（415）（104）
隆—隆（167）（101）	龍—竜（450）（114）	留—畄（6490）
畱（15534）	畨（14483）（54）	蠻—蛮（5279）（70）
門—门（6030）（99）	夢—梦（11488）（74）	彌—弥（4103）（134）
命—命（4929）	傘（9359）（1）	墨—墨（1446）（18）
欹—㱃（8883）（54）	難—难（901）	鞋（9049）（103）
能—䏻（5137）	怱（11696）（65）	齊—斉（1547）（129）
雙—双（19359）（103）	棄—弃（718）（29）	氣—気（10706）（123）
遷—迁（4103）（96）	虔—虔（1146）（68）	錢—銭（2942）（97）
竊—窃（2942）（60）	輕—軽（4350）（92）	慶—慶（916）（24）
窮—穷（16）（60）	衢—衢（19797）（8）	權—权（13151）（32）
勸—勧（1737）（7）	然—肰（13342）（51）	壞—壊（5459）（19）
柔—柔（8550）（28）	肉—肉（17070）（65）	若—若（2164）（72）
灑—洒（5234）（50）	色—邑（32）（117）	擅—拪（6004）（41）

51

攝—抯（4103）（43）　深—㴱（12460）（46）　聲—声（5279）（64）
世—卋（4427）（115）　鼠—䑕（1445）　　　鼻（8715）（128）
爽—奭（3650）（125）　肆—肂（18675）（128）送—迗（2170）（94）
肅—肅（4526）（387）　筭—筭（1136）（61）　雖—鈺（3344）（102）
歲—歳（128）（19202）　所—所（901）　　　　所（918）（119）
逃—迯（1712）（94）　　體—体（9328）（109）　鐵—鉄（3098）（98）
萬—萬（901）　　　　　万（5279）（73）　　　忘—忘（4427）（32）
微—微（5347）（8）　　為—为（17760）（121）務—务（16）（124）
無—无（15902）　　　　无（4103）（51）　　　顯—显（7204）（106）
賢—贤（901）（87）　　雄—雄（1556）（102）　熊—熊（372）（52）
學—学（5296）（132）　煙—烟（18077）（51）　嚴—严（901）（13）
養—养（17760）（107）　夜—亱（1633）（119）　陰—阴（372）（101）
幽—㘽（372）（124）　　譽—誉（7411）（85）　　遠—远（16095）（95）
哉—𢦏（1447）（10）　　贊—替（7098）（88）　　葬—塟（5137）
葬（12616）（73）　　　齋—斋（17104）（132）昭—炤（16019）（25）
執—执（7134）（17）　　莊—庒（12482）（72）　職—职（5279）（64）
捉—捉（8886）（37）　　衷—衺（5369）（70）　總—緫（377）（80）
卒—卆（17104）（119）

　　由上可见，在藩属时期，越南汉喃铭文中使用的"汉越通用俗字"数量繁多，且皆能在早于其刻镂时代的中国历代文献中找到属性相同的字样。因此，从时代用字角度来看，越南碑铭使用的"汉越通用俗字"，皆传承自中国。

　　（四）殖民地时期：汉字衰落消亡阶段

　　在法国殖民统治和"西风东渐"的双重历史背景下，越南以汉学为基础的传统教育体系日渐衰落，汉字和汉语的使用范围逐步缩小。"八月革命"胜利后，越南通过决议宣布废除汉字。至此，汉字在越南两千余年的正统书写文字地位被终结。

　　三　构字规律

　　越南汉喃铭文中的"汉越通用俗字"大都可以在中国历史文献中得到印证。我们再以这些俗字为坐标，分别从形体和结构出发，探求其构字规律。

（一）形体层面

1. 笔画增加

（1）初—袀：皇朝正和十年捌月袀壹日立。（2040）

按："袀"为"初"之增笔俗字。《碑别字新编》引《魏张猛龙碑》亦作"袀"（32）。

（2）人—厶：旧会宁县丞生徒阮登洲，青河社厶也，德年三达，心产两恒。（6030）

按："厶"为"人"之增笔俗字，见《广碑别字》引《清张云溪墓志》（2）。

（3）凶—㐫：趋吉避㐫，淳风厚俗。（12436）

按："㐫"为"凶"之增笔俗字，《正字通·凵部》："凶作㐫、㐫，皆俗书。"（86）

2. 笔画减少

（1）焉—焉：其发身之效，熟有大焉，遂镌于石，以寿其传。（814）

按："焉"为"焉"之省笔俗字，《增广字学举隅》卷二《正讹》："焉，焉非。"（211）

（2）煙—烟：赖本寺住持人人继百年，延香烟于永远。（18077）

按："烟"为"煙"之省笔俗字，见《宋元以来俗字谱》引《古今杂剧》等（51）。

（3）養—养：再出资造石墙，继买祀田，以需供养。（17760）

按："养"为"養"之省笔俗字，见《宋元以来俗字谱》引《三国志平话》等（107）。

3. 笔画黏合

（1）菜—䍺：本村顺听犒粢肉、酒䍺，准古钱□贯，别无索要。（3035）

按：《说文·艹部》："菜，艹之可食者。从艹采声。"（17）《隶辨·上声·海韵》引《孔耽神祠碑》作"䍺"，又引《帝尧碑》作"䍺"，且于"䍺"下云："采与菜通，故碑亦以菜为采。"（97）故"䍺"多由"艹"、"罒"笔画黏合讹写而成。

（2）競—竸：谦让和平，处于乡者，自束发至白首，未尝与人争竸也。（450）

　　按：《四声篇海·见部》："竸，音競。"（63）《广碑别字》引《魏阎伯升墓志铭》作"竸"（777）。"竸"由"競"部件合并而来，"立"合作"並"，下部则合为"见"。

（3）衢—衢：衢坦云青，阶光天碧。（19797）

　　按："衢"中两"目"合为"亚"，见《宋元以来俗字谱》引《古今杂剧》等（8）。

4. 部件位移

（1）敦—袞：智氏号自少，袞诚长而慈惠，悟心珠而投虔。（1136）

　　按："袞"由"敦"部件移位而成。《金石文字辨异·平声·元韵》引《唐马本纪孝碑》作"袞"（620）。

（2）概—槩：因为略述其梗槩，并为之铭。（4037）

　　按：《说文·木部》："槩，杚斗斛。从木既声。"（117）"槩"由"概"部件移位而成，见《汉魏六朝碑刻异体字典》（251），《敦煌俗字典》（123）。

（3）護—護：庇民護國，德泽汪涵。（17079）

　　按："護"由"護"部件移位而成，见《增广字学举隅》卷二《正讹》（251）。

5. 草书楷化

（1）畫—昼：于是刻石昼字，以示后世，使永监焉。（3773）

　　按："昼"为"畫"之草书楷化而成。《草书大字典》引唐孙过庭《书谱》作"畫"，元张雨《题画诗》作"畫"，明王宠《自书诗》作"畫"。（899）其楷化后字形见于《宋元以来俗字谱》引《列女传》等（54），且《字学三正·体制上·俗书简画者》："畫，俗作昼。"（68）

（2）還—还：其夫妻兹许本村此钱还债，又应作亭。（13403）

　　按："还"多由"還"草书楷化而成。《草书大字典》引明陈淳《古诗十九首》作"还"（279）。又《宋元以来俗字谱》引《通俗小说》等均作"还"（96）。《字学三正·体制上·时俗杜撰字》："還，俗作还。"（68）

(3) 盡—尽：夏秋水溢迅而激隆，冬缭尽又不利于舟。（19084）

按："尽"为"盡"草书楷化而来。《草书大字典》引宋陆游《自书诗》作"㞑"，明祝允明《前后赤壁赋》作"㞑"。（923）《正字通·尸部》："尽，俗尽字。"（284）今为"尽"之简化规范字。

（二）结构层面

1. 增加义符

（1）顶—嶺：此山一嶺，孤峙大江。（2809）

按："顶"受文例"山"之影响，增旁作"嶺"，见《玉篇·山部》（103）。

（2）峰—峯：左龙峯起，右虎水泂。（450）

按：《说文·山部》："峯，山耑也。從山夆聲。"（188）隶作"峯"。"峯"为"峰"之古字，"峰"由"峯"部件移位而成。《玉篇·山部》："峯，孚容切。山高尖。"（103）《集韵·平声·钟韵》："峯，或书作峰。"（18）《正字通·山部》："峰，俗峯字。"（295）"峰"又由"峰"或"峯"赘加形旁而成。

（3）梁—樑：环龙县安下总盛豪坊东阁亭樑上字题如后。（377）

按："樑"为"梁"之增旁俗字。《正字通·木部》："樑，俗梁字。旧注梁见《释藏》。"（530）《中文大辞典·木部》："樑，梁之俗字。"（7364）

2. 改换义符

（1）寶—宝：以上各所田在平烈、弘烈等社，地分共拾壹亩，供养灵庵寺，为三宝田许与村。（16号）

按：《宋元以来俗字谱》引《列女传》等（22），"寶"皆作"宝"，今以"宝"为"寶"之简化规范字。

（2）鉢—砵：本村每人方饼四件，圆饼四件，每件参砵，用好为一具。（7503）

按："砵"为"钵"之换旁俗字。《汉语大字典》："砵，同'钵'，陶制的容器。"（2592）"钵"作"砵"反映了事物质地发生了变化，于是人们便改用不同形旁表相同的义。

（3）喧—諠：几日諠哗，皷棹来舟，离方峙弦岳之峯；弥年维新，合集飞鸟，岸欝馥橺之春。（4103）

　　按："口"、"言"皆与"喧"义有关，故"喧"作"諠"为改换义符。《汉语大字典》："諠，同'諠'。喧哗。《玉篇·言部》：'諠，諠哗。'《篇海类编·人事类·言部》：'諠，亦作喧。'"（4264）

3. 省略义符

（1）關—关：系递年忌日各甲整卞粢盛五具，香梢五台，金银粢五千關，芙蕾等物，递将本寺于以奠之。（1136）

　　按：《说文·门部》："關，以木横持门户也。从门䜌声。"（249）"関"中"关"皆由"关"之草书省写而成。《草书大字典》引唐李怀琳《绝交书》作"关"，又引清王铎《杜诗》作"关"。（1291）另《广韵·平声·删韵》："关，《说文》曰：'以木横持门户也。'《声类》曰：'關所以闭也。'又姓。《风俗通》云：'關令尹喜之後。'蜀有前将军关羽，河东解人。関俗。"（35）"关"由"関"简省"门"而来，今为"關"之简化规范字。

（2）號—号：斋主刘氏寻号妙贵，寄与显考号福贤。（19390）

　　按：《说文·号部》："號：呼也。从号从虎。"又："号，痛声也。从口在丂上。"（96）《段注》于"号"下云："号，嘑也。凡嘑號字，古作号。口部曰：'嘑，号也。'今字则號行而号废矣。"（354）《集韵·平声·豪韵》："號，或作号。"（189）字形虽作"号"，乃"号"之讹写。

（3）疆—畺：则福禄日来寿为无畺，益享太平之福。（11933）

　　按："疆"简省义符"土"作"畺"，见《敦煌俗字典》（190）。

4. 改换声符

（1）酬—酧：恩重施酬，乡与国举，皆敬慕。（8550）

　　按：《说文·酉部》："醻，主人进客也。从酉夀声。酧，酬，或从州。"（314）"守"、"州"音近，"酬"作"酧"为改换声符。《隶辨·平声·尤韵》引《孔宙碑》作

"酧"（73）。《字汇·酉部》："酧，俗作酧，古无此字。"（498）《正字通·酉部》："酧，俗酧字。"（1181）

（2）聰—聰：顺安府嘉林县古灵社姿亭村阮聰妻阮氏为男阮庸阮文褥妻，丁氏然二贯。（5199）

按：《说文·耳部》："聰，察也。从耳忽声。"（250）故又可作"聰"。《隶辨·平声·冬韵》引《议郎元宾碑》作"聰"（4），隶作"聰"。《宋元以来俗字谱》引《通俗小说》等并作"聰"（64）。《字汇·耳部》："聰，俗聰字。"（376）"怱"、"忽"音同，"聰"作"聰"为改换声符。

（3）皓—皜：确系人心天理皜皜乎，秋阳之道统浩浩然。（18407）

按："告"、"高"音近，"皜"作"皓"为改换声符。《汉语大字典》："皜，同'皓'。《玉篇·白部》：'皜，同皓。'"（2837）

5. 改声符为义符

（1）耕—耕：后付来往主持寺僧任取耕种，尽供忌日。（19541）

按：《说文·耒部》："耕，犁也。从耒井声。一曰：古者井田。"（87）"耕"之"井"作"牛"为改声符为义符，会"耒、牛皆可耕地"意。"耕"为"耕"之换旁俗字。

（2）逃—迯：明则有日月，幽则有鬼神，难迯其责，勉之励之，慎毋违越。（1712）

按："迯"改"逃"之声符"兆"为义符"外"，变形声为会意。《宋元以来俗字谱》引《通俗小说》等亦作"迯"（94）。《字汇·辵部》："迯，俗逃字。"（487）

6. 省略声符

雖—隹：因此隹无子恩，恐于身后患其久之长。（19390）

按："隹"为"雖"之简省俗字，省去声符"隹"，见《宋元以来俗字谱》引《取经诗话》等（102）。

7. 音近更代

（1）蒞—涖：王即府涖政，国内稍宁，本甲密迩荣光厚沾德化。（7134）

按："蒞"字不见《说文》，其"蒞临"义之本字当作

"埭"，《说文·立部》："埭，臨也。从立从隶。"（215）惟后世不用此形，而用"涖"、"泣"、"蒞"。《集韵·去声·至韵》："埭茌蒞位：《说文》：'臨也。'或作茌蒞位。"（477）今楷字通作"蒞"，故"蒞"本从"泣"声，此为音近更代。

（2）然—肰：盖闻有功于人，享人之报，理必肰也。（13342）

按：《说文·火部》："然，烧也，从火肰声。"（206）《说文·肉部》："肰，犬肉也，从肉犬，读若然。"（85）"肰"本义为"犬肉"，与"然"义无关，后世字书亦分为肰、然二字，但通俗则有以代"然"字者，如《汉语大字典》引（明）姜奇方《刻宛陵先生集后序》："使读者宛肰其身历，而恻然其心摇。"（2195）故"然"俗作"肰"为音近更代。

8. 符号替代

（1）對—对：灵庙峥嵘，乾坤对峙。（4362）

按："对"为"對"之简省俗字。"文"为常见简省符号，如：難—难（3329）。

（2）歸—埽：诸尊后为民之表，维商之基，体善仁心以周民，前后联辉乘，令闻埽禅机而广世。（6490）

按："埽"之"丨"为草书楷化而成的简省符号，替换部件"皇"。《草书大字典》引唐孙过庭《书谱》作"归"，宋赵构《真草千字文》作"归"，明王宠《千字文》作"归"。（808）"埽"见《宋元以来俗字谱》引《列女传》等（134）。"丨"为常见简省符号，如：錢—钱（18675），總—总（7822），群—羣（4338）等。

（3）廣—庎：南庎海门，北奇山继。（10457号）

按："庎"中"卄"为"黄"之简省符号。《字学三正·体制上·时俗杜撰字》："廣，俗作庎。"（68）"卄"为常见简省符号，如：嚴—严（11400）等。

9. 类化

辅—辅：英雄出世，辅佐君王。（5026）

按："辅"作"辅"属字的内部类化，见《汉魏六朝碑刻异体字典》作"㭒"（240），《敦煌俗字典》作"㭒"（118）。

10. 全体创造

（1）佛—伏：蒙恩后伏，脱离尘缘，超凡入圣。（901）

　　按：张涌泉先生《汉语俗字研究》："'伏'则当即'佛'的会意俗字（人们以西天为佛国，'天人'则自然为佛了）。《字汇补·人部》：僲，道经'佛'字。亦作伏。"（36）

（2）壽—䨉：其义虽名显于当时，不若功传于后世，因勒碑以䨉其传。（4362）

　　按：考"䨉"字构，当是"九十百千"四字会意，此四字均可表多、长、大，故合四文可表"寿"之意。《字学三正·体制上·古文异体》以"䨉"为"寿"之古文（82）。

（3）體—体：乃乞飯后佛，心广体胖，慈悲仁德。（19390）

　　按："体"会"人本"为"體"，乃新造会意字，今为简化规范字，见《宋元以来俗字谱》引《通俗小说》等（109）。

可见，以上几种"汉越通用俗字"的构字类型完全可以用传统"六书"和王宁先生的"异写字"、"异构字"及张涌泉先生的汉语俗字"十三种"类型进行解释。而且，从形体和结构层面来看，"汉越通用俗字"的构字规律都有"从简"的趋势，如形体层面除"笔画增加"类以外，其他类都或多或少简化了字形；结构层面除"增加义符"类外，其他类亦复如是。在"从简"的主流趋势中，"汉越通用俗字"的"符号化"趋势也非常明显，如"文"、"丿"、"艹"皆是常见简省符号。此两种趋势早已在汉字的发展过程中体现得淋漓尽致，我们今天使用的简化字就是很好的例证。

四　小结

以通用俗字为中心的中越汉字比较研究，是近代汉字学研究的重要内容，也是汉字在域外传播的重要内容。越南汉喃铭文中的"汉越通用俗字"不仅可以在中国历史文献中找到原型，而且其构字规律及发展趋势亦与中土无异，可以说"汉越通用俗字"即"传承俗字"。我们认为，同属"汉字文化圈"的日本、韩国，其汉籍文献亦蕴含着丰富的"传承俗字"

语料[①]。可以说，古代汉字文化圈很大程度上就是一个俗字传播圈，很多俗字皆是由中土传播到域外，形成一个国际通用俗字群。

此外，这些"汉越通用俗字"又在域外开花结果，衍生出一批"变异俗字"。关于其结构特点、形义关系、历史演变，特别是字源国别的判定、中外偶合字形的关联等，亦需下力气研究。此待另文讨论。

（何华珍：郑州大学文学院/浙江财经大学人文与传播学院，
450001/310018，郑州、杭州）

（刘正印：郑州大学文学院，450001，郑州）

---

① 何华珍：《俗字在韩国的传播研究》，《宁波大学学报》（人文科学版）2013年第5期。

汉字研究

三国吴简"竖画"考*

刘　玥

汉字笔画系统将随体诘诎、千变万化的线条转化为规整有序的笔形，是汉字发展的一次飞跃。线条和笔画之间的映射是双向的多选型映射，即同一种线条可能演变成不同的笔画，同一种笔画也会来自不同的线条。在笔画化的过程中，线条和笔画在很长一段时间内交织在一起，甚至在隶书成熟以后，还有一些线条仍在笔画改造的途中，直至楷书成熟改造完成。三国吴简文字正处于隶楷阶段，是汉字发展史承上启下、字体峰出的时期。笔画作为汉字最底层的书写元素，对汉字构形系统和字体风格都具有基础性的决定作用，因此对三国吴简中正在走向成熟的笔画系统进行细致的描写，就显得尤为重要。

三国吴简字形的基本笔画包括横、竖、撇、捺、折、点、提、钩、弧、曲10种。其中竖画的形态丰富，包括长竖（丨）、短竖（丨）和竖弯（丿乚）等，笔态和笔势古朴自然，相较成熟楷书更加多样，且与竖钩（亅）、竖撇（丿）等形体相近常有混用。通过对三国吴简笔画系统中"竖画"子系统的考察和梳理，可以管窥笔画对篆体线条的改写规则——多选型定规[①]的作用情况，以及隶楷书阶段推动笔画系统继续演进并逐步走向成熟的其他内在规约。

一　三国吴简字形中的竖画

竖画指从上向下纵向垂直运行的笔画。三国吴简文字系统中的竖画直

---

* 本文系北京社科基金重大项目"汉字发展史"（项目批准号：15ZDA12）的阶段性成果。
① 王贵元：《汉字笔画系统形成的过程与机制》，《语言科学》2014年第5期。汉字笔画"多选型定规"指一种篆体线条转写为不同的笔画形体。其形成的原因有两个：一是篆体改造的多途探索，二是受到整字结构的影响。

接来源于隶书中的竖和竖弯。从笔画形态上来看，吴简中的竖已经摒弃了隶书的圆头和方头，变为尖锋入笔。三国时期的竖画包括长竖、短竖、竖弯三种。

（一）长竖（丨）

长竖指笔形较长的竖画，长度与整字相当或超出整字，多位于构件的中部或一侧。我们分别以"斗"、"平"、"阿"、"升"这四个字形简单、竖画较为突出的字为例进行对比考察，见下表：

字例	东汉碑刻	吴简字形	隋唐楷书
斗	斗礼器碑	斗1-1153，斗1-19162，斗1-2546，斗1-2117，斗1-2435，斗1-3294	斗 昭仁寺碑
平	平乙瑛碑 平景云碑	平3-2240，平3-2851，平3-5698，平3-5714	平 金刚经刻石
阿	阿西狭颂 阿衡方碑	阿2-4638，阿2-3287，阿1-5981，阿3-5792，阿1-4401	阿 金刚经刻石
升	升景云碑 升肥致碑	升1-2063，升1-6175，升2-3820，升2-3859，升2-7822	升 临辟雍碑

从笔势上看，东汉碑刻隶书的长竖起笔为圆头或方头，收笔为圆形，笔画形状圆起圆收，偶有方笔。隋唐楷书中的长竖则主要有垂露、悬针两种写法：垂露竖下笔稍重，行笔较轻垂直向下，藏锋顿驻作收；悬针竖下笔由重到轻，出锋收笔，下部出尖。三国吴简中的长竖，起笔皆较重，有向右下顿笔的痕迹；收笔多出锋，与楷书中的悬针竖写法基本一致，但也存在类似隶书圆起圆收的写法，如 丰1-6011。但就这个竖画的笔势和笔态来看，与隶书垂直不曲的竖画形态已有很大的区别，笔势上具有隶楷书阶段的过渡特点。

三国吴简中长竖起笔收笔的具体情况见下表：

起笔	收笔	吴简字形
露锋[①]	出锋	丰1-1155，沛3-6020，卯3-6223背，帅1-1086，小1-1147，中1-1380，斗1-2546，本1-6014

---

① 露锋起笔，指下笔时笔锋外露在点画外面的起笔方法。藏锋起笔，指下笔时笔锋藏在点画之中的起笔方法。出锋收笔，即在收笔时把笔逐渐提起，使笔锋外露，其笔画末端呈锥状；藏锋收笔是指收笔时笔锋朝笔画的反方向回收，将笔锋藏于点画之内。

(续表)

起笔	收笔	吴简字形
藏锋	出锋	▢2-3474、▢2-6647、▢1-0544、▢1-3155、▢2-7481
	藏锋	▢3-2760、▢2-7329、▢1-0664、▢3-6119

就起笔收笔搭配来看，三国吴简中分别有露锋—出锋、藏锋—出锋、藏锋—藏锋三种。凡是露锋（折锋）起笔的长竖收笔一定出锋，这种竖占三国吴简中的多数，是基本形体；藏锋起笔的长竖，收笔有出锋、藏锋两种形态。就长竖在字体中的位置来看，在字形边缘起支撑作用的长竖，多为藏锋收笔，使字形看起来具有稳定性；在字形或构件中间的长竖多为出锋收笔，使字形看起来硬朗有力。但总的来说，不论长竖在中间还是两侧，形体上差别不大。对吴简中的"帅"的中竖进行定量统计，在85例"帅"字中，露锋—出锋的有73例，露锋—藏锋的有12例，可见露锋—出锋为吴简中长竖的主形。

与横画不完全水平相似，三国吴简中的竖画也不是完全垂直的，大部分都有一定的弧度。按照右手书写的生理习惯，竖画在行笔时中间部分微微向右凸呈弓状，在收笔时再回到与起笔相垂直的位置，如▢1-1562、▢1-5824、▢3-2240、▢1-0419、▢1-0436等，这与隶书中完全竖直的长竖在笔态上有了明显区别，而恰与楷书中的"努笔"笔势相似，使笔画看起来富有力度美。吴简中也有完全竖直的长竖，如▢3-3168、▢1-1738，但数量较少。

由此看来，三国吴简与东汉碑刻中的长竖画在笔形和笔势上已经有很大的区别。首先，隶书长竖圆起圆收，吴简长竖多为尖起尖收，尤其是在收笔上，以"帅"字为例，收笔出锋的长竖占到总字样的80%以上。其次，在笔形的态势上，隶书的长竖直立不曲，吴简长竖大部分有一定弧度，在行笔中稍向右凸。总的来说，吴简中的长竖已经与楷书中的悬针竖形体非常接近，只是在起笔上多为露锋入笔，不若成熟楷书为逆锋入笔更为圆润。

（二）短竖（丨）

短竖指笔形较短的竖画，长度不一，位置较灵活，字形的上下左右皆有分布。我们分别以"士"、"何"、"山"、"李"、"卒"这5个字形简单、短竖较为突出且位置不同的字为例进行对比考察，见下表：

字例	东汉碑刻	吴简字形	隋唐楷书
士	士 曹全碑阴 士 熹平《尚书》	士 2-1623, 士 3-346, 士 1-8410, 士 1-9587	士 颜勤礼碑
何	何 冀州从事冯君碑 何 熹平《鲁诗》	何 3-2500, 何 3-706, 何 3-967, 何 3-6981	何 孔子庙堂碑
山	山 西狭颂 山 鲁峻碑	山 3-5053, 山 1-5190, 山 1-1396, 山 2-7948	山 等慈寺碑
李	李 史晨后碑 李 曹全碑	李 1-1149, 李 2-0064, 李 2-0279, 李 2-7328, 李 3-2167	李 道因法师碑
卒	卒 杨著碑 卒 乙瑛碑	卒 1-0546, 卒 1-5474, 卒 3-1349, 卒 3-5950	卒 裴镜民碑

由上表可以看出，东汉碑刻中的短竖，起笔为圆头或方头，收笔为圆头，笔画形状圆起圆收。隋唐楷书中短竖的写法同长竖，只是行笔较短。三国吴简中的短竖，大部分起笔和收笔都是露锋的，与长竖尖起尖收的基本形态相同。但在字形左侧，对整字结构起支撑作用的短竖也有圆笔收笔的情况，使字形看起来稳定，如伸1-1408。短竖由于运笔路程较短，往往在入笔后就开始提笔、收笔。

需要注意的是，字形顶部的短竖，如寡1-3322字宝盖头上面的笔画，多为折锋起笔，收笔隐在横中间，在吴简中这个位置的短竖与点画常常混用。如"病"，东汉碑刻中作病曹真残碑，吴简分别有写作短竖和点画的笔形，作病3-6230、病3-2956。此外，当短竖与上个笔画连笔书写时其形体也常写作点画，如宁3-1391、伸2-7156。这种"点化"大概源于草书的影响，也与短竖在从隶到楷演变中，一部分笔形变为点画的多途探索有关，是尚同性的体现。

三国吴简中短竖起笔收笔的具体情况见下表：

起笔	收笔	吴简字形
露锋	出锋	士 1-8410, 士 2-0033, 口 2-1646, 口 2-2250, 伸 1-10476, 佃 1-3142, 山 2-7948, 山 1-5190, 世 1-10230, 世 1-4229, 李 2-7527, 李 3-2173, 李 3-1484, 李 1-2238
	藏锋	山 1-1396, 山 1-7802, 口 3-3078, 口 1-0565,
藏锋	出锋	士 3-1422, 李 2-0064, 鄂 3-5667, 口 1-10304, 左 1-9752, 左 2-2980,
	藏锋	李 2-0279, 口 1-10262, 口 1-9643,

从上表我们看出，就起笔收笔搭配来看，短竖较之长竖要更加丰富，

分别有露锋—出锋、露锋—藏锋、藏锋—出锋、藏锋—藏锋四种，其中露锋—出锋的形态是三国吴简短竖的基本形体，这种笔态的短竖可以用于字形的任何位置。从收笔情况来看，藏锋收笔的短竖多出现在字形的一侧，因起笔露锋和藏锋的不同又分为两种形体。对"口"字进行定量统计，在吴简297例字形中，露锋—出锋的有90例，露锋—藏锋的有100例，藏锋—出锋的有37例，藏锋—藏锋的有70例。其中露锋—藏锋的写法与成熟楷书相同，如楷书口，吴简口1-0565；藏锋—藏锋的写法则更接近隶书的短竖，如隶书口桐柏淮源庙碑，吴简口1-10262。

由于短竖的运笔距离很短，在吴简中，字形受到行、草书的影响，常常与上下的笔画连写，写作短撇的形状，在吴简38个"佐"字中，连笔书写构件"工"的就有24个，占60%，如佐3-2304、佐3-2264。与上一笔连写时，收笔出锋，与下一笔连写时起笔出锋，这种连写的笔法与章草相同，如三国皇象《急就章》（松江本）[①]中作乍。短竖在连写时，还常写作点的形状，对吴简《叁》中的"付"字进行穷尽性统计，在294例字形中，"亻"旁中的短竖画，写作短竖的有225例，写作点的有42例，如付3-1391，撇、竖连写为竖画或弧的有27例，如付3-5001、付3-2639。

与吴简中的长竖相同，短竖也往往不是完全垂直的，有一定的弧度，行笔中向右微微凸起，使笔画看起来活泼且富有张力，这种形态应与向右下方落笔的右手书写习惯有关，如士2-4064、口1-10378、此3-2859、李2-7328、李1-5474等。

总体来看，三国吴简中的短竖画与长竖画基本形体一致，都是尖起尖收居多，只在笔形变体上更加多样，包括竖点、斜点等，是由于快速书写造成的笔画变异。在笔形的态势上，也有一定弧度，稍向右凸。由此判断，吴简中的短竖已区别于隶书中的笔态，但形体还不稳定，尚在多途探索当中，受到书写意识、草行书等多种因素的影响，具有过渡阶段的特色。

（三）竖弯（丿、乚）

竖弯指在末端有横向斜出短笔的竖画，较之竖横折和竖钩，竖弯转折处比较舒缓，一般大于90度，且弯出的部分很短；较之捺画，起笔上竖

[①] 王海明编：《明拓松江本急就章：皇象》，西泠印社出版社2004年版，第41页。

弯先竖直向下写竖，而捺则落笔后向右下行笔。竖弯的弯曲方向可以向左，也可以向右，按照出弯方向，分别称为左竖弯和右竖弯。我们分别以"乘"、"丁"、"将"、"元"这4个字为例进行对比考察，见下表：

字例	东汉碑刻	吴简字形	隋唐楷书
乘	乘封龙山碑 乘景君碑	乘1-0472，乘1-10267，乘2-3083，乘3-5903	乘 金刚经刻石
丁	丁鲁峻碑 丁冠军城石柱题名	丁1-1134，丁1-6095，丁3-8404，丁1-7845	丁 度人经
将	将曹全碑阴 将太尉杨震碑	将2-1572，将1-10409，将3-5689，将1-6715	将等慈寺碑 将孔颖达碑
元	元礼器碑 元曹全碑	元1-1880，元1-2271，元1-2248，元2-0446	元 等慈寺碑

由上表可以看出，东汉碑刻中的竖弯弧度较大，且弯笔较长，并以圆形收笔。隋唐成熟楷书中竖弯已经变成竖或竖钩的形态，只在四、西等字的内部，出于美观的考虑运用了竖弯这一笔画形式，如 四元绪墓志。这些成熟楷书中保留下来的竖弯，在吴简中多写作短竖，如 四1-7442、西2-0185。三国吴简中的竖弯，左竖弯收笔都是露锋的，在尾部斜出一小撇，与竖撇相比，斜出的部位更靠下，且与竖的夹角大于90度。右竖弯收笔多藏锋，在尾部向右下斜出一短横，与横竖折相比，夹角大于90度，且斜出的部分很短。

总体来看，三国吴简中的竖画包括长竖、短竖与竖弯三种笔形，笔画以尖起尖收居多，在笔形变体上，包括竖钩、点等，这都是由于快速书写造成的。竖画在行笔中稍向右凸，使整个笔画有一定弧度，如弓箭饱满有力。因此我们认为，吴简中的竖画较隶书已经有了很大区别，但形体上还不稳定，尚在多途探索当中，尤其表现在竖画及其变异形态的多样性上。

二 竖画各变体的多途探索

三国吴简中的长竖、竖弯和竖钩可以用在同一个字形中，如乘3-7160、乘1-1134、乘1-5556，该字中间竖笔有多种笔画形态，这种复杂的笔画书写乱象正反映了吴简时期笔画多途探索的真实面貌。与此同时，左竖弯与竖撇的笔态相近，右竖弯与竖横折、捺画多有混用，是篆体线条到隶楷书笔画演变多选型定规的具体表现。

（一）左竖弯的多途探索

吴简中的左竖弯，就位置来看往往出现在字形或构件的中间，出现在中间时，竖弯的两侧都有对称的撇捺。在书写时，笔顺为先写竖弯，再写左边的撇和右边的捺，因此吴简对隶书竖弯笔形的保留，很大程度上与人们提高书写速度的要求有关，同时这种弯笔也展现了人们书写文字时的笔画顺序。吴简中写作左竖弯的笔画，在相同的字中有很多写成长竖画，如下表：

字例	竖弯	长竖
乘	3-6246	2-7356
桐	2-1588	3-3584
楼	2-0377	1-7322
将	1-9659	1-6705
掾	3-1384	2-8431
本	3-2608	2-7481
平	2-4780	3-5714

通过对比和总结我们发现，凡是从"木"、从"扌"的字，以及竖的两侧有对称的撇捺或两点的字形，在吴简中都普遍存在竖和竖弯两个笔画形体并存的情况。对"掾"字进行定量统计，在吴简94例字形中，写作竖的有32例，竖弯的有58例，竖钩的有4例。这说明，竖弯作为竖和竖钩的中间形体，正处在改造的过程当中。这种错综复杂的笔画状态，正反映了三国吴简字体所处隶楷阶段的过渡特征。

（二）右竖弯的多途探索

吴简中的右竖弯，来自隶书中的弧，就位置来看多在字形的右侧，是对弧笔的保留。右竖弯在吴简中还有竖横折、竖弯钩、长捺等可供替换的笔画形式，是处于改造过程中的笔形。以"元"字为例，右竖弯及其相近笔形使用情况见下表：

笔形	吴简字形
竖弯	元3-2804，元3-6044
竖横折	元1-1663，元1-1662，元3-2521，元3-4023
竖弯钩	元2-4721，元3-3581，元3-3726
捺	元1-1850，元1-1857

通过分析可知，右竖弯省略竖笔直接向右下则变成捺，夹角较小则变成竖横折，再加上隶书遗留下来的波势渐渐变成钩，这种从隶书传承下来的弯笔由于缺乏明显的区别特征而逐渐被其他笔画替换。在吴简812例"元"字中，写作竖弯的有238例，竖横折的有468例，竖弯钩的有64例，长捺的有42例。

（三）竖画与竖撇（丿）

竖撇指整体以竖为主，下部向左下撇出的斜弯笔，笔画整体斜度不大，只在中下部开始向左下弯曲，行笔由重到轻，收笔出尖，笔形较舒展。与竖弯相比，竖撇在笔形的中部就开始有一定倾斜度，笔画方向是从右上到左下，而竖弯的斜弯笔则出现在竖的底端，就整个笔形来看仍是竖直的。竖撇一般用在整字或构件的左侧。下面我们分别以"广"、"升"、"月"、"尺"这4个字形简单、竖撇突出的字为例进行对比考察，见下表：

字例	东汉碑刻	吴简字形	隋唐楷书
广	广 曹全碑 广 仙人唐公房碑	广1-6826, 广2-8890, 广3-0256, 广3-2279, 广3-5953	广 泉男生墓志
升	升 曹全碑 升 桐柏淮源庙碑	升2-7522, ，升1-1863, 升1-2131, 升2-3859, 升3-5950	升 孔颖达碑
月	月 肥致碑 月 乙瑛碑	月1-0514, 月1-1724, 月1-2671, 月2-3937, 月3-2563, 月3-5711	月 孟法师碑
尺	尺 张景碑 尺 任城王墓黄肠石	尺1-1291, 尺3-5855, 尺3-7240, 尺3-6690	尺 颜氏家庙碑

由上表可以看出，东汉碑刻中的隶书，"广"、"月"、"升"中对应的笔画为竖弯，"尺"字的对应笔画是斜撇，也就是说，隶书中的竖撇尚未成熟。隋唐楷书中的竖撇由重到轻向下行笔，至整个笔画的三分之二处向左撇出，收笔出锋。三国吴简楷书中的竖撇，倾斜度、长短、斜出的位置都还很不稳定，但就整个笔势来说，笔画整体的倾斜度上较之竖弯更大，且藏锋入笔，行笔由重到轻，收笔出锋，可以看作独立的笔形了。吴简竖撇对隶书中对应竖弯与斜撇的改造，主要受字形体态由扁长变为方正的影响，目的是减少笔画横向占用的空间。

由于吴简中竖撇形态的多样性，同一个字的对应笔画往往有多种形态，具体情况见下表：

字例	竖撇	斜撇	竖	竖弯
广	■1-7538 ■2-8890	■3-6283 ■3-3701		
升	■2-7822 ■3-1915			
月	■2-3879 ■2-4783		■3-2252 ■3-2286	■1-1432 ■1-2008
尺	■1-1291 ■2-6252	■2-5457 ■1-1430	■1-1363 ■2-6474	

通过观察吴简中竖撇及其笔形变体的分布可以看到，竖撇最易与长竖相混，在楷化后变为竖撇的字形中，有的字在吴简中几乎全部写作竖。以"用"字最左侧的竖笔为例，吴简中除■3-6948、■3-7235、■3-7231三个字形的对应笔画为竖弯外，其余78个字形都写作竖画，如■1-5405、■3-3177、■3-3189等。还有的竖撇直接写作斜撇，有的则保留隶书竖弯的形态。竖和竖撇的区别，除了整体笔形上的倾斜外，在收笔出锋时，竖常出中锋，而竖撇则左侧锋在前。在■1-3342、■1-5405等字形中，虽然在倾斜度上讲基本竖直，但收笔处却为左侧出锋，处于由竖到竖撇的演进之中。

竖撇作为从隶到楷的一种新兴笔形，有斜撇、竖和竖弯等多种笔形变体，说明其在吴简中尚在多途探索阶段。一方面考虑到笔画系统的经济性，试图与其他笔形合并，另一方面考虑到美观性原则，使字形保持稳定，又能与字形结构和其他笔画相协调，受多重规约的影响。

三 竖画的来源

吴简中的竖包含长竖、短竖、竖弯三种形态，从来源上看，三国吴简文字系统中的竖画直接来源于隶书中的竖和竖弯，继续上溯，则来源于小篆中的纵向直笔和曲笔，也有相交的线条变为一个竖画的情况。

来自小篆的纵向直笔的演变序列，如古、事、同、客：

小篆古说文→东汉碑刻古曹真残碑→三国吴简■1-7340

小篆事说文→东汉碑刻事张迁碑→三国吴简■1-2862、■1-10395

小篆同说文→东汉碑刻同曹真残碑→三国吴简■2-7356

小篆客说文→东汉碑刻客临辟雍碑→三国吴简■2-3122

以上四字，"古"是直笔—直笔—直笔的演变序列，"事"为直笔—竖弯—竖弯/长竖的演变序列，"同"是直笔—竖弯—长竖的演变序列，

"客"是长直笔—短竖—短竖的演变序列。在隶书中写作竖、竖弯的笔画形体，在吴简中，以长短竖、竖弯、竖钩的形态进行了重新分配。

来自小篆的曲笔的演变序列，如川、可：

小篆 〰 说文→东汉碑刻 〰 华山庙碑→三国吴简 〰 2-1648

小篆 可 说文→东汉碑刻 可 西狭颂→三国吴简 可 3-6584

"川"字小篆形体是并列的三个曲笔，至隶书中左侧曲笔变为竖弯，中间和右侧曲笔变长竖画，再到三国吴简隶楷书中，左侧竖弯进一步变为竖撇，中间长竖画变为短竖，右侧长竖画变为竖弯。"可"字则是曲笔—竖弯—竖弯/竖钩的演变序列。

来自小篆的交叉线条的演变序列，如山：

小篆 山 说文→东汉碑刻 山 白石神君碑→三国吴简 山 1-5887

"山"字小篆字形中间为复杂的线条人，至隶书中简化为短竖画，是交叉—短竖—短竖的演变序列。

综上，三国吴简竖画来自小篆不同线条的演变序列，较之隶书对篆体线条的改写又有了明显的形体演进迹象。隶书阶段，隶体打破篆体，将弯曲的线条转写为易于书写的平直笔画，遵循多选型定规的制约规则性很强，即一种篆体线条可以撰写为某几种特定的笔画或笔画组合；隶楷书阶段，在隶书笔画打散篆体线条的基础上，汉字笔画系统进一步在书写的经济性、美观性、象似性和别异性等多重规约下继续演进，直至楷书成熟。

（刘玥：中国传媒大学文法学部，100024，北京）

楼兰汉文简纸文书笔形系统探析*

路志英

楼兰汉文简纸文书是我国西北边疆出土的魏晋时期文书，内容以官府文书、账簿、公私信函为主，也有部分抄本、契约、习字帖。楼兰简纸作为迄今为止最主要的魏晋时期出土简纸文献，是魏晋时期真实的文字资料，如实保存了当时的文字使用和书写的原貌，是自然状态下的书写和文字。魏晋时期是隶书向楷书过渡的时期，也是行书自然形成的时期，本文拟通过对楼兰简纸文书的考察，归纳魏晋行书的笔形系统，分析早期行书的笔形特点、来源以及其成因。

一 楼兰简纸文书的笔形类型

在全面考察并拆分类聚楼兰汉文简纸笔画的基础上，我们发现楼兰汉文简纸文书笔画包括点、横、竖、撇、捺、提、折、钩、弯、封十大类，其中，有的大类内部还有区别，可以进一步拆分，共计形成34个小类，见下表：

---

* 本文系北京社科基金重大项目"汉字发展史"（项目批准号：15ZDA12）的阶段性成果。

本文中所引用金文字形全部引自中国人民大学王贵元教授2012年教育部哲学社会科学研究后期资助重点项目结项成果之《新编金文编》；东汉石刻字形全部引自中国人民大学史晓曦硕士学位论文《东汉石刻文字编及相关问题研究》（2012年）；居延汉简全部字形引自中国人民大学程艳博士学位论文《居延新简文字系统研究》（2016年）；三国字形全部引自中国人民大学张翔硕士学位论文《走马楼三国吴简文字编及相关问题研究》（2012年）以及中国人民大学刘玥博士学位论文《三国吴简文字系统研究》（2014年）；魏晋南北朝石刻字形全部引自中国人民大学张颖慧博士学位论文《魏晋南北朝石刻文字研究》（2012年）。

笔形类别		图例	定义	特征	例字
横	长横		横向延伸无转无波无折的笔画	从左向右延伸，粗细匀称，收笔常有按顿，有时略微倾斜，呈左低右高之势	下（孔纸4）、毎（沙纸904）
	短横		横向延伸无转无波无折的短笔画	从左向右延伸，粗细匀称，有时略微倾斜，呈左低右高之势，较短	會（孔纸22.2）、雪（孔纸24.1）
竖	长竖		纵向延伸无折无曲的笔画	从上向下延伸，中间无折无曲，粗细大致均匀，有时有起笔顿按、收笔出锋的情况	牛（孔纸14.2）、半［橘纸西图史(8)己呼正］
	竖弯		纵向延伸尾端弯出的笔画	从上向下延伸，尾端向左弯出，多居于字形中部或右侧	州（孔纸19.1）
撇	短撇		从右上向左下倾斜而下无曲无折无挑的短笔画	起笔钝，收笔趋细，部分收笔尖细迅速出锋，多位于字形上部	牛（孔纸14.2）、分（马纸169）
	长撇		从右上向左下倾斜而下无曲无折无挑的长笔画	起笔钝，收笔趋细，部分尖细出锋	必（孔纸29.8）、君（孔木118）
	竖撇		从上至下运笔，到下端时向左下倾斜的笔画	起笔钝，运笔均匀，向下运笔，收笔左向倾斜，部分收笔左向倾斜且有时出锋	内（马纸126）、用（沙纸926）
捺	斜捺		从左上向右下倾斜而下无曲无折的笔画	笔势倾斜，收笔有时顿按出锋	又（沙纸920）
	平捺		从左上向右下略微倾斜而下无曲无折的笔画	部分平捺水平程度接近横画，部分起笔轻、收笔趋重，部分有肥厚甚至上挑捺脚	之（孔纸20.1）
	反捺		从左上向右下倾斜而下尾端反向收回的笔画	起笔轻，收笔反向回扣	头［橘木西图图版(2)］、又（马纸180）
	点捺		从左上向右下倾斜而下笔形短促的笔画	起笔露锋，迅速向右下顿按，笔形短促，近似略长的点画但笔程比点画长	磬（沙木764）、具（孔纸30.2）
点	圆点		形态圆或椭圆的笔画	呈圆形或椭圆形	寸（孔纸21.6）、物（沙木839）
	斜点		从左上向右下顿按的笔画	呈从左上向右下倾斜的楔形	特（沙纸938A）、寸（孔木23）
	横点		从左向右延伸并迅速顿按的笔画	形体近似短横	磨（孔纸3.1）、勞（孔纸17.1）
	撇点		从右上向左下顿按且短促的笔画	呈从右上向左下倾斜的楔形	生［橘纸西图史(8)己呼］、淮（沙纸931）、送（沙木923）
	竖点		从上往下顿按的短促笔画	形体近似短竖	主（孔纸18.6）、盲（孔纸23.8）

楼兰汉文简纸文书笔形系统探析　　　　75

（续表）

笔形类别		图例	定义	特征	例字
折	横折		横向运笔到纵向运笔转折过渡而形成的笔画	先横向运笔，然后折向下方，转折处有方折和圆折两种	苦（孔纸9.2）、黄（孔纸19.6）
	横折折		先横向运笔，然后反向运笔，形成两个反向折笔连写的笔画	先横向运笔，然后接连转折，两个折部俱为方折，是快速书写中的草化现象	弄（橘木西图图版）、急（孔纸28.4）
	横折弯		先横向运笔，然后向下运笔，形成两个反向折笔连写的笔画	先横向运笔，然后接连转折，第二个折部为圆折，是小篆曲折笔画的改写	詑（孔木47）
	横折折撇		由两个同向折笔连接而成的笔画	部分是快速书写中的草化现象，部分是小篆笔画的组合	及（孔纸19.3）、班（孔纸31.2）、虎（沙木754）
	竖折		从纵向运笔到横向运笔转折过渡，而成的笔画	先纵向运笔，然后折向右方，转折处有方折和圆折两种	月（孔木63）、七（沙木933）、海（沙木766）
	竖折弯		从纵向运笔到横向运笔转折过渡，末端向上带出的笔画	先纵向运笔，然后折向右方，转折处或方或圆，末端向上递出	包（沙纸934）
	竖折弯撇		从短竖过渡到左开口弯笔组合而成的笔画	是短竖与左开口弯笔的组合，由小篆中曲折竖线改造而来	牧（沙木852）、寻（沙木857）、毕［橘纸西图史己呼（8）］
	撇折		由撇到横转折过渡的笔画或由撇到捺转折过渡的笔画	斜向运笔到转折处，转向右方或右下，转折处可为圆折也可为方折	此（孔纸35）、安（孔纸4）
	横撇		从左向右运笔，再向左下倾斜而下的笔画	横向延伸时粗细均匀，向左下倾斜而下时笔形趋细	吞（孔纸18.3）、看（孔纸17.1）
钩	横钩		横向运笔尾端向左下顿按出锋而形成的笔画	从左向右水平延伸，尾端改变运笔方向迅速出锋，转折处呈方折或圆折	家（孔纸3.1）、室（孔纸25.4）
	横折钩		从横向运笔到纵向运笔转折过渡，末端向左或向上递伸形成的笔画	先横向运笔，然后折向下方，转折处或方或圆，末端有平递出、上挑、缓弯三种	痛（孔纸2）、象（马纸261）
	竖钩		纵向运笔，尾端向左上或右上递伸形成的笔画	末端有平递而出、上挑、缓弯三种	来（马纸261）、假（孔纸3.1）、布（侯纸LBF1:7）、砺（孔木28）
	竖折钩		从纵向运笔到横向运笔转折过渡，末端向左或左上递伸形成的笔画	先纵向运笔，然后折向水平方，转折处或方或圆，末端有平递而出、上挑、缓弯三种	兄（孔纸3.1）、见（马纸180）
	斜钩		从左上向右下倾斜运笔，尾端向上转折递出的笔画	转折处为方折，倾斜角度不同	武（沙木737）、咸（孔纸22.6）、恶（孔纸2）

（续表）

笔形类别		图例	定义	特征	例字
提	横提		由左下向右上运笔形成的笔画	起笔顿按，向右上延伸，部分出锋，部分不出锋	须（孔纸10）、清（孔纸28.15）、秋（孔纸21.6）
	折提		先向右下运笔，再向右上提笔形成的笔画	折部为方折	沔（孔纸10）沔（孔纸26.2）
弯			圆转的弯曲线条形成的笔画	篆书中弧线的遗留或改造	遂（孔纸2）、家（孔纸3.1）、医（孔纸32.1）、者（马纸170）
封			弯曲线条组成的封闭性笔画	小篆中笔画组合体改造进程中的遗留形体	雕（马纸253）、集（孔木40）

楼兰简纸文书中有部分草书，但由于草书笔画勾连牵带，属于流线，笔画统计时不计算在内。

二 楼兰简纸文书的笔形特点及其来源

通过对字形的分析可以发现，楼兰简纸文书的笔形有如下几个特点。

（一）篆书笔形仍然有残留

1. 封

封是弯曲线条组成的封闭性笔画，是篆书特有的笔形，多数封闭曲线在隶书中被拆分改造为折笔或笔画组合体，但也有残存现象，例如"公"在居延汉简中作 （EPT51489），在东汉石刻中作 （张迁碑），在三国吴简中仍有延续，如 （2-3114），至楼兰简纸中，虽然多数封已经被拆分为折画和点画的笔画组合，但仍有极个别残存。在楼兰简纸中，篆书中常出现封笔的糸、吅、厶等仍然有个别篆书笔形的残留。例如在孔纸3.1 、马纸173 、孔纸1.a.b 、沙纸904 中，仍然保留了封闭笔画的特征。在孔纸23.3 中吅呈现为封闭弧圈，孔木40 中口呈现为封闭三角形。

封的残存并不能简单视为对篆书的回归，也不是单纯的返古现象，其主要原因仍在提高笔画的经济性，使书写更快捷。但是封的存在不利于字形的稳定和整个笔画系统的精简，因此在楷书规范化以后被淘汰。

2. 弯

弯是篆书中特有的弧形线条，在后世被改造拉伸为直线或被拆分为两笔，但楼兰简纸中仍有部分弧形线条并未完成改造，例如"有"的第二笔在篆书中呈现为弯，在南北朝石刻及南北朝以后则被拉伸为撇画，但在楼兰简纸中，可以看到"有"的第二笔多数仍然呈现为弯，例如孔纸27.7、孔纸30.1、沙纸934、沙纸936。

由于弯曲的弧度不宜掌握，且书写速度较直笔和折画、钩画慢，弯在笔画发展中逐渐被改写调整为其他笔形，在楼兰简纸中这一类笔形非常少，见于使用频度较高的手部字，如"有"、"右"等，在楼兰简纸中作（马纸170）。究其原因，当是笔画较少且使用频度过高而不易接受调整。部分弯笔在后续的发展演化中变为弯钩，如（孔纸2）中构件"豕"中部的弯笔；部分弯笔被拉直，如"有"、"右"中的弯笔。

（二）传承并发展了前代及隶书笔形

1. 横

楼兰简纸中的横画多数系传承前代横画而来，根据笔势可以分为两类，一类是水平类横画，例如（孔纸15.1），一类是倾斜类横画，例如（孔纸10），这种倾斜度的不同既有字体的因素，也有书写者个人的因素。

楼兰简纸中的横画由早期隶书中的横画而来，但与居延汉简、东汉石刻比，楼兰简纸中的隶书字体仅有个别残留，故此有波磔的横画虽然偶有保存，但也数量极少，而且有波磔的长横在楼兰简纸中一般只出现于字的底部。

首先，横画的来源多种多样，可以上溯至商代金文椭圆形铸迹，在字形演进中，圆点演进为横画，如"元"，在商代金文作（狽元作父戊卣.J05278），到西周圆点变为两个水平线条（取子戟.J11757）。再如"天"，在商代金文作（天簋.J02912），最上为一圆点，到西周早期圆点开始拉伸，开口向下的弧线也开始拉直，作（何尊.J06014），到春秋早期，完成拉伸过程，全部变为水平线条，作［秦公簋器（秦）.J04315］。

其次，部分横画源自小篆线条的演进和调整，经历了小篆中开口向下或向上的弧弯的分裂→拉直→拉水平等阶段，如"珍"，小篆作，右侧上方弧弯在东汉石刻拆分为左下、右下倾斜的笔画组合，如（鲜于璜碑），在楼兰简纸中，右上方的右下倾斜笔画调整为丿和一的组合体，如（孔纸15.1）。

再次，位于底部的多个点的连接、相邻平行短横的连接也是横画来源。如"蘇"，在东汉石刻中作▨（熹平《周易》），到楼兰简纸中，草写时常连写为横画，作▨（孔纸4）、▨（孔纸10）。如"艹"，在东汉石刻中多数作艹，相邻的短横并未连接，如▨（营陵置社碑）、▨（熹平《周易》）、▨（张景碑），少数作艹，如▨（曹全碑）；在楼兰简纸中，为了便捷书写，相邻的短横多数已经连接，如▨（马木228）。

最后，线条组合体的改造或者合而为一成为横画。如"葛"下构件的内部为交叉的笔画组合体，在东汉石刻中拉伸作▨（熹平《周易》），在楼兰简纸和同期魏晋石刻中，拉伸为横画，如▨（马纸260）、▨（2.43临辟雍碑）。再如"芒"，《说文》释曰"艹端，从艹，亾声"，小篆作▨，半包围曲线上为两个左右倾斜线条的组合体，在居延汉简中作▨（EPT57069），东汉石刻中拉直作▨（贾武仲妻马姜墓志），在楼兰简纸中作▨（孔木99）。

2. 竖画

楼兰汉文简纸文书中竖画根据其形态可分为长竖和竖弯两种。长竖纵向延伸，如▨（孔纸14.2）、▨［橘纸西图史（8）已呼正］。竖弯也是从上向下延伸，中间无折无曲，粗细大致均匀，但尾端向左递出，常居于字形的右部或中部，如▨（孔纸19.1）。

楼兰汉文简纸文书文字系统中的竖画有如下来源：

篆书、隶书等早期材料中下行曲线演进为竖画。如"可"，小篆作▨，右下笔画为下行曲线；在居延汉简中作▨（EPT56008），上端拉直，但尾部向左拉出；三国吴简中作▨（3-6584），上端拉直，尾部向左上弯出；楼兰简纸中作▨（孔纸1.a.b）、▨（孔木1b）、▨（沙纸926）、▨（孔纸35），上端拉直，尾端呈直线、竖撇、竖弯、竖钩等多种状态；部分在南北朝定型为竖钩，部分尾端定型为竖画。

线条组合体的合并为一也是竖画的来源。如"不"，小篆作▨，在居延汉简作▨（EPT08014）、▨（EPT16009），东汉石刻作▨（冀州从事冯君碑）、▨（公乘田鲂画像石墓）、▨（芗他君石祠堂石柱）；在三国作▨（0-4-280）、▨（0-4-26）；在楼兰作▨（孔纸35）。

3. 撇画

楼兰简纸中的撇画根据其长度、倾斜度和形态，可以分为短撇、长撇、竖撇、折撇四种。短撇起笔钝，收笔趋细，部分收笔尖细迅速出锋，笔程短，如牛（孔纸14.2）、尒（马纸169）。长撇也是起笔钝收笔趋细，但笔程较长，如必（孔纸29.8）、君（孔木118）。竖撇起笔钝，运笔均匀，向下运笔，收笔左向倾斜，部分收笔左向倾斜且有时出锋，如冈（马纸126）、内（沙纸926）。

从楼兰汉文简纸文书和魏晋时期石刻来看，该时期的撇画并未定型为后世书法意义上钝头尖尾的撇画，无论在简纸手写体中还是在铭刻碑体中，有部分撇画虽然笔势已定，与隶书中的撇画相比，上挑的弧度已消，但粗细均匀，如元（沙木721）。

楼兰汉文简纸文书中的撇画的来源如下：

第一，早期隶书中的短竖变撇。如"皇"左上侧的撇画，在小篆中作短竖，写作皇，在东汉石刻中可以清晰地看到其位置反复调整，或作居于中部的短竖皇（肥致碑），或作倾斜方向各异的短笔如皇（鲜于璜碑）、皇（甘陵相尚博残碑），在居延汉简中也是如此，例如皇（EPF22273）、皇（EPT48133）、皇（EPF22334）。在楼兰中位于左侧短撇皇（马纸260），在同期魏晋碑刻中情况与东汉石刻相仿，到南北朝时，方固定为位于左侧的短撇皇（3.21吊比干文）。

第二，源自小篆中开口向下的弧弯，由弧弯分裂并拉直而来。如"珍"，小篆作珍，右侧上方弧弯在东汉石刻拆分为左下、右下倾斜的笔画组合，左下倾斜的笔画即短撇，例如珍（鲜于璜碑），在楼兰简纸中这种短撇进一步调整定型，如珍（马纸180）、珍（孔纸34.2）等。

第三，隶书的左开口弧弯或横撇变为撇画。如"若"字下部构件右的第二笔，在楼兰简纸中常被写作左开口弧弯或横撇，如居延汉简中作若（EPT53038）、若（EPT59056），东汉石刻中作若（冀州从事冯君碑）或若（曹全碑），楼兰简纸中沿袭了这两种写法，作若（孔纸10）、若（孔纸10）等，魏晋碑刻中也有类似情况，至南北朝时方统一为长撇，作若（4.14王君妻韩氏墓志）、若（4.84元譿墓志）。

第四，竖线和左向倾斜线条连接为撇画。如"春"，小篆作䒾，《说文》："䒾，推也，从艸，从日，艸，春时生也，屯声。"段玉裁以为是会意兼形声字，属合体字。居延汉简的手写材料中和东汉石刻部分"春"字形分为两个部分，如春（景云碑），上部的竖画和下部的第一笔撇画是两个独立的笔画，魏晋石刻中也是如此，如春（2.15-16正始石经春秋），在楼兰简纸则多数连接为一个长撇画，如 ※（孔纸2），少部分依旧是两个独立的笔画，如 ※（沙木848），至南北朝石刻，则普遍连接为长撇画，如 ※（3.100元鉴墓志）。

第五，左向倾斜曲笔的拉直为撇画。如"徒"，小篆作 ※，从辵，从土，左侧第三笔为左向倾斜的曲线，在居延汉简中为左向倾斜曲线，如 ※（EPT58036），在东汉石刻亦为左向倾斜曲线，作 ※（乙瑛碑），在楼兰简纸和魏晋石刻中亦如此，如 ※（马纸259）、※（2.43临辟雍碑），至南北朝石刻时，该左下倾斜曲线拉直为竖画，如 ※（4.39元广墓志）。

第六，小篆字形两条居于两侧的竖线，居于左侧竖线往往变为撇画。如"周"，小篆作 ※，左右两侧为直行向下竖线，在居延汉简中，部分字形左侧仍为直行向下竖线，如 ※（EPT02004），多数字形的左右两侧竖线都开始向左下倾斜，如 ※（EPF22004）、※（EPT68016），在东汉石刻中，左侧竖线多数保持了向左下倾斜的撇画状态，右侧竖线变得相对垂直，如 ※（孔宙碑）。

4. 捺

捺画为从左向右下倾斜而下的笔画，根据其形态可分为斜捺、平捺、反捺、点捺、折捺五种，斜捺笔势倾斜，收笔有时顿按出锋，如 ※（沙纸920）。与横捺相比，平捺倾斜度极小，有时甚至接近水平线而近似长横画，但平捺的笔形呈尖头钝尾之势，如 ※（孔纸20.1）。反捺起笔轻而向右下倾斜，收笔处反向回扣，如 ※〔橘木西图图版（2）〕、※（马纸180）。点捺常位于字的下方，轻起笔后即刻顿按，形态近似略长的斜点，如 ※（沙木764）、※（孔纸30.2）。折捺是起笔带折的平捺或斜捺，如 ※（沙木745）、※（孔纸3.1）。

楼兰简纸文字处于字体过渡的时期，故此捺画从书法角度来说形态极其丰富，可以说各种捺画在楼兰时期都有出现，值得一提的是隶书中上挑的捺画，在楼兰中仍偶有出现，部分捺画的捺脚肥厚，也是隶书的遗留影响。

楼兰简纸中捺画源自篆书中向右下倾斜的曲线或弧线的改造。如"各"，小篆作 ※，第三笔为向右下倾斜曲线，在居延汉简中拉直为捺画，如 ※（EPT48070），在东汉石刻中亦如此，如 ※（乙瑛碑），在楼兰简纸中呈现为平捺，作 ※（孔木27），部分甚至呈现出左低右高的形态，如 ※〔橘纸西图图版（6）8023〕，此外，有部分捺画保留了隶书中肥厚的捺脚，作 名（沙纸930）、名（沙木772），与同期敦煌藏经中的"经生体"和一棵树烽燧简牍中的捺笔形态相同。

5. 点

楼兰汉文简纸文书中的点画共有圆点、斜点、横点、撇点、竖点五类。圆点是形态呈圆形或椭圆形的点画，如 寸（孔纸21.6）、 拘（沙木839）。斜点是从左上向右下顿按的笔画，呈倾斜的楔形，如 将（沙纸938A）、寸（孔木23）。横点是从左向右顿按的笔画，形体近似短横，如 屡（孔纸3.1）、书（孔纸17.1）。撇点是从右上向左下顿按笔画，形状呈从右上向左下倾斜的楔形，如 玉［橘纸西图史（8）己呼］、隼（沙纸931）、送（沙木923）。竖点是从上向下顿按的笔画，形状近似短竖，如 主（孔纸18.6）、盲（孔纸23.8）。

楼兰汉文简纸文书中的点画主要有以下来源：

第一，衍生出来的点画。例如"玉"，在金文中作王（亞嵩作祖丁簋.J03940），并无点画且线条平直，"王"在商代金文中作王（小子射鼎.J02648），虽无点画但下部线条肥厚呈弧形，像斧钺之形，二者所象之物形不同，二者字形多可区别，但从西周晚期开始，"王"的下部线条拉直且趋细，与"玉"的字形趋同，而且"玉"、"王"在小篆中作玉、王，二者区别几近于无。出于别异的目的字形"玉"进行了自发调整，在居延汉简中点画或有或无，如 玉（EPT50042）、玉（EPT50042）、玉（EPT52783），至东汉石刻中出现位置、形状、倾斜方向不固定的点画，如 玉（冀州从事冯君碑）、玉（杨淮表纪）、玉（诗说七言摩崖题记）。在三国吴简和楼兰简纸中点的位置固定于右侧，但在右上还是右下却依然不确定，如 玉（孔纸18.5）和 玉（沙纸912）。到南北朝石刻中，才趋于将点画置于右侧下方。在"玉"作构件时亦如此。

第二，隶书中的双口简化为两点。如"單"，在楼兰简纸中有 單（孔木24）和 單（孔纸23.3）两种形态，二者在楼兰简纸中所占比例为1∶2，再如"喪"，在楼兰简纸中作 喪（孔木31）、 喪（马木174）。再如"嚴"，楼兰简纸中作 嚴［橘木西图图版（2）］。

第三，篆书中并列且开口方向相背的一对弧弯→拉直→点画。如"曾"，小篆作曾，上部是开口方向相背的一对弧弯。在居延汉简中拉直为上近下远的一对倾斜线条，如 曾（EPT51016）、曾（EPT50246），在东汉石刻中线条拉直且缩短，如 曾（桐柏淮源庙碑）、曾（景君碑），拉伸为折角或短横。至楼兰简纸中开始变为点，但形状和倾斜方向并不固定，作■（沙纸928背正）或■（沙纸933）。在魏晋石刻中也是如此，形状和倾斜方向并未固定，如■（王基断碑）。至南北朝石刻时，始固定为ゝ，如■（4.122张卢墓志）。

第四，篆书中并列且开口方向左右相对的一对弧弯→拉直缩短→点画。如"悉"，《说文》："悉，详尽也，从心，从釆。"小篆作■，下部构件心的第一笔和末一笔为并列且开口方向相对的弧弯。居延汉简未尽该字，但以构件心为底的字作■（EPT50009）、■（EPT4904）、■（EPT59356），东汉石刻作■（举孝廉等字残碑），下部构件第一笔和末一笔拉直缩短，呈现为形状不固定的短竖、楔形或圆点。楼兰简纸中变为朝向相对的点画，作■（孔纸18.4）、■（孔纸19.5）。

第五，小篆短弧线→横线→点画。如"唐"小篆作■，最先上部为开口向上短弧，在居延汉简中短弧拉伸为水平线，作■（EPT58010），东汉石刻中拉伸为短的直线，作■（冀州从事冯君碑）。楼兰简纸中依旧为横线，但长度变短，成为横点，作■（沙木831）。至南北朝石刻中，变为侧点，如■（4.32元谧妃冯会墓志）。

点画的这种形态多样性及位置、方向的不确定性说明点画在该期仍然处于调整状态。

6. 折

根据其具体形态，楼兰简纸中的折画可以分为横折、横折折、横折弯、竖折、竖折弯、竖折弯撇、撇折、横撇等。横折是从横向运笔向纵向运笔转折过渡的笔画，如■（孔纸19.5），横折书写时先横向运笔，然后折向下方，转折处有方折和圆折两种。横折折是先横向运笔，然后反向运笔，形成两个反向折笔连写的笔画，如■（孔纸1.a.b），与横折相比，横折折接连转折，且折部为方折，是快速书写中的草化现象。横折弯是先横向运笔，然后向下运笔，形成两个反向折笔连写的笔画，如■（孔纸18.1），横折弯第二个折部为圆折，是小篆曲折笔画的改写。横折折撇是由两个同向折笔连接而成的笔画，如■（沙纸935），是小篆曲折笔画的改写。竖折是从纵向运笔到横向运笔转折过渡而成的笔画，例如■（侯木LBT：0030），竖折转折处有方折和圆折两种。竖折弯是从纵向运笔到横向用笔转折过渡末端向上带出的笔画，如■（沙纸934），竖折弯转折处或方或圆，末端向上递出。竖折弯撇是从短竖过渡到左开口弯笔组合而成的笔画，如驰（沙木852），竖折弯撇是短竖与左开口弯笔的组合，由小篆中曲折竖线改造而来；撇折是由撇到横转折过渡的笔画或由撇到捺转折过渡的笔画，例如安（孔纸4），其特征是斜向运笔到转折处，折向右方或右下，转折处可为圆折也可为方折；横撇是先从左向右运笔，然后再折向左下的笔画，是横向撇转折过渡而形成，例如名（孔纸18.3）、苍（孔纸17.1）。

折画的来源如下：

第一，封闭弧圈的拆分。如"兹"，小篆作𢆶，楼兰简纸文字中部分改弧圈为封闭折形△，部分拆分为厶，如兹（沙纸904）。

第二，小篆中开口向上弧线的改造过程未完成时的现象。如"牛"，小篆作半，上部为一开口向上弧线，居延汉简中作牛（EPT48080）、牛（EPT51459），东汉石刻中作牛（熹平《尚书》），虽然拉伸但未拆分，楼兰简纸中则部分仍为开口向上弧线，如（沙木757）部分已经拉伸但并未拆分，如牛（孔纸10），部分拉伸且拆分，如牛（孔纸14.2）。

第三，篆书中左下开口弧线𠃌拉伸拆分定型。如"名"，小篆作名，本为开口向左下弧线，东汉石刻中作名（赵宽碑）、君（景云碑）、名（沛相杨统碑），拆分为丿フ的组合体或丿丶丿的组合体，第一笔俱为丿，但其余部分拆分和组合方式不同。楼兰简纸中作名（马木226）、名（马纸171），第一笔为丿，其余部分笔形固定为フ。

第四，小篆中左向开口弧线⊃的拉伸中遗留的残笔。如"右"，小篆作㞢，上部构件的左向弧线⊃在居延汉简中作右（EPT59180）、右（EPT59220），左向弧线改造为折画，在略后的东汉石刻中拉伸出现分化，第一种情况是拉伸为一丿的组合体，第二笔为撇画，如右（白石神君碑）。第二种情况是拉伸为一フ组合体，如右（景云碑），楼兰简纸中这两种情况都有继承，如右（马纸261）与右（孔纸18.3）。

第五，小篆中首尾相邻的两个或多个断开的笔画的重新组合。如"建"，小篆作建，左部为多个笔画，在居延汉简中部分仍是首尾断开的笔画，作建（EPT59319），部分由于快写已经开始首尾相连，作建（EPT26009），在东汉石刻中多数开始首尾相连，形成折画，在东汉石刻中作建（建初四年画像石），在楼兰简纸中作建（侯木LBT：042）。再如"陽"，小篆作陽，左部构件由一条竖线和三个不相连的弯笔组成，在居延汉简和东汉石刻中，部分字形的三个弯笔开始减省并出现首尾相连的现象，作▢（EPT49053）、▢（华山庙碑），部分字形的三个弯笔虽减省为两个，但仍旧保持相离状态，作▢（礼器碑）；至楼兰简纸中多数字弯笔已经相连，作▢（孔纸14.2），至南北朝横折折弯定型。

7. 钩

楼兰简纸中的钩画按照运笔方向可以分为横钩、横折钩、竖钩、竖折钩、斜钩五类。横钩是横向运笔尾端向左下顿按出锋而形成的笔画，如▢（孔纸3.1），横钩在运笔时从左向右水平延伸，尾端改变运笔方向迅速出锋，转折处呈方折或圆折。横折钩是从横向运笔到纵向运笔转折过渡、末端向左或左上迅速递伸形成的笔画，如▢（孔纸2），横折钩在书写时先横向运笔，然后折向下方，转折处或方或圆，末端有平递而出、上挑、缓弯三种情况。竖钩是纵向运笔，尾端向左上递伸形成的笔画，如▢（孔纸3.1），横折钩末端也有平递而出、上挑、缓弯三种情况。竖折钩从纵向运笔到横向运笔转折过渡、末端向左或左上递伸形成的笔画，如▢（孔木8）、▢（孔纸3.1），竖折钩的末端有平递而出和上挑两种情况。斜钩是从左上向右下倾斜运笔、尾端向上转折递出的笔画，如▢（孔纸2）、▢（孔纸22.6）。

钩画作为形成过程中的笔画，在楼兰简纸中笔形很不稳定，主要来源于隶书的直线、折笔、曲笔、弧笔，情况比较复杂。钩画的具体来源如下：

第一，隶书中的居于中间的竖线。如"小"，居延汉简中作▢（EPT51070），东汉石刻中作▢（熹平《周易》），多数呈竖而无钩，但也有少数字形中间竖线的尾端略向左倾斜，如▢（EPS4T1007），在楼兰简纸中竖线开始进一步变异，呈现为无钩▢（孔木91）、竖撇▢（孔纸6.2）、竖缓弯▢（沙纸932）、竖钩▢（孔纸17.1）等几种状态，至南北朝石刻统一归并为钩，如▢（4.179李超墓志）。

第二，小篆中左开口曲线。如"分"中的冂，小篆作▢，为左向曲线，在隶书中规整为左开口的弧线或圆转的折线，如居延汉简中的▢（EPF22143）和东汉石刻中的▢（左迁碑），在魏晋时变为方折，呈方折无钩和方折有钩两种，如▢（马纸169）和▢（马纸22.1）。

第三，小篆右向倾斜曲线或弧线。如"悉"，《说文》："悉，详尽也，从心，从釆。"小篆作▢，下部构件心的第二笔为向右下倾斜曲线，该字东汉石刻中作❏（甘陵相尚博残碑），下部构件第二笔倾斜度改变，呈现为开口向右上有捺脚的弧弯，楼兰简纸中作❏（孔纸18.4）、❏（孔纸19.5），下部构件第二笔变为有钩的弧弯。

第四，小篆下行的曲线。如"呼"，小篆作❏，字形右下为下行的曲线，在居延汉简中该曲线被拉直，作❏（EPT65042）、❏（EPS4T2046），东汉石刻中作❏（建宁三年残碑），部分曲折平滑为竖弯，如❏（夏承碑），楼兰简纸中部分仍然保持了曲折下行的状态，但曲线变为折，且钩开始形成，如❏[橘纸西图史（8）己呼正]、❏（孔纸31.1a）等。

8. 提画

楼兰简纸中的提画可以分为横提、折提两种。

横提书写时先从左下到右上写短横，末端收笔出锋，如❏（孔纸28.15）。在楼兰简纸中，横提与短横在形体上往往混淆，二者笔程都很短，也都向右上倾斜。但从倾斜度来看，横画纵有向右上倾斜之势，但整体上看保持水平，且该字形中其余横画也都倾斜向上，短横和字形中其余横画呈平行状态，提画则倾斜明显，且与同一字形中其他横画并不平行；从起笔收笔来看，横画整体粗细均匀，特别是楼兰简纸处于楷书酝酿阶段，横画往往收笔顿按，而提画则为起笔顿按，收笔出锋，呈钝头尖尾的形状。

折提是先向下运笔，再下向右上运笔出锋形成的笔画，如❏（孔纸26.2），折提一般位于字形左下部，向右上出锋有利于与右侧笔画相呼应。

提画来源于隶书中的短横、竖折，由小篆中的直线和曲线演进而来。

第一，隶书多个笔画的连写。在隶书中本为多个笔画，位于字形左下部，但由于书写快速连为一笔且为了快速转入下一笔书写而笔道发生倾斜，此后逐渐固定下来。如"给"，在居延汉简中作❏（EPF22077），左下为点画、竖画、点画的笔画组合；在东汉石刻中，部分字形保留了居延的形体，仍作❏（曹全碑），部分形体左下中部的竖画笔程缩短，变为点画，作❏（苍山元嘉元年题记）；在楼兰简纸中，"给"这两种形体都有留存，但也有部分形体左下的笔画由于快写而连接，且为与下一笔连接而向右上倾斜，成为提画，作❏[橘纸西图史图版（7）8016]。

第二，位于字形左下的短横由于快速书写，与下一笔连带呼应而成。

如"牛"作独体字时，第三笔为横线，与第二笔横线平行，当与它构件一起构字且位于所构字左部时，由于快速书写且转向下一笔，短横往往向右上倾斜。以"物"为例，在居延汉简中凡是写得端谨的"物"左侧的两条横线均平行，纵使略有倾斜两线条也保持平行状态，作㣺（EPT52084）、㸦（EPT40038）；在楼兰简纸中，部分"物"与居延汉简情形一致，如㸦（马纸170），部分"物"的第三笔向右上倾斜，不再与第二笔平行，但起笔收笔依然粗细均匀，如㸦（沙木764），部分"物"的第三笔向右上倾斜，不与第二笔平行，且起笔粗收笔尖，呈典型的提画的钝头尖尾之势，如㸦（孔木104），魏晋石刻中情况与楼兰简纸相仿，至南北朝石刻，则定形为向右上倾斜且钝头尖尾之形，如㸦（4.40杨胤墓志）。

三 楼兰简纸文书笔形系统的成因探析

（一）汉字系统的自我调整规划与演进是楼兰简纸文书笔形系统最主要的成因

纸张的使用、抄经的需求、官府文书往来及府库记载备档、私人书信及买卖契约为大量书写提供了可能和必要，大量书写必然要求便捷，为了识读的方便而改造结构显然不可取，调整笔形就势在必行了。楼兰简纸中笔形的调整为后代楷书的形成奠定了基础。从简纸材料可以看出部分笔形处于定形前的调整中，首则调整笔道走向，如钩画的出钩与点画倾斜方向的趋于一致；次则调整笔程，如短横点、短竖点进一步缩短笔程，再次则调整起讫粗细，如提画的末端出锋、趯部钩的出现。笔形的这种多途尝试、尽力规整规范使一些在前代不利于书写便捷、不符合生理习惯的笔形在本期基本消失，如反逆性笔画、封闭形笔形和弯形笔形；一些笔形根据书写需要本着便捷的原则调整形态成为另一类笔形，如竖画在部分字形中出钩、短横在左下角时变提。

（二）书写材料的变化是影响楼兰简纸笔形的重要因素

楼兰简纸所处的魏晋时代是我国历史上为数不多的简纸混用时期，楼兰出土材料也是罕有的、大规模的简纸俱获的材料，与之前后虽有出土材料，但用于书写的材质单一，或俱为简，如三国吴简、居延汉简、里耶秦简，或俱为帛，如马王堆帛书，楼兰简纸是少有的简纸并重的出土材料。从比例来看，楼兰简纸中纸占比为46.7%，简占比为53.3%，简的使用量略大于纸。简与纸的差异不言而喻，简相对较窄、表面粗糙，坚硬而且书写不便，纸相对而言面积大，表面光滑且柔软，二者的不同在笔画方面对书写产生了影响。就笔法而言，纸张类材料比简牍类材料优势明显，纸张宽大平整顺滑的尺幅为书写发挥提供了广阔的舞台，极大地促进了字体的成熟和发展。纸张上的字形可大可小，笔画舒展并可以尽情延伸，由于是宽幅且不止一列，行列之间、字与字之间、笔画与笔画之间就有了对照呼应的需求和可能。简牍的窄幅使得字形大小必须控制在一定范围内，否则难以为继，书写者书写时考虑的第一要务是如何在有限的空间尽可能安排全部内容，很难顾及行与行之间、列与列之间、字与字之间的装饰性因素。以楼兰简纸为例，大多数简上只有一行字，空间尚可，书写意态较为从容，少数简有两行字，书写空间就难免有不足之嫌，兼之简的形状也不是规整的长方形，讲求章法布局几无可能。从笔形来看，纸张的普及也令字的形体渐大，对于精细刻画和布局点画结构和点画形体也大有裨益，由于不再拘束于空间，字的点画大可雕琢其形体美观，讲求其顾盼呼应。

楼兰简纸字体所处的魏晋时代楷书尚未定型，楷书有部分特征在少数字形中有呈现，但楷书在本期并未成熟，楷书的典型特征硬钩、折部的顿挫提按等并未大规模出现，只是偶露头角，未能形成量变；提画虽数量很多，但起讫粗细并未完全固定；点画形态各异，其笔道、笔程仍在调整之中。楼兰简纸的字体为楷书的形成开辟了道路，为楷书笔画系统的成熟提供了肥沃的土壤，楼兰简纸笔形的多途探索是楷书笔形的前奏，一些楷书特有的典型范畴的笔形特征在楼兰简纸所处的魏晋时期得以孕育。

一是点画，楷书点画在种类和数量方面得以极大发展，点、横、竖是最古老、最早出现的书写元素，但早期的甲骨文和小篆中的点数量极少，而且主要功能是象物之形，隶书中的点画数量有所增加，原因是小篆中一些短小线条发展成点，一些线条拆分成点和别的线条的组合，一些短小圆弧发展成点。楼兰简纸中点画的范围进一步扩充，魏晋行书体特别是草书的快捷书写使得部分短横、短竖、捺画转化为点，而且对点的形态作了进一步调整，使其更加伸缩自如、变化多端。

二是提画，提画多数由位于字形左下方的短横转变而来，隶书中也有提画，但大多粗细均匀，只是笔道从水平方向向右上发生倾斜，楼兰简纸中由于书写连带的大量出现，提画多数开始出锋，呈现为钝头尖尾的迹象，但也有部分只是笔道倾斜但尚未出锋，部分尾头俱尖。楷书中提画的形成正是魏晋时期快速草写的结果。

三是钩画，钩画在甲骨文和金文中都未出现，篆书中的弯曲线条是钩的始祖，到隶书时这些弯曲线条演变为缓弯或者长钩，在楼兰简纸中这种钩得以继承，此外，一些笔画由于草书的影响和快捷书写的连带也出现了钩的雏形，楷书中的钩正是在传承钩和雏形钩的基础上形成的。

（三）楼兰简纸笔形是书写与识别进一步协调的产物

识别与书写之间的矛盾一直是汉字的主要矛盾，也是推动汉字发展的最大动力。与隶书相比，楼兰简纸的笔形线条平直且无多余的波磔等艺术装饰符号。隶书中的一些典型特征如蚕头雁尾的横画、肥厚的捺脚、尾端上挑的撇画在楼兰简纸中基本消失，这些典型特征对于字体范畴的划分有意义，但对于字形的识别却属冗余信息，书写时必然降低书写效率，楼兰简纸笔形在不影响识别的前提下对这些冗余修饰的调整使得书写效率高于隶书书写效率。

（路志英：中国人民大学文学院，100872，北京）

篆隶改写的规则性研究
——以∪类篆体成分为例*

许 悦

隶变是汉字从古文字发展为今文字的形变现象。隶变初期字形变化多端，显得杂乱无章。因此，许多研究者把隶变的形变定为讹变。我们认为古文字的篆体发展为今文字的隶体，实际上是有规则的转写，而且规则性很强，其变化原因也是可以解释的，今以∪形篆体的改写为例，试论如下。

∪类篆体成分，是指在篆体书写的文献中，呈现出∪、∩两种形态的线条符号。王贵元教授在《汉字笔画系统形成的过程与机制》一文中提过"上弯形篆体成分∪的演变方式有三种，分别有'一'、'丷'、'⺍'；下弯形篆体成分∩的演变方式也有三种，'一'、'八'和'冂'"[①]。王教授将其称为多选型定规，而形成其的原因有两个：一是篆体改造的多途探索（字形结构相同的同一个字的形体成分写法不同）；二是受到整字结构的影响（在字形结构中的位置不同，就有不同的改写方式），这样的论述有其合理性。它否定了隶变过程的讹变说，认为隶定过程是对具体符号的主动、有意义的选择。这是在进行了多种途径的探索之后，选择了既方便而又能区别不同字形的隶书笔画。而不是古人在转写时无意中出现了错误，以一种随意的方式偶然造成现在我们可以见到的不同改变方式。遗憾的是，这篇文章没有更深一步地进行详细完整的论述，仍然有许多问题困扰着文字学习者。比如，在具体的篆隶转写时，同一个篆体成分为什么可以有着不同的变化轨迹？而同一位置的相同篆体成分为什

---

* 本文系北京社科基金重大项目"汉字发展史"（项目批准号：15ZDA12）的阶段性成果。
① 王贵元：《汉字笔画系统形成的过程与机制》，《语言科学》2014年第5期。

么也可以有着不同的变化轨迹？这些问题都等待着我们的研究和探讨。

篆隶改写既然是有目的、有意义的主动性选择，那么就一定有其改写的规则。本文试总结此类成分的改写规律，并尝试解释其改写的原因。隶变始于战国末期，因此考察篆隶改写时，我们选择具有典型特征的战国中晚期及之前的金文字形为篆体代表字形，以东汉末期隶变结束后的隶体字形为改造后字形。东汉时期碑刻盛行，这些碑刻隶书最终完成了汉字的隶变。东汉典范的隶书字形，充分彰显了字形扁平、蚕头雁尾、波磔明显、左右舒展等隶书的所有字形特征。

一 ∪形篆体的改写

篆书改写为隶书，在字体方面会有一定程度的改变。为了方便观察，我们将∪形篆体在篆体字形中的具体形态分为正∪形篆体和倒∪形篆体（即∩形篆体），分别进行讨论。

（一）正∪形篆体的改写

正∪形篆体在篆体字符中非常常见，其笔画特征是两头上翘并且贯连。本文按照改写为隶书后的结果，将正∪形篆体的改写分为以下几类：

（1）将弯曲的线条拉直，成为"一"，这种变化的字符数目最多

篆书	隶书
舌卣商晚期	居延汉简
秦公簋	熹平石经
中山王壶鼎	居延汉简
谏簋	史晨碑
秦公钟	银雀山汉简
召伯毛鬲	熹平石经
石鼓文	熹平石经
孟鼎	熹平石经
石鼓文	熹平石经
散盘	西狭颂
守簋	熹平石经
本鼎	熹平石经
蔡侯钟	衡方碑
秦公钟	史晨碑

（2）只保留左边上弯线条，成为"⌐"（𠂉）

篆书	隶书
生武生鼎	生熹平石经
失杨簋	失熹平石经
牛智鼎	牛熹平石经
朱此簋	朱熹平石经

（3）位于中部的上∪形，分断笔画，形成"丷"

篆书	隶书
帝诅楚文	帝熹平石经
卒蔡侯尊	卒熹平石经
章石鼓文	章熹平石经

（4）位于底部外部的上∪形，保留"凵"

篆书	隶书
凵弋卣	凵熹平石经
凶楚帛书	凶熹平石经
山中山王壶鼎	山熹平石经
屯秦公钟	屯屯泽流施瓦

（二）倒∪形（∩形）篆体的改写

倒∪形篆体的笔画特征是两头下弯并且贯连。按照改写结果，也可以将倒∪形（∩形）篆体的改写分类：

（1）将下弯的部分拉直，成为"一"

篆书	隶书
大石鼓文	大熹平石经
天石鼓文	天熹平石经
夫侯马盟书	夫熹平石经
立泰山刻石	立熹平石经
聿者沪钟	聿石经鲁诗残碑

（2）分断原有的连贯线条，成为左右两画"八"

篆书	隶书
朱史墙盘	来熹平石经
米散盘	木西狭颂
米守簋	未熹平石经
朮本鼎	本熹平石经
米此簋	朱熹平石经
米蔡侯钟	末衡方碑

（3）当其位于顶部时，成为"ᄼ"

篆书	隶书
午曾侯簋	午武威汉简
矢石鼓文	矢武威汉简

（4）位于外部的倒U形（∩形），保留"冂"

篆书	隶书
央古币	央熹平石经
帀真敖簋	帀熹平石经
市江陵楚简	市武威汉简
巾侯马盟书	巾衡方碑
丙静卣	丙熹平石经

二　改写规则及原因

（一）生理基础

从篆书改写为隶书，具体的线条发生了变化，而这种变化一定是符合人体机能和书写需要的。为什么在篆体符号中一些连贯笔画被分开？为什么篆体中从下向上的笔画被改变？这些书写习惯服从于我们人体自身的结构。

试想想，如果我们是左手书写，那么很多字、很多笔画都会让我们感到不舒适、不顺手。比如"捺"（"\"）这个笔画就很难书写，"一"这个字从左到右的书写习惯就不如从右到左写得容易。因此，我们在考察具体字形演变规律之前，首先应该确定的是篆隶改写是以右手书写为基本原则的。从人类懂得生产劳动开始，左右手就各有用途，起初并没有明确的规定。经过长期的实践总结，左手可以更好地保护心脏、进行防御，右手便成为使用工具的操作手。随着右手使用的频繁，右手的运动机制得到了更好的发展。渐渐地，右手的主角地位使得人们大脑左半球的灵敏性比右边的稍高，这样的遗传因素反过来又促使人们更经常地使用右手进行操作和运动。因此，右手执笔成为书写的主流方式。

右手书写的基本原则还包含每一笔的具体书写方向是什么。今天，在每一具体笔画的书写中，我们都保留了自上而下、自左而右的运笔习惯。篆体线条图画性强、方向性不明显，线条长度长且弯曲程度大，因此这种象形性高的篆体很难说明其运笔的方向。通过字形考察，这样的运笔习惯应该是从亚象形文字出现时，字体形象不再完全是物象的描摹，而是抽象为一种简单的笔画时所确定下来的。人体的生理构造是这一原则的完美解释：肩关节是人的上肢进行活动的枢纽，它使得上肢能做前后、左右、上下及回旋运动。

自上而下优于自下而上：人体右臂的运动肌肉中，起到牵引作用的肌肉主要集中在手臂的后外侧，当肌肉收缩时大臂牵引小臂向后，肌肉放松时手臂回到正常位，这使得向后运动省力，书写过程中从上到下的线条更为便捷。

自左而右优于自右而左：人的躯干相对于右手来说，处于左部，这使得右上臂完成动作时从左向右的运动活动空间更大，灵活于从右向左的运动。此外在拇食指执笔时，笔尖作为一个力点，位于整个指掌重心的左侧，手部是发力的中心，位于右侧，这也为手部做由左向右的运动提供了便利。并且如果由右向左运笔，会遮挡住书写者的视线，使书写时不便于观照已经写好的文字。

综合以上因素，就上臂与书写有关的动作而言，最佳线条书写方向为：从左至右、从上至下。这样的书写方式更符合人体生理机制，减小了写作难度，从而加快了写作速度。

（二）字体基础

存世的春秋战国史料中，有多处提到过简牍，除此之外，考古界还发掘出了很多战国时期的竹简、木牍。从史书记载和考古发现我们可以看出，在春秋战国之前，竹简、木牍就已是普遍使用的书写材料。竹简隶书字体是扁长形的，小篆字体是瘦长形的。相对来说，在同样的一条竹简上，扁长形的隶书有利于节约书写材料，书写更多的字数。因此为了节约竹简材料，减轻书籍的重量和体积，隶书写成扁方字形。也正是因为隶书的特殊字式，整体字形高度上受到了限制，字形结构需要控制高度并且尽可能地压缩成扁平。这就导致了成分与成分之间距离缩短而互相靠近，重合的笔画就有了省略的可能、弯曲的线条就有了伸直的可能、较长的线条就有了缩短的可能。

随着社会文化的发展，广大的普通民众有了学习和使用文字的机会和条件。同时随着文字使用频率的提高，广大民众为了书写的快捷和方便，逐渐开始对文字进行简写或草写。篆体成分由弯曲圆转的复杂弧线线条构成，这就导致运笔时间长、书写速度慢、字形复杂难懂。所以当文字字形被要求简化、书写速度被要求提高时，笔画平直化成为大势所趋。

（三）正∪形篆体的改写规则及原因

我们知道，从弯到直的变化是篆书改变为隶书的主要特征之一，可是为什么同一种篆体成分有三四种演变结果呢？在篆书中同样的一笔，怎么在隶书中"随意"地变化呢？其实，把每一类字归纳起来后，我们或许可以发现某些规律。

含有正∪形成分的篆体绝大多数都演变为一条直线"一"，另外，一些篆书在变化过程中，起初都选择了这种变化方式，只是最终才定型为其他的字形，这些都可以说明这应该是正∪形篆体改写的主要途径也是其演变的主要规律。

变弯为直是篆隶改写的大趋势，这一趋势应该是受到字形高度限制、书写速度变快难度降低的影响，因而逐渐减小其线条的弯曲程度，慢慢地省略了上弯线条。

在书写过程中，因为要求加快书写速度，前后两笔之间就需要缩短笔尖运行的距离，进行快速相连。正∪形与下一步的笔画进行连写时就会导致∪的左右两边上弯部分的线条长度越来越短，并最终消失（∪→乚→⌣→一），篆体拉直成为只有"一"的形式。

但是这种改变并不是"万能"的，也会在隶定过程中出现问题，从而导致我们今天看到的多样性的变化结果。比如：牛、朱、生、失、屯。

篆书字形	本应演变的结果	实际演变的结果
¥	千（此字为"串"）	牛
¥	未或者是末	朱
⅄	主（此字为"主"）	生
ꟼ	天（此字类似于"夫"）	失
₹	毛（此字类似于"毛"）	₹

此类∪形篆体，理应采取原有的改写方式"一"，但实际情况并非如此。这样的特殊情况看似是不符合规则的改变，实际上，这是为了区别相似字形的一种自觉性选择。"朱"与"未"篆体字形相似，"朱"在改写途中，应该写为"一"，与"未"的结果一模一样，最终"朱"隶定为现在的字形，实际上就是为了区分这两个字。

正是因为这样的变化，会导致音义完全不同的对立字拥有相同的字形，使人们在交流使用中混淆起来，因此在改写时，此类字便采取一种"不完全"的改写方式或者是保留原有字形。所谓"不完全"，就是保留其改写途中的一种样态。如由∪形篆体改写为"一"的过程中，保留左半边的竖折"∟"成分。

还有一种在字形中部的正∪形成分，它们分断了原有的笔画，改为两点。这样的字形有"帝"、"章"、"音"、"辛"等。位于这些字中的上∪形成分，并没有因为高度限制改写为两个"一"笔画，反而遵循另一种演变规则，为什么会出现这种改变方式呢？通过观察可以发现，这一类字在字形特点上有共同特征，那就是在字的上半部分"立"形中，重复出现相同或相似的∪形成分。而在演变中，往往底下的∪形成分改写为"一"，上面的∪形成分并没有采用这种方式。隶变中并没有选择同一种演变方式，而是把上面的这种成分独立起来，尽可能保留其原有的形态。我们考虑到，这是古人为了字形结构的美观，不愿在同个狭小的区域内出现重复的笔画，这样就避免了繁琐和相融。并且为了书写的快捷，将长线条分段为两个短线条，形成"ソ"。当然，这种改变也有例外，如："言"这个字，其上半部分与"音"的上半部分相同，因此演变方式应该也与"音"类似，但是演变的结果将两个正∪形成分均由弯变直。因为如按照原模式形变，则会出现类似于"音"字，难以区分。因此这样不符合原模式的形变，也是为了区分相似的字形。

篆书字形	本应演变的结果	实际演变的结果
䇂	㖥（此字是"音"）	言

含有正∪形成分的篆体改写的另一种结果，就是当其处于字形结构的底部、内部有其他成分时。当正∪形成分位于这种位置时，它就不太受到字形高度压缩的限制，并且作为字形的末笔，它也不太容易受到书写速度的影响，因而保留开口度大的"凵"形象，成为整字的外轮廓，起到包含内部构件成分的作用，如口、山、凶。

（四）倒∪形（∩形）篆体的改写规则及原因

如果倒∪形（∩形）篆体成分位于结构中部，就会受到高度方向的压缩，此时就易于将弯笔拉直为"一"。缩短高度上的距离，加快书写速度。这一点与正∪形成分相同。

如果倒∪形（∩形）篆体位于字形结构的下部，作为末笔的时候，不受书写速度的影响和高度的限制，独立存在。此时主要受到生理机制的影响，将连续长线条改写为分断的两笔，将逆笔"("改写为顺笔的长撇"丿"，形成两画的"八"。利于书写、方便快捷。这种改变也不是万能的，比如在一些字中，就发生了不同的改变，见下表：

篆书字形	本应演变的结果	实际演变的结果
𐆇	在演变中有卂字形，与卂（串）混淆	午
𠂎	夫或是矢（此字为"侧"）	矢

此类倒∪形（∩形）篆体没有按照固有的规则，反而是改写为了"𠂉"。这样的改变也是分断了笔画，但是分断后的位置稍稍有偏移。若"午"按照结果（1）演变，会相似于"干"，按照结果（2）演变，会相似于"伞"，因此才隶定为现在的字形。"矢"也是一样为了区别于字形"夫"、"矢"，而采用了改写为现在可以看到的形式。这样采用"𠂉"的改写方式，也是为了区别不同的字形而作出的自主选择。

如果倒∪形（∩形）篆体独立存在。当倒∪形（∩形）篆体内部有其他成分时，保留开口度大的"冂"形象。这样一来，"冂"成为整字的外轮廓，起到包含内部构件成分的作用，如内、央、而、丙。

这种变化也不是一成不变的，有一些字当其内部没有其他成分时，理应采取改写为"八"的结果，但实际情况改写为"冂"，如巾、市。

篆书字形	本应演变的结果	实际演变的结果
巾	小（此字为"小"）	巾
市	木（此字为"木"）	市

这样的特殊情况，实际上也是为了区别相似字形的一种自觉性选择。若按照原有规则进行演变，"市"会与"木"混淆，"巾"会与"小"混淆。为了区分此类字便统一采取结果（3）的改写方式。

总结以上∪形篆体改写的原因，大致可以分为：书写快捷、区分字形、字形结构。我们将演变结果与改写原因对应起来：

	字形		演变结果	主要改写原因
∪	受挤压	∪	一	书写快捷
			ㄴ（㇀）	区分字形
	独立式	∪	㇞	书写快捷
			凵	字形结构

	字形		演变结果	主要改写原因
∩	受挤压	∩	一	书写快捷
	独立式	∩	八	书写快捷
			㇒	区分字形
			冂	字形结构、区分字形

可以看到，∪形篆体在隶定过程中，并不是没有规则随意变化的。其转写的规则是有迹可循的：是在社会需求加快书写的基础上，将不符合书写生理机制的线条转写为更符合右手书写的线条符号，将逆行的笔画改变方向使之自上而下、自左而右；在进入隶体扁平的字式结构时，将连续的成分分离成多笔或是将靠近的成分连接为一笔；在不影响字与字区别的同时，通过平直化、方折化，简化了线条的弯折以加快书写速度；在出现相似字形的情况下，采取统一的另一种途径进行改写，使其更便于人们的学习和使用。

这些规则性很强的改写途径建立在客观的原因上，因此可以得出篆隶改写并不是讹变,而是古人在书写便捷的大规则下,受到字形结构平衡美观及字形之间的区别,逐步完成了隶变。

(许悦:中国人民大学文学院,100872,北京)

西北汉简符号及相关汉字研究[*]

李洁琼

西北汉简中符号及相关文字作为简文的重要组成部分，与正文共同构成完整的简牍内容。简文内容的理解与性质的判断都与符号及相关文字有着重要联系。本文依据敦煌汉简、居延汉简和居延新简等简牍释文及图版，穷尽性分析了西北汉简中的符号，并依据图版对其进行归类，总结了符号的书写变体，试析了简文中部分误释的符号。

研究材料依据敦煌汉简、居延汉简、居延新简、居延汉简补编和额济纳汉简。其中，敦煌汉简、居延汉简、居延新简释文皆据中国简牍集成编辑委员会编《中国简牍集成》[①]，并据《敦煌汉简》[②]、《甘肃秦汉简牍集释：敦煌马圈湾汉简集释》[③]、《居延汉简甲乙编》[④]、《居延汉简（壹）》[⑤]、《居延汉简（贰）》[⑥]、《居延汉简（叁）》[⑦]、《居延新简——甲渠候官》[⑧]、《甘肃秦汉简牍集释：居延新简集释》[⑨]所附图版核对。居延汉简补编释文据台湾"中央研究院"历史语言研究所《居延汉简

---

[*] 本文系北京社科基金重大项目"汉字发展史"（项目批准号：15ZDA12）的阶段性成果。
[①] 中国简牍集成编辑委员会：《中国简牍集成》，敦煌文艺出版社2001年版。以下简称《简牍集成》。
[②] 甘肃省文物考古研究所：《敦煌汉简》，中华书局1991年版。
[③] 张德芳：《甘肃秦汉简牍集释：敦煌马圈湾汉简集释》，甘肃文化出版社2013年版。
[④] 中国社会科学院考古研究所：《居延汉简甲乙编》，中华书局1980年版。
[⑤] 简牍整理小组：《居延汉简（壹）》，"中央研究院"历史语言研究所2017年版。
[⑥] 简牍整理小组：《居延汉简（贰）》，"中央研究院"历史语言研究所2017年版。
[⑦] 简牍整理小组：《居延汉简（叁）》，"中央研究院"历史语言研究所2017年版。
[⑧] 甘肃省文物考古研究所：《居延新简——甲渠候官》，中华书局1994年版。
[⑨] 张德芳：《甘肃秦汉简牍集释：居延新简集释》，甘肃文化出版社2016年版。

补编》[1]，额济纳汉简释文据孙家洲主编《额济纳汉简释文校本》[2]，并据魏坚主编《额济纳汉简》[3]所附图版核对。为印刷方便，与本文论题无关的释文一般用通行字。

一 ●

西北汉简中，●符号有表示标目、区分内容、表示间隔、表示总括与总结、表示书信的封装方式六种用法。《说文·丶部》："丶，有所绝止，丶而识之也。"段玉裁注："凡物有分别，事有可不，意所存主，心识其处者皆是，非专谓'读书止，辄乙其处也'。"[4]西北汉简圆点符号有时写同《说文》丶号篆体，依据段注此符号使用的广泛性，疑此即《说文》丶号。

1. 表示标目，放在文书题目或簿籍名称前。

●敦煌郡燧火品约。（敦煌汉简520）

●甲渠候官建昭三年十月当食案及谷出入簿☐（居延汉简33.9）

●甲渠候官建始二年正月鄣卒名籍。（居延汉简143.1）

●邮书、驿马课。（居延新简25.12B）

2. 用来区分不同的内容，按符号表示内容的性质分为四小类：

（1）放在书籍、文书分段内容前。

]●☐☐良日，己丑，己巳，丁丑，辛巳，乙酉，己丑，丁酉☐（居延新简6.99）

●狗食日：☐☐☐☐☐戊申五戌

●天李：酉（居延新简48·144）

（2）用来标识书信的正式内容，用在"白"、"白记"、"言"等字的后面。

原匡叩头白●以教事闻命，叩头幸甚。谨使王季叩白。（敦煌汉简242A）

]给使，燧长褒叩头白●事在朱掾耳。非者，佐佑乏公☐毋所余。

---

[1] "中央研究院"历史语言研究所简牍整理小组：《居延汉简补编》，台北文渊企业有限公司1998年版。

[2] 孙家洲：《额济纳汉简释文校本》，文物出版社2007年版。

[3] 魏坚：《额济纳汉简》，广西大学出版社2005年版。

[4] 段玉裁：《说文解字注》，上海古籍出版社1981年版，第214页。

叩 ▲头▲，再拜白。（居延新简53·27A）

儿尚叩头白记●闲来上日久，食尽乏，愿贷谷一斛，谷到，奉诣前。又前计未上，甚自知。

杨椽坐前，数▲哀怜，恩德甚▲厚▲。又前欲遣持斛诣尹府，欲且郊阳成士。（敦煌汉简244A）

马建叩头言：●使▲再拜白，顷有善盐五升可食☐

张掾执事毋恙，昨莫还白园事，云何充可不顷赐☐●掾昨日幸许☐（居延新简2·5A）

（3）用在司法文书中核验补充内容的前面，一般放在"案"或"谨案"的前面。

驿马持去。●案：褒典主，而擅使丹乘用驿马。（居延新简68.89）

☐吏。●案：尊以县官事贼伤辨。（居延新简68.177）

匿之。明告吏民，诸作使秦胡卢水土民畜牧田作不遣，有无？四时言。

御史大夫吉昧死言：丞相相上大常昌书言，大史丞定言：元康五年五月二日壬子日夏至，宜寝兵，大官抒井，更水火，进鸣鸡。谒以闻，布当用者。●臣谨案：比原泉御者、水衡抒大官御井，中二千石、二千石令官各抒别火。（居延汉简10.27）

●谨案：部吏毋作使。

属国秦胡卢水士民者，敢言之。（居延新简22.43）

（4）区分其他内容。

☐煮鸡腊☐尉愿取一行。●三老来过，希欲备之。（居延新简52.40）

奉世付芒得八百。●陈光当出二百一十二。奉世自予夫人千。奉世予夫人百廿六。奉世自予夫人二百。奉世付芒得六百。奉世付光七百。（居延新简57.69A）

3. 表示间隔。

☐大黄种●五行▲土图●土府●财☐☐（敦煌汉简2097）

西杨成有，●南冯宜，●东李益寿。（居延新简51.394）

史将军发羌骑百人，司马新君将，度后三日到居延，居延流民亡

者，皆已得度。今发遣之居延，

它未有所闻。●何尉在酒泉，但须召耳。●闻敕诏书未下部，●月廿一日守尉刺白掾。●甲渠君有恙，未来，趋之莫府。（居延新简22.325B）

4. 表示总括。用在数量总计的前面，后面一般是"凡××"、"最××"、"最凡××"。

□□□□□斗二升，肉十斤，直二石三斗八升。五斗三升。●凡三石二斗三升。（敦煌汉简309）

●凡入七年新卒釜卌二。（居延汉简19.19）

●凡出谷卌六石。（居延新简22.123）

●最省卒十六人，见卒二人。（居延汉简234.9）

●最凡粟二千五百九十石七斗二升少。

凡出千八百五十七石三斗一升。今余粟七百卌三石四斗一升少。校见粟得七百五十四石二斗。（居延汉简142.32B）

●最凡十九人家属，尽月见用粟八十五石九斗七升少。（居延新简203.37）

●最凡卒阁三十一人，帛百三十六匹。（居延汉简22.263）

5. 表示总结。

●后文字是对前简内容的归纳和标示。

●右弟十五燧隧二人。（居延新简16.22）

●右弟廿二隧二人。（居延新简16.23）

●右居延所移书。（居延汉简35.10）

6. 表示书信的封装方式，用在书信文书正文后面。

不侵守候长成敕之，责广地燧长□丰钱八百，移广地候官。●一事一封。八月壬子尉史并封。（居延汉简58.11）

大守府书，塞吏，武官吏皆为短衣，去足一尺。告尉谓第四守候长忠等，如府书，方察不变更者。●一事二封。七月庚辰掾曾、佐严封。（居延新简51.79）

□饮药，言府。●一事集封。三月丙戌，掾昌封。（居延新简52.60）

第十三燧长王安病三月免，缺。移府。●一事一封。五月庚辰，尉

史☐（居延新简52.158）

二　■

西北汉简中，■有表示标题、总结与总括三种用法。

1. 表示标题。

　　车父名籍。（居延汉简157.4）

2. 表示总结，多放在"右"字前。简牍文句竖排，"右"指此前书写的内容。

　　■右二人，厌胡。（敦煌汉简251）

　　■右能捕兴党与粟次伯等一人，购钱十万。知区处语吏，吏以其言捕得之，购钱人五万起，从人三万。（敦煌汉简792）

　　■右鉼庭亭部茭八积，五千五百卅六石二钩。一积，茭四百一十石。鸿嘉四年伐。一积，茭……（居延新简65.382）

　　■右兴五十六人☐（居延新简6.28）

　　■右隧长四人，并居当曲隧。（居延新简22.264）

　　■右隧长四人，并居临桐隧。（居延新简22.265）

3. 表示总括，用来统计总数。

　　■凡外塞吏子、奴婢，小男、女廿二人，凡积千六百六十六人。（敦煌汉简305）

　　■凡糜二百五十三石三斗少。（敦煌汉简307）

　　■凡入粟，廿一日，一石九斗二升少。（敦煌汉简308）

从西北汉简总体来看，表示总括的"凡××"、"最××"、"最凡××"一般用圆点，表示总结的"右××"则多用方块或长方块，偶尔用圆点。究其原因，"右××"表明是什么，有标题、标牌、题目性质。"凡××"、"最××"、"最凡××"属于正文，所以多用圆点。

三　▲

表示增补内容，增补的内容位于▲后。

　　弩幅三，▲其二穿。（三字下为硃笔点）（居延新简6.3）

　　戍卒，魏郡邺安从里大夫吕贤，有方一，完。▲楗一，完。（居延新简51.113）

张次倩▲因为馆陶𢆶扈游公，多谢𢆶扈不绁言，游公□丈□
□来言毋它急。惟绁步足来至道上，见□（居延新简56.347B）

居延新简51.113　　居延新简56.347B

图版中以▲符号为界字体区别明显。▲前文字笔迹较为潦草，笔画纤细匀整，墨色较淡。▲后文字较其前文字略显工整，笔法较富变化，墨色较浓。▲前弋字与▲后弋字的书写差异即是明证。从文书内容来看，人名后为相关器物名称及完好程度的记录，"楼一，完"为继"有方一，完"后簿籍所增补的器物记录。

四　𠃊

𠃊为重文符号，𠃊前为所要重复的字词。若𠃊前仅一字，直接重复即可。若数字皆用，则要根据文意进行重复。如敦煌汉简244A甚=厚=，读为甚厚甚厚。

儿尚叩头白记●闻来上日久，食尽乏，愿贷谷一斛，谷到，奉诣前。又前计未上，甚自知。

杨椽坐前，数 𠃊哀怜，恩德甚 𠃊厚 𠃊。又前欲遣持斛诣尹府，欲且郯阳成士。（敦煌汉简244A）

□叩 𠃊头 𠃊。敦煌阳关都尉好□吕游君□（敦煌汉简489）

头死 ⊥罪⊥，职事毋状，当坐，罪当☐（居延汉简33.5A）

五 ◒、◤、◡、◥

符号◒、◤、◡、◥为标牌的标志，位于简首。或呈半圆形网格，如敦煌汉简570A；或呈涂黑半圆，如敦煌汉简1818A；或呈空心半圆，如居延新简EPS4T2.25；或呈三角形网格，如敦煌汉简385A。简牍正、反面与两侧面均有墨痕，如居延汉简262.9。简牍顶端多为半圆形，也有部分呈三角形，如居延新简25.12A，或标牌上部两侧处有凹口，如居延汉简255.24A。标牌中部多有穿孔，偶有无孔者，则直接于两侧凹口处系绳，置于物品或盛物箱笼上。其顶端半圆及网状符号疑为拱顶条编箱笼的模拟，或便于标牌旋转。符号在写简之前即已涂好，西北汉简图版中有无字而涂黑和网状的简。此外，也有个别简首没有图形的标牌，如EPF25.12B、敦煌汉简571A。

居延汉简262.9　敦煌汉简570A　敦煌汉简1818A　居延新简EPS4T2.25

敦煌汉简385A　居延新简25.12A　居延汉简255.24A

居延汉简255.21B　居延新简EPF25.12B　敦煌汉简571A

🜲 玉门千秋燧。（敦煌汉简570A）

🜲 虆矢铜镞百，完。（敦煌汉简570B）

🜲 六石枭长弦，三。（敦煌汉简385A/B）

● 大煎都厌胡燧。（敦煌汉简1818A）

● 陷煎虆矢铜镞，五十，完。（敦煌汉简1818B）

六　○

符号○在西北汉简中有表示起始与表示自检两种用法。《简牍集成》将部分○释为△，今据图版正。

1. 表示起始。

　　○甲申

　　○申辰

　　○甲寅（居延汉简102.5）

　　○不肖，毋以布□卒不具对曰，日见不具。察□□□□□办。（居延新简51.182B）

2. 自检符号，放在查检内容的后面。

　　中舍舍从者吉即莘，正月食，

　　麦二斛九升，二年九月丁丑乙巳，原党付莘○

　　麦一石，已出。李平党付二石，为穮麦一石三斗。○●凡三石三斗九升毕。（敦煌汉简548）

　　□母大女南弟，年卅三。○ƨ（居延新简65.383）

　　□妻大女宪君，年卅五。○ƨ（居延新简65.384）

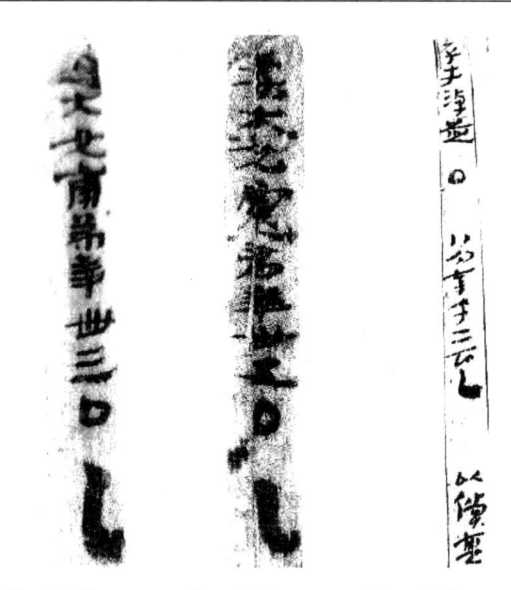

居延新简65.383　　居延新简65.384　　居延新简ESC：82

居延新简65.383、65.384图版中◯符号后均紧随㇄号，二者都为表示查验的符号，都是对前面内容的查检，按书写习惯两符号作用不可能完全相同。仔细分析◯符号与正文笔迹、墨色的关系可见二者实为写简人同时书写，◯符号为写简人在写完正文即刻书写上去的自检符号。结合居延新简ESC：82中两符号的位置与西北汉简其他文例进一步发现◯符号常位于简文中间，㇄号则常书于简末或句末，是带有总结性质的查验符号。

七　\

符号\后为人名，表示信函的处置人。

十二月戊戌朔，博望隧卒旦徼迹，西与青堆隧卒会界上，刻券。\屯。

十二月戊戌朔，青堆隧卒旦徼迹，东与博望隧卒会界上，刻券。\显明。（敦煌汉简1392）

八　/

符号/有表示起始、间隔、结束及表明信函的收发人、书信的开场白等用法。

1. 表示起始，放在一整段簿籍内容的开头。

/尉史蒲付俱起隧。（居延汉简44.19）

2. 表示间隔。放在几条并列内容的中间，或简文的前半段内容与后半段内容之间。

☐☐☐晨时，鼓一通。/日食时，表一通。/日中时，表一通。/☐（敦煌汉简2262）

燧长更生垒亭簿。

五月庚辰初垒亭，尽甲辰廿

☐二百九十。/五月乙巳，作☐（居延汉简54.23A）

3. 表示结束，放在一段话的结尾。

☐及死为解，解何？具对。/（居延汉简123.57）

4. 表示信函或文书的发出者或接收人。/前是书信内容，/后是接收人或上报人的秩级与姓名。

七月五……如律令。/令史更生。（敦煌汉简1319）

二月庚午，敦煌玉门都尉子光、丞万年，谓大煎都候，写移书到，定部（A）

书，言到日，如律令/卒史山、书佐遂昌（B）（敦煌汉简1741）

闰月庚申，肩水士吏横以私印行候事，下尉、候长，承书从事，下当用者，如诏书。/令史得。（居延汉简10.31）

唯●府惊当备者，叩头死罪，敢言之/候长良。（居延新简16.7）

5. 书信开场白的后面，放在"白"字后。

郅严叩头白：/卒俱往取之，叩头。

夏侯掾坐前，善毋恙，独劳疾，起居毋它，甚善☐（居延汉简231.13B）

九　｜

界格号。表示分栏书写。原图版文字竖排，界格号横向书写，释文文字变为横排，故界格号也改成竖向。

安世燧卒　二十八日，作 ｜二十九日，作 ｜八月晦日，作
尹咸　卌十五束。　 ｜
　●☐二十　｜三十七束。　　　｜三十五束。

九月旦，伐茭。｜月二日，□茭

三十五束。｜三十□束。（居延汉简505.24）

十 ＝

符号=用来区别不同的内容。

圣朝之意也，知邻国也。思念其便利，甚愤懑。=愚以为击搗兵，立四国解诸国。（敦煌汉简105、106）

十一 丿、丨、、

丿、丨、、在西北汉简中用作对符号前人物身份及物件信息等的确认。

第九隧长单宫，丿 十月食三石。十月甲寅自取。（居延新简22：106）

吞北卒朱习，丿 五匹。（居延新简22：261）

从者，经，丨元年十一月食麦二斛六斗一升。 写籍者丨（敦煌汉简325）

□河东狐讘京良马里魏谭十。见。 布袭一领丨。 布复绔一两丨。布复繻一领丨。 布褌一两丨。□✓（居延新简51：67）

第十六燧长召仲，、四月食三石。☐（居延新简22：99）

木中队长陈阳，、四月食三石。☐（居延新简22：100）

居延新简22.106（丿）　居延新简22.261（丿）　敦煌汉简325（丨）

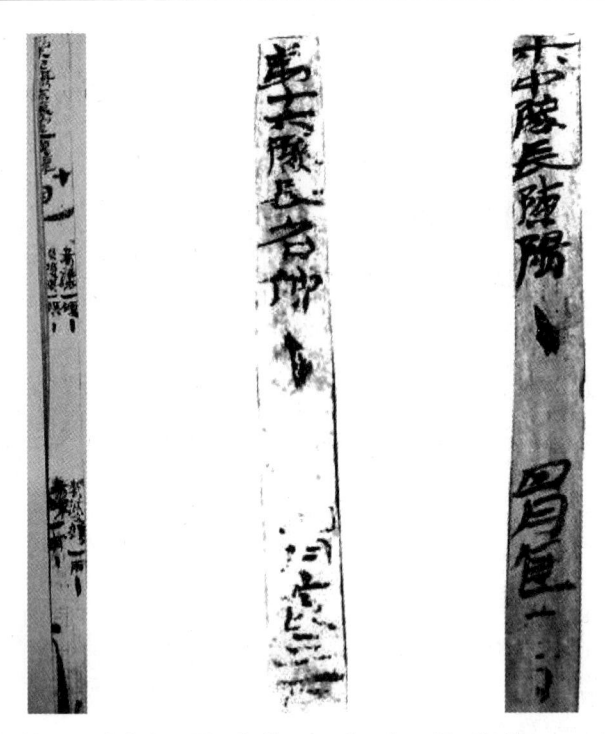

居延新简51.67（丨）　　居延新简22.99（丶）　　居延新简22.100（丶）

图版中丿、丨、丶符号在简文中位置相同，都位于人名或物品数目之后表示对相关信息的确认。分析其写法，三者起笔较为相像，细微差别只在于收笔时的处理。从位置、书写与文意来看，丿、丨、丶之间实为书写变体的关系。

十二　亅、✓、ᧈ、丶

各书释文依据图版形体释作亅、✓、ᧈ、丶的符号，从其形体与作用来看，此符号即《说文·亅部》："亅，钩识也。从反亅。"《说文》篆体作ᧈ，其他形体皆属这一形体的不同演变及书写变体。亅为钩识符号，在简文中有表示间隔和审核两种用法。

1. 表示间隔。放在相邻的同类概念名称之间起区别作用，犹今之顿号。图版中符号放在人名后时，有写在人名下部与写在人名旁边两种。

燧长常贤✓充世✓绾✓福等，杂廪索部界中，问戍卒王韦等十八人，皆相证。（敦煌汉简1722）

侯史齐✓燧昌。（居延汉简20.12B）

三尺五寸蒲复席青布缘二，直三百。六月戊戌，令史安世✓、充✓、延年共买杜君所。（居延汉简267.7）

北板合檄四。✓十七。✓

合檄二，章皆破，摩灭不可知。其一诣刺史赵掾☐

合檄一，张掖肩候印，诣刺史赵掾在所。●合檄一，☐（居延新简52.39）

2. 表示审核。放在所要核验事物的后面，表示对上文所记人物或事件进行核实。

吞远候史李赦之。✍ 三月辛亥迹尽丁丑积廿七日，从万年隧北界南尽次吞隧南界，毋人马兰越塞天田出入迹。

三月戊寅，送府君至卅井县索关，因送御史李卿居延尽庚辰积三日，不迹。（居延汉简206.2）

今余茧矢服百二十三。〇✍（EPF25.6）

入兰百，受全兵薄。✍（EPF25.7）

今余兰百六✍（EPF25.9）

布复绔一领｜。…… 黄布禅衣一领，毋。☐☐

☐布袜一两。｜ 絮巾一枚｜。 黄布绔一枚。毋（居延新简51:66）

皂☐一领。 布☐一枚 ☐☐☐一枚。 ☐一枚

邑西里张镇。见。布禅褕一领。 布袜二两。｜ **縳**袜一两。黄布禅衣一领。毋① 钱七百。

布禅绔一领。｜ 行**縢**二枚。卩 黄布绔一枚。毋②（居延新简52.93）

二卩

戍曹右史，原顺君伯，马一匹，二毋③

二加一✓（敦煌汉简240）

---

① 毋，原释文作"已"，系误释，今据图版正。
② 毋，原释文作"已"，今据图版正。
③ 毋，原释文作"已"。

112　　　　　　　　　　　　　　汉字研究

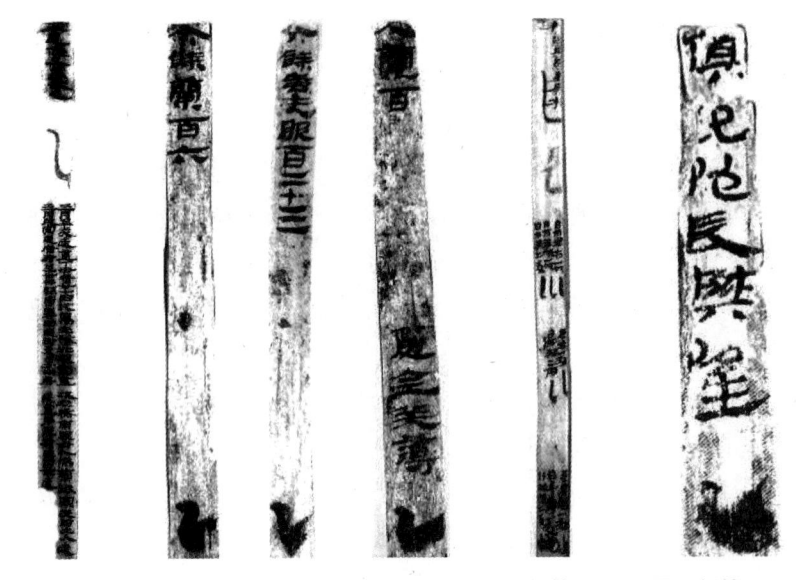

居延汉简206.2　EPF25.9　EPF25.7　EPF25.6　居延新简52.93　居延新简22.365

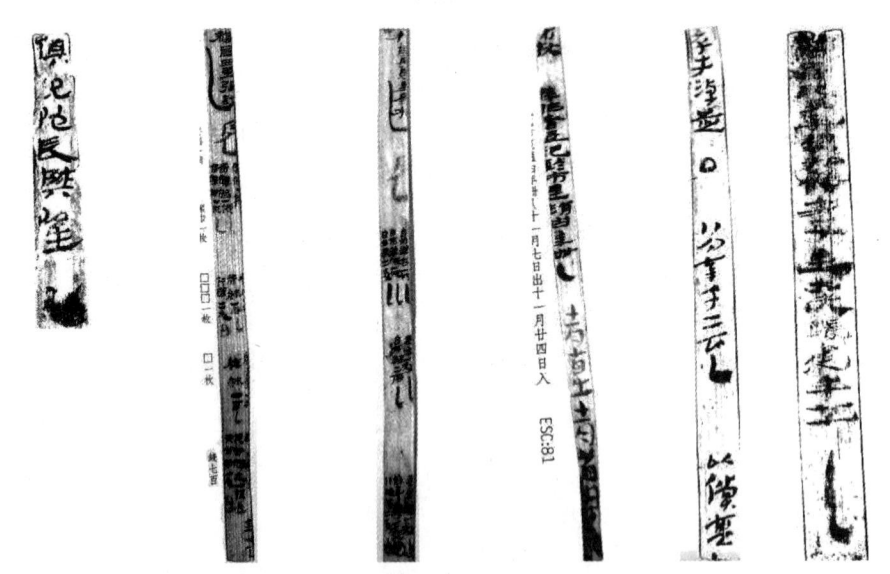

居延新简51.66　居延新简52.93　居延新简52.94　居延新简50.45　ESC：81　ESC：82

　　原图版中，释文作𠃊、∨、ᔕ、𠃊的符号在形体上差别不大，以上文所选图版为例，释文中的ᔕ符号，图版有作𠃊、ᒡ和𠃊的，第一个形体尚可看出其上下两端呈现的圆转态势，后两个形体下部已趋向钩画，较接近𠃊。释文为𠃊的符号，图版有作ᒡ的，形似𠃊号而折笔处略平缓。释文公认的𠃊或

∨，图版有作 ⌐、⌐、⌐的，联系这些符号形体，可以发现它们之间关系密切，区别微殊，只是运笔存在差异，四者作用亦相同，在简文中都用来表示间隔或审核。不同整理者对同一符号形体的释读也在一定程度上进一步说明几种形体之间的关系实为同一符号⌐的不同书写变体。

十三 丁

戍卒，河池河池里王育，年二十桼。卩上。美水。王育代董获。丁（敦煌汉简1008）

☐卒，故道市阳里，杨崔，年三十三。上。●富昌，今凌胡杨崔代刑枚。丁（敦煌汉简268）

戍卒，河池上里，期毋伯，年三十八。上。广武。卩期毋伯代唐歆。丁（敦煌汉简272）

戍卒，何池下贵里，李东，年二十三。卩。上。☐府。李东代李音。丁（敦煌汉简256）

广汉隧长赵☐丁●毋襆，甲、鞮瞀各一。（敦煌汉简1268）

射鞲一，直三百。𠄔丁（居延新简18）

敦煌汉简268　敦煌汉简256　敦煌汉简258

西北汉简中的丅，各书释文或用原文丅，或释为"丁"，结合形体与文意两方面的内容，我们认为西北汉简中的丅应为"下"字，下字《说文》篆体作丅，黄锡全说："古写本《尚书》下多作丅。古陶文下或作丅（陶1.2），古货币亦有丅（货文编1.1）。"[①]东晋石刻朱曼妻薛买地券、河北沧县肖家楼刀币中的"下"皆作丅：

丅　　丅

朱曼妻薛买地券　河北沧县肖家楼刀币

简文中，丅往往与"上"对应出现，"上"、"下"当是竹简分栏标志。《敦煌汉简》258："戍卒，何池耶里里绿诩年二十秦。上。益昌。府。绿诩代阴蓬。丅。"《简牍集成》释丅为"下"是正确的。有学者认为"丨"、"丅"等符号是由古文"甲"字演化而来的，是不正确的。

十四　阝、ㄢ、卩

□袭一，阝
布复袭一，阝
韦绔一，阝
布单襦一，阝（居延新简52.332）

居延新简52.332

[①] 黄锡全：《汉简注释》，武汉大学出版社1990年版，第65页。

☐五石具弩一，输府。 ㄢ（居延汉简171.19）
☐九月奉夷，胡燧长封霸取。 ㄢ（居延汉简219.7）
☐三匹，鰈得。省珍北，作蒣。塞尉移。 ㄢ（居延新简51.377）
☐ 十二，中帶矢八。 ㄢ（居延新简51.488）

居延新简51.488　居延新简51.377

候长孙并，十一月食，粟三石三斗三升少。以出☐☐☐☐☐出。卩（敦煌汉简549）

第卅二卒宋善，五月癸酉自取，卩毕。钱二千，卩九月戊辰。阁。（居延汉简206.8）

第七燧长王庆粟三石三斗少，陈尊取。卩
卒杨武粟三石三斗三升少，陈尊取。卩
卒陈尊粟三石三斗三升少，自取。卩（居延新简51.60）

肉卅斤，直百廿，丁取。肝一，直卅二，尊取。卩肠一，直廿七，尊取。胃肾十二斤，直卅八，尊取。祭肉少十六。粟直廿四，祖取。卩

牛☐，直百，丁取。卩祭肉，直六十八，丁取。卩
胃八斤，直廿四，丁取。卩祭肉，直卅，丁取。卩

肋肉，直七十，丁取。卩牛头，直百八十，丁取。卩（居延新简51.235A）

自取。卩（居延新简52.34）

居延汉简206.8　居延新简51.60　居延新简51.61

居延新简EPT5.3　居延新简51.235A　居延新简52.34

卩图版有两种写法如下：

一般认为此为核验符号，实是误解。我们认为，此即"予"字。与马王堆简帛文字中"予"字形体卩、卩近。图版中卩、马、卩用例相同，形体相近，我们认为三者都为"予"字在历时层面的书写变体，在简文中位于物品名称的后面，表示确认已经给予，属简文内容。予、马、卩形体演变序列图：

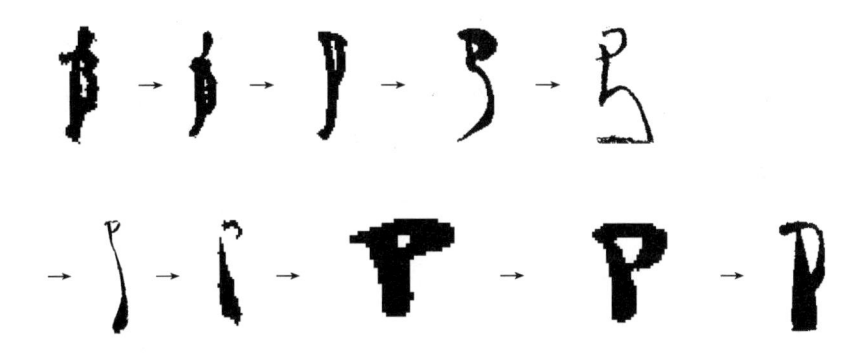

从以上三个符号的演变序列可以看出，马形符号实际是卩符号的草写。卩上部的弯曲形体卩随书写草率而拉直，下部丨形草写由于书写快速，便捷的原因增添了弧度，即由卩演变为马。马形进一步发展便为卩。图版中马（马）、丨（卩）形似，对照马、两图版可见明显的由马到卩的过渡的痕迹，但演变到卩，即有了符号性质。简牍文献中的，由文字演变为符号，此并非个例，长沙五一广场东汉简牍和三国吴简"君教"类简牍中，表示长官许可的"诺"字，就有时演变成了形似W的符号。① 《敦煌汉简》501："今有余泉九千二百八十八，在司马君舍。其五千常有所。卩。"《简牍集成》注释："卩，瑞信也，今作节，见《玉篇》。此处似谓当有

---

① 详见李松儒《长沙五一广场"君教"类木牍字迹研究》，《中国书法》2016年第5期。

信物，如契券之类。"①此注误。《简牍集成》还谓："丨、丁、下、卩、丁，花押符号，下同。有学者认为……'卩'为'印'字的简体字。系公私契券的取钱、取物、取食人，收讫后画押为证的证据。"②皆系误解。

十五　毋

表示审核的符号，放在需要审核内容的后面。

　　长安宜里阎常，字中允。　出。　乘方相车，驾桃华牡马一匹，齿十八岁，駹牝马一匹，齿八岁。皆十一月戊辰出。　毋③。（居延汉简62.13）

　　〔穰邑西里张贤。见。□复□一领。白布禅一领，毋。
　　　　　　　　□□□一两。面衣一枚。
　　　　　　　　□□□□领。四月甲午，同隧卒吕为取橐。
　　　　　　　　行縢一枚，毋④。卩（居延新简52.92）

　　〔邑西里张镇。见。皂□一领。布禅褕一领。布禅绔一领。✓
　　　　　　　　布□一枚。布袜二两。✓行縢二枚。卩
　　　　　　　　□□□一枚。縑袜一两。✓
　　　　　　　　□一枚。黄布禅衣一领。毋⑤。钱七百。黄布绔一枚。毋⑥（居延新简52.93）

　　缥一匹，直八百。代素丈六尺，直三百六十八。
　　白练二匹，直千四百。练一匹，直千。
　　皁二丈五尺，直五百。马君卒。毋⑦（居延汉简284.36A）

---

① 中国简牍集成编辑委员会：《中国简牍集成》第三册，敦煌文艺出版社2001年版，第64页。
② 中国简牍集成编辑委员会：《中国简牍集成》第三册，敦煌文艺出版社2001年版，第35页。
③ 毋，原释文作"巳"，系误释，今据图版正。
④ 同上。
⑤ 毋，原释文作"巳"，系误释，今据图版正。
⑥ 毋，原释文作"巳"，今据图版正。
⑦ 毋，原释文作"巳"，系误释。

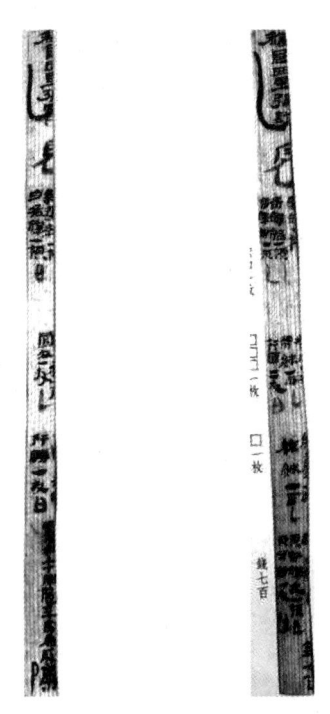

居延新简52.92（已）　　居延新简52.93（已）

图版中，释文作已或巳的符号，其形体多作 ■、■、■、■、■ 等。首先，上述、、⌊、下、予等符号都与字体本身所承载的意义有联系，而此处释为已、巳的符号在这里却无实意。其次，查西北汉简中巳字图版多作 ■（敦煌汉简94）、ᛖ、ᛖ、ᛖ（敦煌汉简259）等，其形体与 ■、■、■ 差别明显。最后，简文中图版 ■ 多与√、予等同时出现，结合文意与字形来看，此处"已"、"巳"当为"毋"字误释，《敦煌汉简》176中毋字图版 ■、687中毋字图版 ■ 可供参考。"毋"在简文中放在所要核验对象的后面，表示与√相反的查检结果。

十六　■

西北汉简中仅一例。

郡前以过大军，空室，殊不能卒以一月内发也 ■（敦煌汉简101）

此外，西北汉简中"校"、"有"、"见"、"衣"、"身"、"阁"、"封"、"休"等字位于简末，与符号作用相当。其中，"校"、"有"、"见"表示对其前内容的核验，"阁"、"衣"、

"身"表示衣物等的状态,"阁"为置于阁中,"衣"、"身"表示穿在身上。"休"是对兵卒休假的核证。

十七 校

放在所要查检事物的后面,表示对"校"前内容的核验。

　　　出弓楔丸七,付都尉库。校。(居延汉简28.19)
　　　驷望燧卒王宣。校。八月六日食十☐(居延汉简220.1)
　　　☐五十。
　　　☐一两,直六百八十。校。(居延汉简336.11)

十八 有

放在简末,表示对"有"前内容的核验。

　　　☐☐前天☐☐出亡,☐候官令史。有。(居延汉简43.15)
　　　☐官告第四候长徐卿;鄣卒周利自言,当责第七燧长季由
☐百。记到,持由三月奉钱诣官,会月三日。有。(居延汉简285.12)
　　　燧长,代樊志卌二日,当得奉、衣数,诣县自言,讫不可得。记到,正处言状,会月十五日。有。(居延新简49.47)
　　　候谊,典吏社,受致廛饭黍肉。护直百卅六,谊直百卌二。五月五日,谊以钱千五百偿所敛吏社钱。有。(居延新简52.99)

十九 见

放在名物信息后面,表示存在。

　　　☐乐士吏牛党,石门里,见。☐(敦煌汉简287)
　　　☐布☐绛一两,见。☐☐一领,见。☐☐一两,见。☐一枚,见。☐行縢一两,见。
　　　总绒一,见。絮巾一,见。白布复裌一领,见。皂布章单衣一领,见。袤绛一两,见。
　　　袤一领,见。白布巾一,见。布袜一两,见。丝绨一两,见。(敦煌汉简2327)
　　　一石字其小公

☐就多若干者月日。见。（居延汉简188.5）

床二。

其一，六尺。一，八尺，板四枚。见。（居延新简6.82）

二十　衣

放在衣物名称的后面，常与"阁"、"身"出现在同一简文中，表示衣物的状态为穿在身上。

戍卒，魏郡邺马带里龙马。

布复襦一领，衣。皂布单衣一领，衣。（居延新简51.378）

［☐☐☐里蔡☐练袍一领、布绔一两、布襦一领、韦绔一两，衣。☐☐☐☐褐袜一。（居延新简51.387）

二十一　身

放在衣物名称的后面，表示衣物的状态为穿在身上。

☐ᔓ转射一柜随已作治

绔复襦一领，阁。— ☐

皂复绔一两，阁。⊤ ☐

布袭一领，身。— ☐

布小襌一两，身。— ☐（居延新简59.51）

二十二　阁

放在衣物名称的后面，表示衣物状态为存放在储物柜中。

山阳亲阳里魏偃，第廿三隧，

爵复襦一，衣。剑一枚，阁。丿布袭一，衣。

卑复襜褕，⊤阁。丿韦舄一，阁。丿丿布裙一。衣。

白练绔一，阁。丿布襌衣一，阁。縑裙一，衣。

布襌一衣，阁。丿布襌一，衣。（居延新简56.86）

☐☐☐皂袭一领，阁。

☐☐一领，衣。（居延新简56.331）

二十三 封

放在名物词的后面,表示物品处于封存状态。

大苇箧一。狗三枚,大小。

托八具。故黑墨小杯九。故大杯五,缺故。

蕙秒坐四。书箧一。写娄一。封。完。(居延汉简89.13B)

修武县寺延里王平,卩

皂复袭一领,封。韦绔一,封。布复袭一领,衣。布襜一领,衣。钱百,封。袜一两,封。(居延新简56.69)

[止害卒赵党七百五束　少十束

]第十五……归养病十日

○囘羊韦五件,直六百,交钱六百。

中舍囊一,传,完,封。内●不侵侯长宴传。(居延新简65.118)

二十四 休

放在职官、吏卒名后面,表示休假。

扁常。谨案:部见吏二人,一人王美,休。谨输正月书绳二十丈,封传诏。(居延汉简456.5A)

俱南长左隆,丶借窦永自代,休。(居延新简22.268)

(李洁琼:中国人民大学文学院,100872,北京)

春秋金文字际关系辩证三则*

杨秀恩

一 嗣司

《说文·卷十四》："辭，讼也。嗣，籀文辭从司。"春秋金文不见"辭"，只见"嗣"，共45见，共有以下几种用法：（1）职官名"嗣寇"、"嗣徒"、"嗣命"、"嗣马"、"有嗣"等，这个用法共34见[1]，占"嗣"字辞例总数的75.55%。（2）表示"管理"义，如"嗣衣裘车马"、"嗣蛮戎"、"嗣四方"，这个用法共5见。其余辞例为"嗣右大徒"2见，"嗣者剌"2见，"数词+嗣"2见。具体辞例如下：

"嗣"字在春秋金文中的辞例共有18种：

（1）"嗣寇"，如：封孙宅盘（《集成》10154）[2]："鲁少嗣寇封孙宅作其子孟姬燮縢盘匜……"这一辞例共3见，其余2例见于司寇兽鼎（《集成》2474）、铸司寇左鼎（《铭图》2063）[3]。

（2）"嗣徒"，如：鲁大左司徒元鼎（《集成》2592）："大左嗣徒元作善鼎……"这一辞例共12见。[4]

---

* 本文系北京社科基金重大项目"汉字发展史"（项目批准号：15ZDA12）的阶段性成果。

[1] 本文中的统计依据的材料是：吴镇烽编著的《商周青铜器铭文暨图像集成》，上海古籍出版社2012年版；吴镇烽编著的《商周青铜器铭文暨图像集成续编》，上海古籍出版社2016年版。

[2] 《集成》指中国社会科学院考古研究所《殷周金文集成（修订增补本）》，中华书局2007年版，《集成》后的数字是器物在该书中的编号，下同。

[3] 《铭图》指吴镇烽编著的《商周青铜器铭文暨图像集成》，上海古籍出版社2012年版，《铭图》后的数字指器物在该书中的编号，下同。

[4] 其余11辞例见鲁大左司徒元鼎（《集成》2593）、鲁司徒仲齐盨（《集成》4440）、鲁司徒仲齐盨（《集成》4441）、厚氏元铺（《集成》4689）、厚氏元铺（《集成》4690）、厚氏元铺（《集成》4691）、鲁大司徒元盂（《集成》10316）、国子山壶（《铭图》12270）、引瓶（《集成》9981）、鲁司徒仲齐盘（《集成》10116）、仲白匜（《集成》10277）。

（3）"嗣工"或"嗣攻"，如：召叔山父簠（《集成》4601）、召叔山父簠（《集成》4602）同铭："郑伯大嗣工召山叔父作旅簠……"司工单鬲（《集成》678）："庆大□嗣攻单铸其齍鬲……"

（4）"嗣马"，如：蔡大司马燮盘（《铭图》14511）："蔡大嗣马燮作媵孟姬赤盥盘……"这一辞例共4见，其余3例见于司马戈（《集成》11016）、郱大司马戈（《集成》11206）、蔡大司马燮匜（《铭图续》997）[①]。

（5）"嗣卤"，如：叔休盘（《铭图》14482）："□者君嗣卤叔休作宝盘……"根据春秋铭文文本构成模式，位于"作器句"中"私名"前的"嗣卤"应为职官名。这一辞例共2见，另一例见于叔休盉（《铭图》14778）。

（6）"嗣命"，如：齐侯壶甲（《集成》9730）："于上天子用璧玉備一嗣，于大无嗣誓，于大嗣命，用璧两壶八鼎，于南宫子，用璧二備玉二嗣……"这一辞例共2见，另一例见于齐侯壶乙（《集成》9729）。

（7）"嗣折（誓）"，见例6。这一辞例共2见。

（8）"嗣城"，如：滕司城裘戈（《铭图续》1206）："滕嗣城裘之□用戈。"根据春秋铭文结构模式，"嗣城"应为职官名。这一辞例共1见。

（9）"嗣料"，司料盆盖（《集成》10326）："嗣料□所寺（持）。"这一辞例共2见，另一例见于司料盆（《集成》10327）。

（10）"又（有）嗣"，如：伯丧矛（《铭图》17659）："又（有）嗣白丧之车矛。"这一辞例共2见，另一例见于伯丧矛（《铭图》17660）。

（11）国子硕父鬲（《铭图》3023）："虢仲之嗣国子硕父作季嬴羞鬲……"根据春秋铭文结构模式及国子山壶（《铭图》12270）铭文"齐大嗣徒国子山为其盥壶……"，可推知国子硕父鬲（《铭图》3023）铭文中的"嗣"很可能是职官名"有嗣"或"嗣×"的省略。这一辞例共1见。

（12）"嗣衣裘车马"，如：庚壶（《集成》9733）："赏之台邑，嗣衣裘车马……"这一辞例共1见。

（13）"嗣四方"，如：晋公盆（《集成》10342）："……□□百

---

① 《铭图续》指吴镇烽编著的《商周青铜器铭文暨图像集成续编》，上海古籍出版社2016年版，下同。

蛮，广嗣四方……"这一辞例共1见。

（14）"嗣蛮戎"，如：戎生钟乙（《铭图》15240）："……嗣蛮戎……"这一辞例共1见。

（15）"嗣辥鄩"，如：叔夷钟二（《集成》273）："余命汝嗣辥鄩……"这一辞例共2见，另一例见于叔夷镈（《集成》285）。

（16）"嗣右大徒"，如：復封壺甲（《铭图》12447）："唯四月既生霸庚亥，齐太王孙復丰豪嗣右大徒，敢恭威忌……"復封壺乙（《铭图》12448）同铭。"嗣右大徒"应为职官名。这一辞例共2见。

（17）"嗣者刺"，如：復封壺甲（《铭图》12447）："復丰率徒伐者刺，武有功。公是用大畜之卤嗣者刺。锡之玄衣鋬勒、车马、衣裘……"復封壺乙（《铭图》12448）同铭。"嗣者刺"的语法结构应与前文"伐者刺"相同。这一辞例共2见。

（18）"数词+嗣"，见例6。

根据以上辞例考察，可知"嗣"字在春秋金文中的职能是表示"职官名"及"管理"义。

司，春秋金文共2见，辞例分别为"司马"和"司徒"：春秋早期司马望戈（《集成》11131）："司马望之告戈。"春秋晚期滕司徒戈（《集成》11205）："滕司徒□之戈。"

根据以上考察，春秋金文中的"司"和"嗣"是异构关系。

以词为立足点进行考察，典籍中"司马"、"司徒"等职官名，在春秋金文中共出现36次，其中两例用"司"字，其余34例皆用"嗣"字，由此可知，在春秋金文中，"管理"义及相关的"职官名"这一职能是以"嗣"为专字及通行字的。在这一词义上，"司"字替换"嗣"而被普遍使用最早也在春秋以后。

二 期𣄰諅

期，始见于春秋晚期，共5见，其中2处辞例为"眉寿无期"、"万年无期"，如：彭公之孙无所鼎（《铭图》2158）："彭公之孙无所自作汤鼎，眉寿无期，永保用之。"无所簠（《铭图》5906）："……其眉寿万年无期。"另3处辞例皆为铭文开头的历日句，分别为"正月□期吉晨"（《铭图》12381）、"隹王五月既字白期吉日初庚"（《集成》10298、10299）。

萺（包括异构昊），《说文》不见，春秋金文中共63见，所有辞例皆为"眉寿无萺"或"万年无萺"[1]，如：王子申盏（《集成》4643）："王子申作嘉嬭盏盂，其眉寿无萺，永宝用之。"未见用作他义的辞例。

諆（包括异构諅），春秋金文共55见，共有以下3种用法：（1）表示"期限"义，辞例为"眉寿无諆"、"万年无諆"。如：叔姜簠（《新收》1212）："申王之孙叔姜，自作饎簠，其眉寿无諆，永保用之。"这一用法共44见[2]，占该字所有辞例的80%。（2）句首副词，如侯古堆镈（《新收》289）："……□□参寿，諆永鼓之。"这一用法共9见，皆出自侯古堆镈同铭诸器。[3]（3）表示"忌"义，如復封壶乙（《铭图》12448）："……戡恭威諆……"此用法共2见，为春秋早期，此时"忌"字尚未见。

《说文·卷三》："諆，欺也。"这一用法春秋金文中未见。

以词为立足点，考春秋所有铭文，"眉寿无期"、"万年无期"用语共125处，其中"期限"义的用字及使用频率如下：用"萺"（包括异构昊）字63次，占50.4%；用"諆"（包括异构諅）字44次，占35.2%；用"基"字6次；用"其"字3次；用"昊"字3次；用"期"字2次；用"记"字2次；用"䢋"字1次；用"楮"字1次。

根据以上考察结果，在春秋金文中，"萺"为"期限"义的专字无疑，但尚未形成一统天下的绝对局面，尚有高达35.2%的辞例用"諆"字。就"諆"字本身来说，"期限"义的辞例占其自身所有辞例的80%，占所有"期限"义辞例的35.2%，这两个比例，说明这一义是"諆"字当时的主要义项，而非临时的通用假借。

---

[1] 其中"萺"33见：《集成》2573、4642、4643、4645、9704、9730、9729、10159、10163、10283、10280、10282、210、211、217、218、216、219、220、221、222，《铭图》2318、2363、2404、6070、14511、14512，《铭图续》205、210、261、501、997，《新收》1043。"昊"30见：《集成》2551、2722、9659、203，《铭图》2264、5166、5884、14091、14092，《铭图续》493、492，《新收》1712、418、419、420、421、422、423、424、425、426、427、428、429、431、436、437、438、442。《新收》指钟柏生等编辑的《新收殷周青铜器铭文暨器影汇编》，台湾艺文印书馆股份有限公司2006年版，下同。

[2] 其余43例见：《新收》473、449、448、445、446、444、447、1212、401、1980、1187、1242、398、283、284、287、288、289、276、277、278、279、280、281、282，《集成》2717、2811、946、4618、172、173、174、175、176、177、178、179、180、182、261、153、154，《铭图》2349、15809。

[3] 见《新收》289、276、277、278、279、280、281、282，《铭图》15809。

在春秋金文中，表示"期限"义，专字"萁"和非专字"諆"尚处于竞争状态，"萁"字略占优势。"期"字虽已经出现，但尚未形成气候。

三 㫃㫃㫃㫃其諅忌

通过考察各字在春秋金文中的所有辞例，得出：㫃、㫃、㫃三字在春秋金文中仍为异构关系，但其职能从春秋早期到晚期有变化：从早期至中期，为"情态或语气副词"，仍为"其"的异构字。到春秋晚期，它们的主要职能转化为表示"忌"义，不再承担"情态或语气副词"的任务，不再是"其"的异构字。出现于春秋晚期的"㫃"字正是在这一组字的影响下产生的分担"忌"义这一新职能的专字。仅见于春秋早期的"諅"，辞例为人名"无諅"，应是最早为"忌"义造的专字。"諅"始见于春秋中期，使用至春秋晚期，只见一种辞例"畏諅"，也是为表示"忌"义而产生的专字。"忌"字见于春秋时期的三儿簋（《集成》4245）和春秋晚期诸器[1]，除了用于人名，其余皆表示"忌"义，也是为"忌"义而产生的专字，但在当时尚未显示任何优势。

下面是诸字在春秋金文中的具体辞例：

"㫃"共11见，有3种用法：（1）表示"期限"义，此用法共1见，见于春秋晚期的乙鼎（《集成》2607）："……其眉寿无㫃。"（2）语气或情态副词，皆见于春秋早期或中期秦公诸器，如：秦公钟乙（《集成》263）："秦公……㫃康宝。"秦公簋（《集成》4315）："㫃严□各……"此用法共9见。[2]（3）人名"无㫃"，此用法共1见，见于春秋早期邓公孙无㫃鼎（《新收》1231）："隹九月初吉丁亥，邓公孙无㫃□吉金，铸其□鼎。"

根据以上辞例，春秋金文中的"㫃"主要延续了西周时期的职能，仍为"其"字异构。用为"期"为偶尔被借用。

㫃，有以下几种用法：（1）语气或情态副词，如：上都府簋器盖同铭（《集成》4613）："㫃眉寿无記（期）。"此用法共4见，皆见于春秋中

---

[1] 春秋中期齐器归父盘（《集成》10151）中的㫃，处于铭文中私名位置，目前不能确释为"忌"字。
[2] 其余6例见《集成》267，268，269。

期。①（2）表示"忌"义，此用法共2见，皆见于春秋晚期。如：配儿钩鑃甲（《集成》426）："……余㠯恭䱷，余不敢……"王孙遗者钟（《集成》261）："……畏䱷趩趩，肃哲圣武……"（3）人名"无䱷"、"可䱷"，此用法共2见，皆为春秋晚期，如：曾孙无䱷鼎（《集成》2606）："曾孙无䱷自作飤……"子可期戈（《集成》11072）："子可䱷之用。"同期铭文有人名"可忌"：梁伯可忌豆（《新收》1074）："梁伯可忌作毕元子中姞媵敦。"

根据以上辞例考察，"䱷"和"䱷"功能基本重合，二字确为异构。从早期至中期，主要功能为"语气或情态副词"，这个阶段为"其"字异构。到晚期，主要职能转变为表"忌"义，不再是"其"的异构。

䱷，仅见于春秋晚期王子午鼎诸器（《集成》2811，《新收》449，445，446，444，447），皆表示"忌"义："……畏䱷趩趩，敬毕盟祀……" "䱷"、"䱷"、"䱷"三字在春秋晚期为异构关系。

䱷，仅见于春秋晚期王孙诰钟诸器（《新收》418，419，420，421，422，423，427，428，429，430，434，439，440）："……畏䱷趩趩，肃哲……"。

根据以上辞例，在春秋晚期，"䱷"、"䱷"、"䱷"和"䱷"在功能上是重合的，都表示"忌"义，为异构关系。

䱷，仅见于春秋早期的邓子仲无䱷戈3件同铭器（《新收》1232，1233，1234）：

"邓子仲无䱷之用戈。"这应是最早为"忌"义造的专字。

記，共4见，始见于春秋中期齐国器叔夷镈（《集成》271），辞例为"畏記"，字形为左右结构的 䱷。此用法沿用至春秋晚期②，字形为上下结构的 䱷。③

忌，春秋金文共11见。除了目前尚未明确春秋早、中、晚分期的三儿簠（《集成》4245），其余皆见于春秋晚期。1见用于人名（梁伯可忌豆《新收》1074），其余10见辞例皆为"威忌"或"畏忌"，如：邾公

---

① 另外2例见上鄀府簠器、盖（《新收》401）。
② 见湖北曾侯與钟A1（《铭图续》1029），湖北曾侯與钟A2（《铭图续》1030），湖北曾侯與钟A3（《铭图续》1031）。
③ 见湖北曾侯與钟A1（《铭图续》1029）。

华钟(《铭图》20526):"……余毕恭威忌……"叔夷钟一(《集成》272):"……汝小心畏忌……"①此字也是为"忌"义产生的专字。

以词为立足点考察,"忌"这一词义的用字及频率,从春秋早期到晚期,情形如下表:

	諅	記	諆	𢛮	誋	㤅	斯	忌	諅
春秋早期	2次	7次	3次	1次					
春秋中期					1次				
春秋晚期		1次			3次	4次	6次	10次	13次

在记录"忌"这一词义上,在春秋金文中"忌"字并未显露出优势,其在使用中取得优势及最终替代其他字形,最早也在春秋以后。

(杨秀恩:河北经贸大学文化与传播学院,050000,石家庄)

---

① 其余8处辞例见《集成》4245,10151,149,150,151,152,245,285。

笔画识别和规范书写在汉字教学中的
实践与应用

程 艳

汉字教学是对外汉语教学的重要组成部分，是汉语作为第二语言学习的显著特征。传统的汉字教学内容包括汉字的基本笔画、书写笔顺、常用偏旁、整字结构四部分，通过对字音、字形和字义的学习，掌握认读和书写汉字的技能。对于将汉语作为第二语言学习的初学者来说，无论是短期进修生还是长期学习者，笔画的学习显得尤为重要。笔画作为汉字最小的书写元素，是汉语学习者最早接触到的书写单位，笔画的正确识别和规范书写直接影响学习者对偏旁、整字的意义理解和汉字书写的速度，进而影响对汉语的整体学习质量，因此，汉字教学一直是汉语教学的难点。本文将从笔画类型、教学字体等问题入手，分析汉字教学中的一些具体问题。

一 笔画的定义及类型

1. 定义

汉字历史悠久，不同阶段的汉字形体均依靠书写得以呈现，"刻痕（甲骨文、石刻、砖刻等）、铸迹（金文）、线条（篆文）、笔画（竹木简、帛书、隶书、楷书）都是汉字书写的结果，也就是汉字实现的广义的笔画。"[1]"汉字发展到楷书，笔画已经定型，变为可以称说、可以论序、可以计数的书写单位。笔画写成以后的样式，称作笔形。笔画按笔形来定名称说。"[2]相对于广义的笔画来讲，狭义的笔画专指定型之后的笔画，本

---

* 本成果受北京语言大学校级项目资助（中央高校基本科研业务费专项资金）（项目批准号：17XTS02）

[1] 王宁：《汉字构形学导论》，商务印书馆2015年版，第78页。
[2] 同上。

文讨论初级汉语学习者的汉字学习，所论及的笔画是狭义的笔画，指汉字书写时，从落笔到起笔一次性书写而成的线条。

2. 类型

1988年3月25日，国家语言文字工作委员会和新闻出版署公布的《现代汉语通用字表》，收7000字，包括《现代汉语常用字表》中的3500字。字表按照汉字笔画数排序，相同笔画数的汉字按照起笔笔画为"横、竖、撇、点、折"的顺序排列。规定了五种基本笔画，其中笔画"提"并入"横"、"竖钩"并入"竖"、"捺"并入"点"、各种折笔笔画归入"折"。《现代汉语通用字表》将汉字笔画划分为五大类型，对于汉语作为母语的人来说，能够区分每种笔画类型中包含的不同笔形。例如，我们可以区分出"折"画中的"撇折"、"撇点"及"横撇"的不同。"撇"画中的"横撇"与"竖撇"的差别。而对于汉语作为第二语言学习者，很难区分近似笔画。因此，我们基于对《现代汉语通用字表》中的7000字形笔画分析，结合对外汉字教学实际需要，归纳出"横、竖、撇、点、捺、提、钩、折、弯"九种笔画，其中，每种笔画在不同字形中呈现为不同的笔形，共计36种，分别如下：

表1　　　　　　　　　　　　　　基本笔画

笔画	笔形名称	形态	书写过程	例字
横	长横	一	自左向右，平行运笔，笔程较长	大文子
	短横	一	自左向右，平行运笔，笔程较短	言天月
竖	长竖	丨	自上向下，垂直运笔，笔程较长	千十个
	短竖	丨	自上向下，垂直运笔，笔程较短	豆坚器
撇	横撇	㇀	右上角起笔，左下角收笔，倾斜小于45度	手我采
	竖撇	丿	左上角起笔，向下垂直运笔至左下角撇出	用月册
	长撇	丿	右上角起笔，左下角收笔，笔程较长，倾斜近乎45度	必为八
	短撇	丿	右上角起笔，左下角收笔，笔程较短，倾斜近乎45度	半豆兰
点	顿点	丶	左上角起笔，右下角收笔，笔程极短，收笔停顿	汉高东
	垂点	丿	右上角起笔，左下角收笔，笔程极短，收笔停顿	心快点
捺	斜捺	㇏	左上角起笔，向右下角运笔，再水平收笔，倾斜近乎45度	八人走
	平捺	⺄	左上角起笔，向右运笔，再水平收笔出锋，近乎水平	这建

（续表）

笔画	笔形名称	形态	书写过程	例字
提	斜提	ノ	左下角起笔，右上角收笔，出锋	打班地
	竖提	レ	自上而下垂直运笔，再向右上角出锋	以比表
	横折提	㇌	横向运笔，再垂直运笔，再向右上斜出	语鸠
钩	横钩	㇇	自左向右水平运笔，再向左下方斜出	买饭欠
	竖钩	亅	自上而下垂直运笔，再向左上方斜出	到打
	斜钩	㇂	左上角起笔，向右下角运笔，呈弧形，再向上斜出	戈我代
	竖弯钩	㇄	垂直运笔，再向右水平运笔，再向上出锋收笔	儿电巴
	横折钩	㇆	自左向右水平运笔，再向下，再向左上角收笔	用勺办
	卧钩	㇃	自左向右呈弧形运笔，收笔时向左上斜出	必心
	横折弯钩	㇈	自左向右水平运笔，再向下垂直书写，至下方再向右水平运笔，收笔向上出锋	九乙凡
	横折折折钩	㇉	自左向右水平运笔，再向下垂直书写，再向右水平书写，再向下书写，收笔向左上角出锋，全程连续不间断	乃场
	竖折折钩	㇊	自上而下垂直运笔，再向右水平书写，再向下书写，收笔向左上角出锋	丐与弟
	弯钩	)	自上而下，向右呈弧形书写，收笔向左上角出锋	狗家象
	横斜钩	㇟	自左向右水平运笔，再向下角弧形运笔，收笔向上出锋	飞风气
	横折弯钩	㇌	自左向右水平运笔，再向左下角折回，再向右下角弧形运笔，收笔向左上角出锋	阿陪部
折	横折	㇇	自左向右水平运笔，再向下垂直书写	居已马
	竖折	㇄	自上而下垂直运笔，再向右水平书写	匹出世
	撇折	㇊	自右上角向左下角运笔，再向右水平书写	乡参车
	撇点	㇙	自右上角向左下角运笔，再向右下角书写	女
	横撇	㇇	自左向右水平运笔，再向左下角书写，收笔出锋	久又歹
	竖折折	㇉	自上而下垂直运笔，再向右水平书写，再向下垂直书写	鼎
	横折折撇	㇌	自左向右水平运笔，再向左下方折回，再向右水平书写，再向左下角斜出	及建
弯	横折弯	㇌	自左向右水平书写，再向下垂直书写，再向右水平书写	般朵
	竖弯	㇄	自上而下垂直运笔，再向右水平书写	酉西

二 笔画正确识别和规范书写的意义

以上9种笔画类型包括36种不同笔形，9种笔画类型特征明显，容易区别。而每种笔画包括的笔形有的极为相似，对于汉语为二语学习者而言，如不进行细致的区分和学习，常会产生笔形混淆、书写错误，进而造成汉字形体书写错误。因此，汉字笔画的正确识别和规范书写在对外汉字教学中显得尤为重要，是认读汉字的基础。

1. 影响整字认读

整字认读是指对单个汉字形体的认识和识别。汉字中笔画的错误书写和不规范书写，笔画的漏写和增加，笔画书写位置错误等，都会对汉字整字产生错误认读。正确的笔画书写会减少写错字和别字的比例。错字是指将某个字形写错，这个错误的字形既不为人知，也无任何意义，完全是书写者自己编造出来的。常见产生错字的原因有：随意增减笔画、写错笔形、由笔形错误导致结构错误。

正字	错字	错误原因
周	周	笔画书写不规范
低	低	笔画减少
满	蒲	结构错误
贰	贰贰	笔画位置错误、笔画增加

2. 应试意义

随着我国经济的迅猛发展，每年都有大量留学生来中国学习各种专业知识。零起点的初级汉语学习者在预科阶段的学习是汉语入门阶段，也是为今后的专业学习打下语言基础的重要时期。中国政府奖学金本科来华留学生预科教育结业考试，是衡量其汉语水平的重要标准。汉语综合统一考试试卷中的书面表达部分，第111题到120题，是写汉字。在这十道题目中，题干要求根据句子的意思，按照给出的偏旁和拼音，在答题纸上写出正确的汉字。写汉字部分的分值占全部试卷的7.4%，是否能正确书写这十个汉字往往成为考试能否通过的关键，虽然这十个汉字考核的是汉字的构件的书写，但实际考核的是对汉字笔画、构件、结构的整体掌握水平，以及整字记忆、词语理解等多方面的水平。学生往往能写出构件，但是将构件中的笔画写错，造成整字的错误。例如：要求写出"康"的构件"广"，学生写为"厂"；"困"的构件"木"，学生写为"本"；"国"的构件"玉"，学生将起笔笔画"横"写为"短撇"。

所以汉字教学中应从笔画的正确书写入手，针对汉字笔画、构件、整字结构等问题展开系统的学习和训练，以提高学生认读汉字、书写汉字的能力，提高考试的得分率。

3. 影响中高级阶段汉语学习

初级阶段的汉语学习是为学生进入大学阶段学习专业知识打下语言基础的重要时期。大学阶段的专业课程，以汉语讲授为主，专业书籍多为汉语书籍。如果学生在初级阶段没有良好的汉语和汉字基础，在大学阶段将面临专业课程听记困难，汉语书籍阅读障碍，严重影响在中高级阶段的专业课程学习。

三 常见笔画偏误

偏误是指第二语言学习者在使用语言时不自觉地对目的语的偏离，是以目的语为标准表现出来的错误。

笔画偏误是在汉字学习阶段产生的笔画书写错误。初级汉语学习者多数为零起点水平，在来中国之前没有接触过汉语，或者只是经过短期的学习，在经过汉语教师系统的汉字教学之后，仍产生偏误的原因主要有两点，首先是其他字体与楷体字形差异造成笔画偏误，其次是楷体字形印刷体与手写体的笔画偏误。

1. 楷体字形为标准字形

王贵元教授在《汉字笔画系统形成的过程与机制》一文中详细论证了汉字笔画系统的形成过程和研究方法。他认为："笔画系统的形成过程应该是分段研究各时期汉字的笔画形态和数量，即对各阶段的定量字形进行穷尽性的笔画拆分和归纳，然后比较前后段的变化和发展情况，全面总结出笔画形成的详细过程。"[1]他对各时期汉字笔画进行分析后提出汉字的笔画系统分为发源期、形成期和完善期，三期的形体标志和起讫时间如下：

表2　　　　　　　　　　笔画生成阶段及其特征[2]

分期	标志	时间
发源期	篆体分解	战国晚期至西汉末
形成期	篆体成分消失、基本笔画形成。有横、竖、点、撇、捺、折六种笔画。	东汉至魏晋
完善期	笔画定量定形。提画和钩画形成。点画范围扩展，短竖或短横变为点画。	南北朝以后

据此可知，随着篆体的分解，汉字笔画发源。南北朝以后，楷体字形

---

[1] 王贵元：《汉字笔画系统形成的过程与机制》，《语言科学》2014年9月第5期。
[2] 同上。

的出现，汉字笔画定量定形，整字固定为方正结构。自楷体之后，汉字系统再无本质性改变。目前，无论是汉语母语者的汉字教学，还是留学生的汉字教学，皆以楷体为标准字形。

除楷体字形以外，教师制作课件常使用的字体还有宋体、隶书、黑体等。宋体字形为衬线字体，在汉字学习初级阶段，这种美化之后的笔画常成为留学生最大的笔画偏误来源。留学生常常描摹宋体字形笔画的钩顿笔法和笔画连接方式，造成笔画和整字结构实质性的错误。例如：宋体的"一"在收笔时有三角形顿点；"氵"的第三笔起笔先向下运笔，停顿后再上提；"辶"的第二笔取消折笔，变为直竖；"火"的起笔点画向左下角运笔；"冖"写为横画和短撇的组合。这些宋体专有的美化之后的书写特点皆成为汉字初学者模仿的对象。

隶书字形整字结构扁平，与现代汉字结构不符；黑体字形是等线体，笔画为粗细均匀的线条，无法体现笔画形态和笔顺，因此不建议在针对汉字初学者的电子课件中使用。

2. 楷体印刷体笔画偏误类型

计算机中的字体都是经过字体设计师精心设计加工而成的，楷体字形来源于标准的手写楷体字形，经过字体设计师的美化加工，最终呈现并广为使用。对于汉字初学者而言，应该强调以下与手写体的差异：

第一，笔形混同。

（1）横—撇

计算机楷体中的很多横画，出于美观，均被设计为向右上倾斜的斜画，如："七、天、民、也、代、丸、险"，在汉字教学中，应明确这些笔画都是横画，书写时应自左向右水平运笔，以避免学生将其书写为撇画。

（2）竖—点

楷体中，构件"冖"的起笔短竖画在计算机中被设计为自右上向左下倾斜的顿点。如："农、家、空"，如不加以强调，留学生常将其书写为短撇。

（3）横钩—横折钩

由于计算机楷体字形源于手写体，书法家的字体常被认为是标准美观的字形，计算机楷体字形与之相似。在书法中，横钩的书写在横画完毕时有顿笔，继而转折回钩。因此，汉字初学者会模仿这种写法，将横折笔画写成横折钩。例如：将"买"写为"头"、"皮"写为"皮"。

第二，美化变形。

计算机字体对个别笔画进行美化，例如，将捺画"乀"写为"乀"，起笔增加顿笔痕迹，出现短横画，一波三折。留学生在书写时将起笔的停顿加长，常将"八"写为"入"。构件"辶"共计三笔，第二个笔画为"横折折撇"ろ，快速书写后呈现为乁，带有行书的痕迹，使初学者无法识别明确的笔画。楷体"事"中间的"竖钩"笔画，起笔停顿，留学生常将其看成"点"画，将"竖钩"拆分为"点"与"竖钩"两个笔画，将"事"写为"亊"。

四　笔画组合关系偏误

汉字的笔画系统是由笔画的种类和笔画组合关系构成的整体。笔画组合关系是指不同笔画间的组合方式和相同笔画组合时的量差配合。笔画组合按其结合形式可分为四类：相离（二、小、八）、相切（刀、人、非）、相连（厂、凹、弓）、相交（七、九、丰）。所有的汉字笔画组合方式不外乎这四种。量差配合是指相同的笔画组合结构中同一位置上某些笔画长短的差异，例如："竖、横折、横、横、竖"五个笔画可以组合形成"甲"、"田"、"由"和"申"四个字形，差异在于中间竖画的长度。留学生汉字书写笔画组合关系偏误包括以下几类：

1. 笔画组合方式

第一，相切—相交。

楷体字形中的"不"，中间的"竖画"起笔处有顿笔，与左侧"撇画"相交。"石"的第二笔"撇画"与第三笔"竖画"相交。留学生在书写此类字形时，常将竖画位置左移并加长，改变笔画组合方式，破坏整字方正结构。

第二，相切—相离。

楷体字形"且、单、难、父、又、马、馆、答、个"与宋体等其他方正字体差异明显，短横画与两侧笔画多为相离，竖画、点画与其他笔画相离。而在宋体、黑体等字体中，笔画完全相切，这类差异虽不影响整字音义的学习，但常使部分观察细致的学生产生字形认读的困惑。

2. 笔画量差配合

"牛"和"午"、"己"和"已"的笔画数量和笔形相同，"牛"和"午"的区别在于竖画与第二笔横画的组合方式为"相交"还是"相切"，己"和"已"的区别是末笔"竖弯钩"与中间横画的相接位置不同。"己"字中两个笔画相连，"已"中两个笔画相切。但是计算机楷体中，二字写为"己"、"已"，均为相切，只是笔画长短略有差别，留学生很难从字形上加以区分。

五 教学建议

汉字教学中，教师运用手写板书开展基础教学工作，同时也离不开多媒体课件的使用。因为楷体是汉字由甲骨文发展至今的主流字体，在课件制作过程中，教师应首选楷体字形。针对以上多媒体楷体字形出现的偏误现象，教师在具体的教学过程中，应注意以下几点：

1. 首选楷体字形

针对零起点汉语学习者，教师在汉字教学初期应将楷体字形作为唯一标准字形进行教学，避免宋体、黑体、隶书等其他特征鲜明且与楷体字形有明显区别的字体，以免混淆学生对汉字笔画的认识。多媒体课件使用楷体字形时，可以配合加粗、配色等美化手段，弱化笔画呈现的书法笔形特征，使之更近似于工整的手写体。

2. 规范书写板书

汉字教学不同于其他语言技能的教学，教师在教学过程中，除电子课件的教学之外，在课堂上应有充分的板书书写，在手写板书时，也应一笔一画工整书写楷体字形，注意笔画和笔顺，避免连笔书写和错误笔顺。

3. 区分形近笔画

教师在具体教学过程中发现学生的笔画书写错误时，应进行及时纠正，阶段性总结形近字形。针对学生书写错误的、易错的形近笔画进行区分指导，使学生树立正确的笔画知识和书写规范，为今后的汉字学习打下坚实的基础。

通过以上就对外汉字教学中常见笔画类型及偏误等问题的分析，笔画的正确识别和规范书写在一定程度和一定时间内影响汉语二语学习者的学习效果。在汉语教学初级阶段，应就笔画、构件等基础问题进行正确讲解和定量的练习。在中高级阶段也应全程关注汉字的书写和认读。

（程艳：北京语言大学预科教育学院，100083，北京）

域外汉文古字书研究

日本藏汉文古字书集成与整理研究*

王贵元

  学术研究的发展，材料占有很重要的地位，俗语说"巧妇难为无米之炊"就是这个道理。学术上很多疑难问题的悬而未决，多是由于材料不足所致；学术研究的突破，很多时候依靠的也是新材料的发现。王国维说："古来新学问起，大都由于新发见。有孔子壁中书出，而后有汉以来古文家之学；有赵宋古器出，而后有宋以来古器物、古文字之学。"（《最近二三十年中中国新发见之学问》）傅斯年在《历史语言研究所工作之旨趣》中也说："凡一种学问能扩张它研究的材料便进步，不能的便退步。"又说："西洋人做学问不是去读书，是动手动脚到处寻找新材料，随时扩大旧范围，所以这学问才有四方的发展，向上的增高。"更提出："上穷碧落下黄泉，动手动脚找东西。"[1]强调新材料对学术研究的重要价值，这甚至一度成为"中研院"史语所的学术原则。中国学术发展到今天，新材料的发掘已成为必然的发展趋势，而日藏汉文古字书就是一种重要的新材料。

  日本藏汉文古字书集成与整理研究计划对日藏汉文古字书进行全面搜集，并加以精心整理与研究，发掘新的研究资料，为学术界提供一套精心校理的工具性资料，这项工作对语言文字研究、辞书编纂、文献学及古代文史研究等方面都具有重要的应用价值和学术意义。

---

  * 本文是国家社科基金重大项目"日本藏汉文古字书集成与整理研究"（项目批准号：15DB097）的阶段性成果。

  [1] 《傅斯年全集》第三卷，湖南教育出版社2003年版，第3—12页。

一 研究对象的确定原则

（一）价值优先原则

本研究的中心目标是整理日本藏汉文文字资料，为相关学科的研究提供有价值的新材料，因此具有文献价值和历史文化价值是研究对象选择的最重要标准，其中尤重文献价值。中国的字书和训诂文献宋代以后保留基本完整，而宋以前文献佚失严重，正如周祖谟先生所言："在中国现在我们能够看到唐代的完整的大部头字书和韵书已经不多。"[1]所以宋代之前和宋代之后是重要分界。当然，由于传播延后的原因，日本汉文文献的年代应相对推后。有些日本字书虽然也是模仿中国字书或在中国字书的基础上编纂而成的，但因其模仿、参照的对象已由《说文》、原本《玉篇》等早期字书转为宋本《玉篇》、《广韵》、《康熙字典》等较晚近的字书。其原本在国内都有完整的文献传世，所以日本的改编本在文献学方面的价值已不大，因此本研究不收这类字书。

（二）书写形式是汉文汉字或以汉文汉字为主者

日本古代字书是在中国字书的影响下发展起来的，经历了从引进到模仿，再到自主编纂的过程。这期间汉文的成分和特色逐渐减少，日本本民族语言文字的成分和特色逐渐增加，表现在书写形式上就是由汉字书写为主发展为日文书写为主，所以日本古代字书在文本形态上既有汉文本，也有日文本，还有汉文、日文兼存本；在字书内容上既有全盘依据中国文献本，也有依据和新编兼存本，还有仅解释近现代日文的新编本。本研究是汉文字书，当然纯日文本不收。至于中日文兼有本，早期字书大多是为了适应日本人使用的需要在编排和注音等方面采用日本文字，主体仍是汉文汉字的古字书，如《新撰字镜》等，属于本研究收录范围。从字书内容上考量，则尽管形式上有借鉴，但仅解释近现代日文的新编本不收。

（三）原则上成书年代在日本室町时代（明朝晚期）以前

室町时代以前的日本字书主要是中国古字书的继承和发展。室町时代之后，日本字书发展酝酿着重大的变化：模仿汉文字书，以阅读汉语典籍为目的的情形改变，日本人独立编纂，为本国人、本国语服务的时代开

---

[1] 周祖谟：《日本的一种古字书〈新撰字镜〉》，《文献》1990年第2期。

始；受汉文字书的影响较之前代已大大减少；编纂字书的目的是为日本文学和语言生活方便，不再是服务于经典书籍。总体上看，日本字书从室町时代之后的战国时代开始进入近现代阶段。因此本课题原则上把室町时代以前的字书作为研究对象。

某些日本古字书，如《下学集》《倭玉篇》等，经多代改编重订，虽书名相同相近，但实是一系字书，而非单本字书，成书于不同时代，内容变化很大。对于这类字书本研究原则上只把室町时代以前的版本作为研究对象，之后的同名字书只作参考。

（四）解释对象是字或以字为主兼释词语的字书

日本藏汉文古字书，像《说文》《玉篇》这样严格意义的字书并不多，大多是以字为主，兼收词语，如《类聚名义抄》和《倭名类聚抄》，少量内容和编排方式有似类书，但大部分为字的解释，加之其书价值很大，也一并收入。杨守敬谓《类聚名义抄》："有似类书，如《鱼部》有'新妇''黄稼''石首'等各目是也，然若此者仅十之一二，全部仍以偏旁为主，虽稍涉庞杂，然古文奇字赖之以考见者正复不少，故不得以《说文》等书律之也。"（《日本访书志》）它如《香字抄》等也属收录范围。

佛经音义类著作也酌情收入，王继如先生针对佛经音义著作做过很好的解释，他说："其作用是解释古籍的疑难字，就是说明某部古籍中某卷某字该怎么读，是什么意思，有时还要引经据典来说明。音义类的著作往往单行，为了和所说解的古籍对应，就从对应的句子中抠出相连着的两个字或三四个字来立目。这种立目索引的性质，并不是词。有人说音义类的词目有些不是词。这是不明白它的性质。那时，中土还没有词的概念，只有字的概念。音义类著作所立的目，只起索引的作用，并不是截取出来的词。当然，其中也有截取的部分正好是个词的。特别是名词，古人一般不会将他拆开来。"[①]

其中，日本藏慧琳《一切经音义》和希麟《续一切经音义》均为高丽本的复刻本，且时代甚晚，因高丽本见存，本课题不收录此二书。

《聚分韵略》虽然在日本辞书史上有重要地位，但它是《广韵》的摘

---

① 《〈新译大方广佛华严经音义私记〉整理与研究·序》，凤凰出版社2014年版。

编本，文献价值不大，又属韵书，不收录。

根据上述原则，本研究暂拟收录的主要书目如下：

1. 大陆失传而藏于日本的中国古字书

（1）唐写本《说文解字》残卷

（2）原本《玉篇》残卷

（3）《汉隶字源》残本

（4）《篆隶文体》日本镰仓抄本

（5）《韵书通用字考》万历十一年刊本

2. 日本人摘编的中国古字书

（6）《篆隶万象名义》

（7）《四分律音义》

（8）朝鲜本《龙龛手鉴》咸化八年刊本

3. 日本人以中国古字书和注疏等训诂材料为蓝本编制的古字书

（9）《新撰字镜》

（10）《倭名类聚抄》

（11）《类聚名义抄》

（12）《世尊寺本字镜》

（13）《音训篇立》

（14）《香字抄》

（15）《弘决外典抄》

（16）《字镜集》

（17）《下学集》

（18）《节用文字》

（19）《节用集》

（20）《法华经音义》

（21）《妙法莲华经释文》（《法华经释文》）

（22）《大般若经音义》

（23）《大般若经字抄》

（24）《新译华严经音义私记》

（25）《新译华严经音义》

（26）《金光明最胜王经音义》

（27）《孔雀经音义》

（28）《孔雀经单字》

（29）《净土三部经音义》

（30）《色叶字类抄》（《伊吕波字类抄》）

（31）《平他字类抄》

（32）《书状文字抄》

（33）《世俗字类抄》

（34）《运步色叶集》

日藏古字书书名相同者，实际上包含两种性质不同的想象：一是属于版本不同，二是属于不同的书。处理方式有两种：

第一，差异不大的，按一种书整理，以一种为底本，补入它本多出的内容。如十卷本和二十卷本《倭名类聚抄》。

第二，按不同书种分别整理，如图书寮本《类聚名义抄》和观智院本《类聚名义抄》。

二　本研究的主要内容

本课题的总体问题约有四端：一是日本藏汉文古字书集成；二是日本藏汉文古字书的校勘注释；三是日本藏汉文古字书的文献学、语言文字学研究；四是日本藏汉文古字书数据库与纸本索引。下面分别说明：

（一）校勘注释

本研究日本藏汉文古字书集成与整理研究包括保持字书原始面貌的影印集成，但不仅仅是影印集成，而是与影印原始文献对应，整理出详尽的楷体释文，并加以校勘和注释。实际上后一部分才是本研究的重点。这是因为大多日藏古字书根本无法直接使用，日藏古字书多为手抄本，编抄者多非精通小学之人，又辗转传抄和续编，讹误良多，其引用或引原文或乃节选，还有用今语替换古语者，情况极其复杂，皆须经校勘注释，才便使用。杨守敬谓《篆隶万象名义》："若据此书校勘饷世，非唯出《广益玉篇》之上，直当一部顾氏原本《玉篇》可矣。唯钞此书者草率之极，夺误满纸，此则不能不有待深于小学者理董焉。"[①]周祖谟先生也说："综观以

[①]　杨守敬：《日本访书志》，辽宁教育出版社2003年版，第57页。

上所述，可知《名义》一书，诚足珍贵。但写者非精究小学之人，讹字别字，殊难辨识……如有好学深思之士以今本《玉篇》与《名义》相配，参证《尔雅》《说文》《广雅》等书精密校订之，以还空海原书之面目……'亦千载之快事也！'"[1]胡晓峰说："现存最早的《香要抄》系手抄卷子，错字较多，如段成式《酉阳杂俎》误写成《周易杂俎》等，一些俗字潦草难认，须经专业人员加以整理研究，以利应用。"[2]

本部分内容拟借鉴如今出土简牍的一般整理方式，每字下由四个单元组成，一是"原文"，为原文书影；二是"释文"，为楷体隶定；三是"校注"，含版本校勘和语言文字及体例术语符号等疑难问题的注释；四是"汇证"。"汇证"的主要目的是推索释义的来源和印证释读的正确，草书字形辨识的最大难点似是而非，有些单字字形既可能是此字，也可能是彼字，形近的字写法相同也很常见，所以这些字的辨识从字形本身无法解决，只能寻找其他条件来解决，汇证即是解决这一问题的有效途径。

四部分内容举例如下：

原文：施 詩紙反 離也 易也 鞶舍 歔同上 弛同上

释文：
施：詩紙反。離也。易也。度也。
鞶：舍也。
歔：同上。弛：同上。

校注：
該部為《弓部》，原本字頭當作"弛"，今作"施"，應是因通用而改作，"弛"通"施"。《集韻·紙韻》："施"與"弛"同讀"賞是切"，注曰："施"與"弛"，捨也。朱駿聲《說文通訓定聲·隨部》："施，假借為弛。"《論語·微子》："君子不施其親，不使大臣怨乎不以。"朱熹集注："施，陸氏本作弛。"《後漢書·光武帝紀下》："遣驃騎大將軍杜茂將眾部施刑屯北邊。"李賢注："施，讀曰弛也。弛，解也。"

匯證：
《玉篇·弓部》："弛，去離也。"弓解也。"
《管子·國淮》："立施以守五穀。"郭沫若等集校引何如璋云："人不弛弓，馬不解鞍。"
《淮南子·原道》："弛，舍也。"
《爾雅·釋詁下》："弛，易也。"高誘注：

（二）文献学、语言文字学研究

这部分研究主要围绕字书本身进行，是字书校注的基础和延伸，是把单部字书及其内容放到更加广阔的背景下分析研究。学术研究若是只顾点

---

[1] 周祖谟：《问学集》上册，中华书局1966年版，第918页。
[2] 胡晓峰：《日本〈香要抄〉初步研究》，《中医文献杂志》1998年第1期。

不顾面、只研究个体不研究系统，或者说不是把个体问题放在历时发展和共时平面中进行分析，则极易出现偏误，也很难触及到问题的深层本质。比如日藏字书个体俗字的辨析确认，如果没有对汉语俗字和日本俗字的体系和流变之深入研究，就难以做到准确无误。因此，可以说，不进行日本藏汉文古字书的文献学、语言文字学研究，字书校注就很难达到高质量标准的要求。

日本藏汉文古字书的文献学研究主要包括著者、成书、体例、术语、符号、版本及编撰承传等。

日本藏汉文古字书的语言文字学研究就分类说有字形、字音、释义等，就系统说有历时来源系统和共时平面系统。

（王贵元：中国人民大学文学院，100872，北京）

日本藏汉文古字书述要[*]

郭照川

由于日本古代长期全面接受中国文化，中国大量典籍传到了日本。时至今日，日藏典籍中保留了许多我国已经失传的材料，古字书就是其中重要的一种。日藏汉文古字书作为域外文字材料的一种，对我国文献学、语言学、文字学等相关学科的研究具有非常重要的价值。

一　日本藏汉文古字书的发展

字书是以字为条目，解释其形音义的著作。我国系统编纂字书的实践始自东汉许慎的《说文解字》，其后将此类以文字为解释对象的专书统称"字书"，如《魏书·江式传》："式于是撰集字书，号曰《古今文字》，凡四十卷，大体依许氏《说文》为本，上篆下隶。"清代《康熙字典》成书后始有"字典"之名，近代以来"词典"的名称出现，字书和辞书逐渐有了分工。"但中国古代讲文字训诂的著作很多，大都既解单字，亦释复词。因此，从前大家把它们一律称为字书，并不分辨什么叫字典、何者为词典。"[①]

我国编纂字书的历史久远，成果也很丰硕，产生了众多高水平的著作。由于战乱等多方面的原因，很多在历史上影响深远的字书都亡佚了，这对我们研究传统文化和汉语汉字是一个重大的损失，所可幸者我国已亡佚的字书在日本多有存留，有的是整本保留，更多的则是作为素材被日本人编入自己的字书中。这种状况的形成与日本文化、文明的发展特点及其

---

[*] 本文系国家社科基金重大项目"日藏汉文古字书集成与整理研究"（项目批准号：15ZDB097）的阶段性成果。

[①] 刘叶秋：《中国字典史略》，中华书局1983年版，第1页。

与中国文化的密切联系有关。

日本文明的发展是通过学习、引进中国、朝鲜等先进文化实现的。"（日本）在学习外国文明方面，并不是动员群众全力以赴地既动脑又动手地学习，而只是由知识分子通过书籍来学习"。[1]唐代以来，众多的文化使者将大量汉文典籍引入日本，要消化这些典籍、理解其所记载的内容，首先要过的就是语言文字关，为此就必须系统地掌握汉语汉字。因为以书面语为主要学习对象，解释汉字形音义的字书就成为必不可少的工具，于是大量的汉文字书随同一般的书籍被引入日本，如日本辞书研究家川瀬一马在《古辞书概说》中所说："日本一切都是从正确学习大陆汉文学的发音和意义开始的。之后仍一直尊重本家本元，致力于理解它们，所以彼土新编纂的大小辞典几乎全部迅速被输入日本……唐代以前的辞书几乎全部很早就传入我国，其中最能说明问题的是——如顾野王的《玉篇》那样——在彼土已佚，仅仅残存于我国，这样的事实绝非偶然。"[2]正因如此，日本早期的汉文古字书是严格意义上的日藏汉文古字书。

随着日本文明程度的提高，其在语言文字方面的民族自觉性也不断增强，表现之一就是工具书由引进转为自主编纂。当然这并非一蹴而就，其间经历了一个相当长的过渡阶段，具体说就是在独立编著字书之前有一个模仿汉文字书的时期。虽然增加了日文的成分和特色，但由于形式上使用汉文或以汉文为主，内容上也多截取引用汉文古字书，所以总体上也属于汉文古字书一类。总的来看，此时的字书包括三种情形：一是中国字书特色鲜明，如《新撰字镜》。此书是在唐代僧人玄应《一切经音义》的基础上，参照《玉篇》《切韵》进行订补而成，其编排形式仿《玉篇》，按部首分类，部内又仿《切韵》，以四声为序，只是在部分训释之后附有"和训"，初步具有了"汉和辞典"的性质。二是有了比较鲜明的日本民族特色的，如《色叶字类抄》编写的初衷是要了解日语中某个意思用什么样的汉字来表达，编排方式上以汉字的和训以及日语中汉语词的字音头音按照"いろは"的顺序排列，是一部以日语为线索，检索与之相对应的汉字词的辞典。三是介于以上两者之间，处于由汉语字书向和语辞典过渡阶段的，如《类聚名义抄》。《类聚名义抄》有原撰本和改编本两个版本系

---

[1] [日]井上清：《日本历史·前言》，闫伯纬译，陕西人民出版社2010年版，第2页。
[2] 潘钧：《日本辞书研究》，上海人民出版社2007年版，第72—73页。

统。原撰本是佛教教学用书，大多是汉文，有的用假名标注和训。改编本则脱离了佛教事典的性质，完全汉和辞典化了，汉文的解释和万叶假名减少，片假名注音增加。从原撰本到改编本的变化可以显示日本字书逐步摆脱中国字书的影响而走向自立的一个断面。日本人在中国字书的基础上自己编纂的字书，虽然在编排体例、解释内容和语言文字等方面都具有了本民族的特色，但主体上还是参照中国字书，只不过程度有所不同。

从以上对日本字书成书方式和流传情况的简单分析可以看出，日藏汉文古字书包括三种类型：一、由中国传入日本的古字书，如唐写本《说文解字》残卷、原本《玉篇》残卷；二、日本人摘编的中国古字书，如《篆隶万象名义》《四分律音义》；三、日本人以中国古字书和注疏等训诂材料为蓝本编制的字书，如《新撰字镜》《类聚名义抄》等。

从室町时代（1336—1573）开始，日本辞书发生了重大变化：模仿汉文辞书情形改变，日本人独立编工具书逐渐成为主流；受汉文辞书的影响较之前大大减轻，民族特色更为鲜明；编纂辞书的目的是为文学和语言生活方便，不再是服务于佛经等专业书籍；等等，日本辞书发展史进入了近现代阶段。

二 日藏汉文古字书的内容

我国传统语言文字学没有现代意义上的词这一概念，加上关注的主要是书面语，所以字就成为各类训诂著作的主要解释对象。早期汉语中词以单音节为主，一个字记录语音中的一个音节，因此大部分词和字相互对应，解释了一个字也就解释了一个词，这是在我国字书特别发达的客观基础。但是双音节或多音节的词也不是没有，这时单独解释一个字就不能全面反映整个语言单位的准确意义，古人也认识到了这一点，于是就将若干个字作为一个整体来解释，如《说文·玉部》："璠，璠与，鲁之宝玉"（依段注），"璠与"是个连绵词，不能分开解释，但《说文》的基本体例是以单字为条目，所以在"璠"字下列出"璠与"，然后解释意义。

后代音义类著作遇到此类现象往往径直将其列为条目作为解释对象，而这并不代表在有意识地解释词，如王继如先生所说："其作用是解释古籍的疑难字，就是说明某部古籍中某卷某字该怎么读，是什么意思，有时还要引经据典来说明。音义类的著作往往单行，为了和所说解的古籍对应，就从对应的句子中抠出相连着的两个字或三四个字来立目。这种立目有索引的性质，并不是词。有人说音义类的词目有些不是词。这是不明白它的性质。那时，中土还没有词的概念，只有字的概念。音义类著作所立的目，只起索引的作用，并不是截取出来的词。当然，其中也有截取的部分正好是个词的。特别是名词，古人一般不会将它拆开来。"①

此类训诂著作在条目上已突破了《说文》《玉篇》等严格以单字为字头的体例，解释内容也不限于字的本形本义，但总体来说仍属于传统意义上字书的范围。这种认识也适用于古代类书性质的著作。本文所说日藏汉文字书就是在这个意义上说的，是广义的字书。

从编纂的目的来看，现存日藏汉文古字书可分为三类：（1）帮助阅读汉文古籍。早期是整本从中国引进，后来转向在借鉴和模仿汉文字书的基础上编纂，和文成分逐渐增多。如《篆隶万象名义》是在顾野王《玉篇》的基础上摘编而成，基本为汉文，而《类聚名义抄》则是汇集了众多汉文字书和佛经音义相关内容而成的一部汉和词典。（2）汇总、传播专业知识。日本文化是在汉文化的影响下发展起来的，在引进汉文化的同时也在有意识地建立自己的各种文化系统，各种类书的编撰就是这方面的体现，《本草和名》即是其一。日本的医政仿效中国唐代的相关制度，又以中国本草书为基础编撰药典《本草和名》，引进中国药典并加注和名，以供日本人使用。（3）服务本民族语言。日本人在运用汉字、汉语的同时，使用本族语言的自觉性不断提高，服务于和语的工具书也随之出现，《和名类聚抄》即是适应这种潮流而出现的首部服务日语的百科全书式语言工具书。

日藏汉文古字书的编撰目的不同，体例格式也不尽一致，但都保留了大量古代汉语汉字材料，对我国的相关研究具有多方面的意义和价值。下面择其要者进行介绍。

三 代表性日藏汉文古字书简介

现有日藏汉文字书内容体例多样、编纂年代不一，对汉语言文字研究的价值也大小不同，下面参照相关研究成果对部分代表性的字书作简要介绍。择定标准是：第一，有较大文献学价值，能弥补我国相关文献的不

---

① 苗昱、梁晓虹：《〈新译大方广佛华严经音义私记〉整理与研究·序》，凤凰出版传媒股份有限公司凤凰出版社2014年版，第2页。

足；第二，书写形式是汉文汉字或以汉文汉字为主；第三，解释对象是字，或以字为主兼释词；第四，成书年代在日本室町时代（中国明朝晚期）以前。

1.《唐写本〈说文解字〉残卷》

这是现存最早的《说文解字》版本，有两种。一种是《木部》残卷，为日本汉学家内藤湖南所有。此残卷仅存九十四行，一百八十八字，是可折叠的叶子本，每面十行，每行两篆，内容分为三栏，上栏是篆文，中栏为切音，下栏是许慎的释义说解。

现存《说文》的版本主要是大、小许本，两本在内容和体例上都有很多不同的地方，在没有其他佐证的情况下往往难以判定是非，唐写本的出现，为此类现象的取舍提供了可靠的依据。一般来说，与唐写本一致的可信度更高。如大徐本重文下的训释"或从某"，小徐本往往作"或從某作"，唐写本与大徐本同。又如大徐本"一曰"句常在解释字形的"从某从某"上，小徐本往往在其下，唐写本同小徐本，具体的例子如"析"下大徐本作"破木也。一曰折也。从木从斤"，小徐本则作"破木。從木斤声。一曰折也"，唐写本作"破木也。從木斤。一曰折。"与小徐本同。①

另一种唐写本是《口部》残片，包括两种：一种为日人平子尚氏所藏，存四字。另一种不知何人所藏，见于日本京都《东方学报》第十册第一分《说文展观余录》中，存六行十二字。书写格式为上下两行，每行两篆。此为唐代日本人之摹本，十分珍贵。

2.《原本〈玉篇〉残卷》

《玉篇》是我国第一部楷书字典，南朝梁顾野王编撰，唐代传入日本。在国内，经唐宋以来不断修订增补，定名为《大广益会玉篇》，原书逐渐失传。这期间字头数量增加，而原书的内容却被大量删减，因此传世《玉篇》已非原貌。近代以来，在日本发现了几种《玉篇》残卷，经学者研究推断为隋唐期间手抄本，为原本《玉篇》。目前所见有以下几种[②]：

（1）清光绪年间，黎庶昌、杨守敬所发现原本《玉篇》残卷。其所包含的内容如下：

①卷九，言部（首缺）至幸部（有残缺），合计共24部694个字头。

---

① 王贵元：《〈说文解字〉版本考评》，《古籍整理研究学刊》1999年第6期。
② 苏芃：《原本〈玉篇〉残卷国内影印本述评》，《中国典籍与文化》2008年第4期。

②卷十八，放部至方部，共12部171个字头。

③卷十九，水部（首尾俱缺），存144个字头。

④卷二十二，山部至厸部，共14部625个字头。

⑤卷二十七，糸部至索部，共存7部423个字头。

（2）罗振玉所得《玉篇》残卷。共31部，所含内容及藏所如下：

①卷九，言部（首缺）至幸部（有残缺），合计共存23部688个字头。其中后获见的册部至欠部5部60字置于幸部之后一并影印。

②卷二十四，鱼部，首尾缺，存20个字头，据京都大福光寺藏本影印。

③卷二十七，糸部至索部，共存7部423个字头。该卷糸部前半271个字头藏山城高山寺，后半7部152个字头藏近江石山寺。

（3）日本东方文化学院影印《玉篇》残卷

日本昭和七年到十年（1931—1934），日本东方文化学院将原本《玉篇》以卷子原装形式用珂罗版影印，作为东方文化丛书第六辑陆续出版。2002年上海古籍出版社出版的《续修四库全书》所收即此本，所缺部分用罗振玉本和黎庶昌本补配。共包括六个卷子：

①卷九，昭和七年用早稻田大学藏抄本影印。

②卷二十七，昭和八年用山城高山寺、近江石山寺藏抄本影印。

③卷二十二，昭和九年用神宫厅库藏"延喜"抄本影印。

④卷八，昭和十年用东京藤田氏古梓堂藏抄本影印。

卷二十四，用京都大福光寺藏抄本影印。

⑤卷十八之后分，昭和十年用大阪藤田氏藏抄本影印。

⑥卷十九，昭和十年用大阪藤田氏藏抄本影印。

关于这几个残卷的书写年代目前看法不一，最早的定在隋唐时期，最晚的定在唐宋之间，这一问题仍需深入研究。

以上残卷保存了《玉篇》的宝贵资料，但由于是手写本，俗字、草字多见，加之流传年代久远残损讹误甚至漫漶不清之处亦复不少，需经整理校勘才能充分显示其价值。

3.《篆隶万象名义》

《篆隶万象名义》是日本高僧空海在《玉篇》的基础上编撰的字书。

空海（774—835）生活的时代相当于我国唐代，曾于804—806年到中国留学，归国时将顾野王《玉篇》带往日本。为了便于日本人使用，将《玉篇》删减改编，定名为《篆隶万象名义》。日本山城国高山寺藏有此书鸟羽永久二年（1114）传写本。

《名义》体例和现存《玉篇》残卷相合，收字16900多个，与顾野王《玉篇》相当，同为三十卷，依五百四十二部编排。《名义》以楷书字形立目，卷一至卷五每字先出篆文，下列楷书。从第五卷末以下则只列楷书字头，不再出相应的篆文。注释体例是先注反切表音，后释义，注释内容保留顾野王《玉篇》的基本面貌，所收义项也与顾野王《玉篇》基本一致，但删去了原书所引经传及野王案语。

《篆隶万象名义》保存了原本《玉篇》的基本框架和主要内容，其注音反映了南北朝时期的实际语音面貌，是我们研究原本《玉篇》的重要参考和依据。其在音韵学、训诂学、文字学及辞书编纂方面都有重要价值。

4.《汉隶字源》残卷

《汉隶字源》，宋代娄机撰。全书六卷，收集汉魏晋碑刻中的隶书文字。书前有纲目，列考碑、分韵、辨字三例。碑目一卷，依次列汉魏晋碑共309块，每碑记其年月、在所、书人姓名。主体部分五卷以韵统字，分为上平、下平、上声、去声、入声五类，每字以真书标目，排比隶书字形于其下，一字数体者都列出，字下注明原碑编目之数，不能隶韵者作为附字附在五卷之末，计十四字。①

《汉隶字源》不仅保存了一部分隶书文字的形体，其在音韵、训诂学上也有值得借鉴之处，四库全书编者谓此书"于古音、古义亦多存梗概，皆足为考证之资，不但以点画波磔为书家模范已也"，是符合实际的。

此书日本藏有残本，为娄机《汉隶字源》的增订本。对原本有所增补订正。由于残缺较为严重，增补者及所增之碑碑目已不可考。

5.《新撰字镜》

《新撰字镜》是日本平安时期昌泰年间（898—901）成书的第一部汉和字典，其作者据各种材料推断为僧人昌住。

《新撰字镜》是在《一切经音义》的基础上，广泛收集典籍中的字词编订而成。内容按部首排列，大体上表示相关或同类事物的部首排在一

---

① 郭国庆：《〈汉隶字源〉版本考》，《江苏图书馆学报》2002年第5期。

起，同一部首下的字按四声的顺序编排。全书共收20940余字，归属160部，分为十二卷，如卷一包括"天、日、月、肉、雨、气、风、火、灬、人、亻"，卷二包括"父、亲族、身、页、面、目、口、舌、耳、鼻、齿、心、手、足、皮"，等等。但书中所列并非都是部首，卷二之"亲族"，即是类别而不是部首，卷十二的内容是"杂字、重点、连字、临时杂要字"，亦是如此。

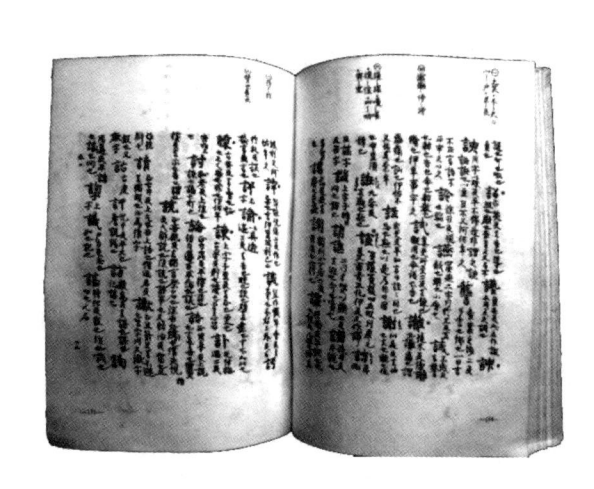

本书训释体例是先用反切注音，然后解释意义，亦收异体、又音、借音，部分训释之后附有和训，共3700余条。如：

傑，奇哲反，特立也，才过于万人曰傑。倭介知反，须久礼天贤，

其中的"介知反"是和音，"须久礼天贤"是和训。这表明《新撰字镜》已不是单纯的汉字辞书，而是逐渐向汉和辞书转变了。

由于该书从中国古代字书、韵书以及日本著述中辑录了大量的汉语单字训释，同时也保留了中国文献中的许多俗字，加之是抄本流传，书写形态复杂，因此在汉语文献、汉字发展史和汉语词汇研究中都具有重要价值。

6.《字镜集》

　　日本镰仓时代的字书，是在《类聚名义抄》《字镜》等的影响下形成的，据传编者为菅原为长。

　　在体裁上，《字镜集》是以汉字的单字立目，加注字音和和训。字目按部首排列，部首下又以字义分类。七卷本分成天象、地仪、植物、动物、人伦、人体、人事、饮食、光彩、方角、员数、辞字、杂字十三部。二十卷本分成天象、地仪、植物、动物、人体、人事、辞字、饮食、杂字、杂物十部。这种编排方式是对《色叶字类抄》的模仿。《字镜集》的一个特色是标出了很多异体字。

7.《类聚名义抄》

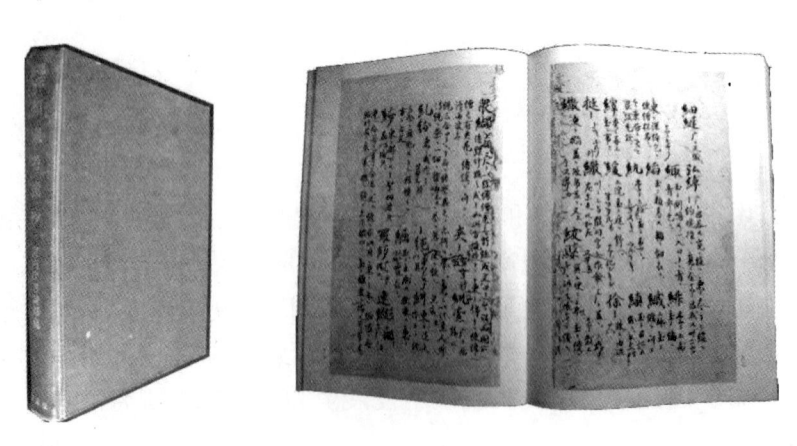

　　《类聚名义抄》是一部汇集众多字书内容编纂而成的汉和辞典，成书时间和作者均不详，根据现有资料可大体推定作于11—12世纪（平安末

期），著者为僧人。

此书的版本有原撰本和改编本两个系统。原撰本藏于日本宫内厅书陵部，为12世纪中叶的写本，只有法部一帖。该本为佛教教学用书，大多是汉文，也有的用假名标注和训。改编本则脱离了佛教事典的性质，完全汉和辞典化了，词语显著减少，单字增加了许多助汉字，汉文的解释和万叶假名减少，片假名注音增加。[①]

改编本包括高山寺本、莲成院本、西念寺本、宝菩提院本、观智院本等，其中观智院本是唯一的足本。该本写于镰仓时代（1185—1333）前期，共收三万二千余字，分佛、法、僧三卷。每卷又分上、中、下三部。佛卷下又分本、末二篇。体例仿《玉篇》，按部首收字，共120部。各部排列的原则是"于次第取相似者置邻也"。同一字头下的字形，仿《干禄字书》体例分为"正"、"俗"、"通"三种。内容上，字词兼收，对字形、读音、意义等的解释以日文为主，兼用汉语，同时还用片假名、万叶假名记录了大量的训读，并标注了声点（声调和清浊）。训释一般先在字头下用反切、直音等方法注音，然后引用文献释义，最后列出假名训读。有时还列出与字头相关的词语并解释音义。

《名义抄》在编写过程中大量吸收《说文》《玉篇》《篆隶万象名义》《龙龛手鉴》等我国字书的内容，保留了大量汉语文献资料，对汉语、汉字的研究具有重要价值。

8.《倭名类聚抄》

《倭名类聚抄》（又作《和名类聚抄》）是日本最早的以和名命名的百科全书，作于934年，以汉语写成。作者源顺是日本村上天皇时著名的汉学家，其于平安时代承平三年受醍醐天皇第四公主之命编纂此书。

《倭名类聚抄》现有十卷和二十卷两个版本存世。十卷本共分为24部128类，二十卷本分为32部239类。后者所分32部如下：

　　天部 地部 水部 岁时部 鬼神部 人伦部 亲戚部

[①] 方国平：《〈类聚名义抄〉俗字研究》，硕士学位论文，浙江师范大学，2009年。

形体部 术芸部 音乐部 职官部 国郡部 居处部 船部 车部 牛马部 宝货部 香药部 灯火部 布帛部装束部 调度部 器皿部 饮食部 稻谷部 果瓜部 菜蔬部 羽族部 毛群部 鳞介部 虫豸部 草木部

两个版本中哪个版本为源顺原作，至今没有定论。此书编撰体例模仿汉语类书，"上举天地，中次人物，下至草木，勒成十卷。卷中分部，部中分门"，将所要训释的各类名词按类编排，辑录各类典籍及当时社会上通行的各种说法进行解释，如作者在序文中所说"或《汉语抄》之文，或流俗人之说，先举本文正说，各附出于其注。若本文未详，则直举《辨色立成》《杨氏汉语抄》《日本纪私记》，或举《类聚国史》《万叶集》《三代式》等所用之假字……"释文以汉文写成，用万叶假名标出和训，如：

疮，《唐韵》云："疮，音仓"。和名加优，咦也。咦，音夷，和名岐须，疮也。瘫，音般，和名加优度古吕，瘫痕也。《四声字苑》云："痕，户恩反"，训上，和名岐波，故疮初也。《广雅》云："痴，音加"，和名加优布太，疮上甲也。

《倭名类聚抄》引用了大量古代文献，这是其最值得我们关注的地方。据统计全书引用文献达360多种，其中多为中国古代典籍，保存了大量古代汉语汉字的材料，在训诂学、文献学等方面意义重大。

9.《弘决外典抄》

抄录唐代湛然所著《止观转行传弘决》中引用的外典汉文并加注的著作。全书分四卷，具平亲王著，成书于991年。

该书释义多引《玉篇》，另外还引用了《周书异记》《汉法本内传》、顾恺之《启蒙记通玄》、贾大隐《老子疏》、周弘正《庄子疏》、刘炫《孝经述议》等罕见的中国古籍资料，值得重视。

日本西东书房1928年影印出版的《弘决外典抄》，系日本金泽称名寺所藏书圆种手校弘安本（附有成箦堂所藏宝永对校本），较为珍贵，北京大学图书馆藏有余嘉锡校《弘决外典抄》。

10.《色叶字类抄》

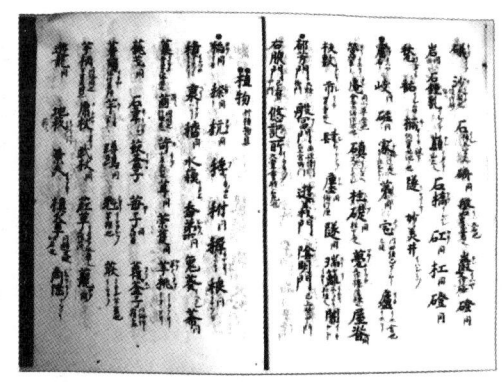

日本第一部国语辞典。成书于平安时代天养元年（1144），为二卷本，治承年间（1177—1180）由橘忠兼增补为三卷本，镰仓（1185—1333）时代进一步增补为十卷本，书名改为《伊吕波字类抄》。由于历经增补，此书现有二卷本、三卷本、十卷本三个版本系统流传，分藏于日本各地。①

与此前辞书多半是汉字的读音和词义解释不同，此书收录以日本平安末期的日常词语为主，以日本国语为线索，收录同类汉字词。所收录的词语按其第一个音的音序——"いろは"字母顺序排列。全书分为四十七篇。又根据意义内容分成"天象、地仪、植物、动物、人伦"等二十一部。

《色叶字类抄》汇集了多种典籍的内容，保存了大量的古代文献和当时丰富的语言现象，这决定了其在文献学、语言学等方面的研究中意义重大。

11.《香字抄》

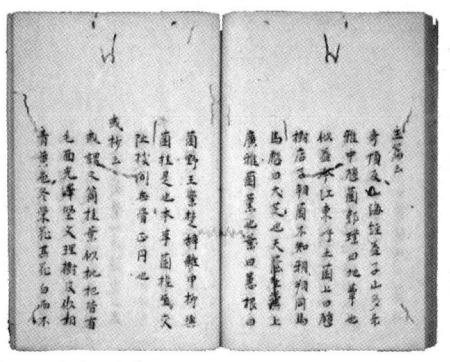

日本关于香料的类书。成书于平安时代（794—1192），作者不详，有

---

① 周晟：《〈色叶字类抄〉汉字词研究》，硕士学位论文，浙江财经大学，2010年。

文永六年（1269）写本存世。

卷首列苏合香、郁金香、麝香等47种香料的名称，主体部分是从历代字书、本草以及其他古籍中辑录的每种香料的性状、功能、产地、制作方法及异名等内容。如：

> 鸡舌香：其树叶似栗，花如梅，花子似枣核，此雌树也。雄树香花不实，採花酿之以成香。出昆仑及交爱以南。……

除香料外，书中还包含分类解释珍宝、药物、饮食及花草等的内容，每类都以"事"命名，包括七宝事、五香事、五药事、五谷事、饮食事、粥事、灯事、牛五净事、诸花事、草物事等，此部分所占篇幅超过全书三分之一。

此书所征引的材料除佛经外，还有《玉篇》《新修本草》《秘异记》《炮炙论》《顺和名》《南州异物志》《胜德太子传》《医心方》《初学记》《大宋重修广韵》《兼名苑》《周易》《广雅》《史记》《摩诃止观》《西域记》《尔雅》《大清经》《本草和名》《孔雀经音义》等中日古籍，这些著作有的已失传，保存下来的面貌也多发生了变化，因此《香字抄》里的征引材料就有了很高的文献学价值。

12.《本草和名》

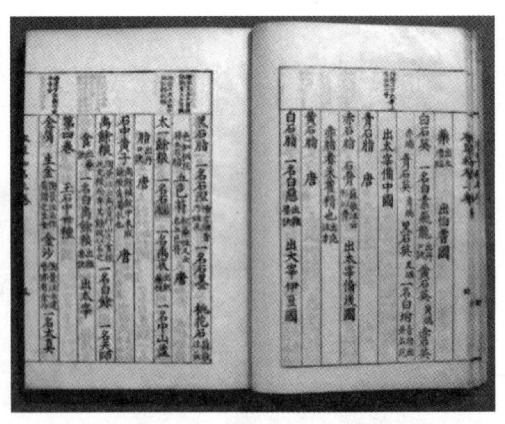

日本最早的本草学字书，成书于平安初期延喜十八年（918），由源濑朝大医博士深江辅仁奉敕编撰，主要是在中国唐代苏敬编写的《新修本

草》基础上增补而成。

全书分上下两卷，以《新修本草》第三至第二十卷正文中的药物为主体，同时补充了各种《食经》及《本草稽疑》《本草拾遗》等书中的药物，收录药物合计1025种。卷篇及各卷中药物的排列顺序均依照《新修本草》，详细记载每种药物的正名、各种异名及出处，多数标记日本名称（和名），部分列出日本产地，个别简述功用主治。如：

> 雄黄，一名黄食石。一名石黄，出石门。一名勳黄，恶者也。以上二名出苏敬注。一名丹山日魂，出丹口诀。一名朱雀筋，一名帝男精。已上二名出药诀。一名硴，好者。一名礦，音人大反，粗者。已上出杂要诀。雄黄者，地精也，出范注方。雄黄者，金之精也。和名歧尒，出伊势国。

此书引用的隋唐以前典籍，很多现已亡佚，因此除在医药学上有重要的地位外，在古文献学、汉语言文字学等方面都有很重要的价值。

13.《新译华严经音义私记》

《新译华严经音义私记》是日本现存最古的佛经音义，有奈良（710—784）时期写本，作者不详，民国时期由罗振玉访得并影印出版。

此书是在慧苑《新译大方广佛华严经音义》《玄应音义》、大治本《新华严经音义》及其他古代辞书的基础上增删修订而成，为解释唐武则天时期实叉难陀所译《大方广佛华严经》而作。

全书分上下两卷，按照《新译华严经》卷数的顺序，列出从经文中选出的单字、语词、词组、短语或经句作为条目，再根据中国辞书的体例从形、音、义等方面解说，增加了和训。如：

狐狼：上，扈［都］反，倭言岐都祢……狼音良，训似犬也。倭言大神也。（经卷廿七）

《私记》体现了早期日本佛经音义的特色，即主体是中国音义著作，增加了和训等体现日语特色的材料，呈现过渡的状态。

现存《私记》写本抄写于千年以前，真实体现了当时汉字的实际形态，是研究汉字发展史的珍贵资料，在古代文献的保存方面的价值也值得重视。

14.《大般若经字抄》

主要解释《大般若经》单字的早期日式佛经音义著作，一般认为是日本平安时代中期学者藤原公任（966—1041）所撰，石山寺藏有长宽二年（1164）写本。

全书内容由十一部分构成，主要是对汉字和一般汉语复合词、佛教术语、佛典名物词以及梵语译名词等进行辨音释义。其书体例是依照《大般若经》卷帙顺序选出单字、复合词（包括音译词）等作为辞目，对其进行音注和释义。释义或用汉字，或用假名。注音的方式包括用类音字表音和用假名标音两种。

《大般若经字抄》是日本人撰述以解释单字为主的音义的滥觞，在辞书音义史、音注研究及汉字域外发展演变方面都具有重要的价值。

15.《净土三部经音义集》

日本人信瑞编纂，成书于1236年，是曹魏康僧铠译《无量寿经》、刘宋畺良耶舍译《观无量寿经》、姚秦鸠摩罗什译《阿弥陀经》三部净土类佛经音义的汇集。①

全书共收词语700余条，引用中日典籍进行解释，并附注音，有时还分析文字现象，如：

柔软《经音义》曰："《法华经》云：'柔软，而究反。'《广

---

① 史光辉：《信瑞〈净土三部经音义集〉在语言研究方面的价值》，《中国社会科学院研究生院学报》2012年第7期。

雅》：'柔，弱也。'"《通俗文》："物柔曰软。作㮆软二形，通用，经文多作㬉。人干反，水名也，非经义也。"又云："《华严经》云：'㮆中。梵言没栗度，此云㮆。物柔曰㮆。'《三苍》：'㮆，柔弱也。'"（卷一）

此书和其他佛经音义著作一样，收录、解释了很多俗字俗语，在注音过程中汇集了大量反切资料，因此《净土三部经音义集》在文字学、词汇学、语音学以及文献学等方面都提供了宝贵的研究资料，具有很高的价值。

16.《妙法莲华经释文》

注释《妙法莲华经》的音义类著作，日本僧人中算（"中"或作"仲"）所撰，成书于日本平安时期贞元元年，即976年。现存《妙法莲华经释文》有醍醐寺藏本和天理图书馆藏本两个版本。据学者研究，这两个版本源于同一祖本。[①] 该书汇集了众多解释《妙法莲华经》著作的训释，同时也吸收了很多其他佛经音义著作的内容。其训释体例是于词条下先注音，然后引用诸家注及古籍进行释义。如：

者，之野反。麻杲云：别事之词也。王仁煦云：词绝也。今案：诸《切韵》之训皆不协经文，此如《论语》"智智仁仁"之类也。《法苑林章》云：者者，主义也。《唯识述记》云：者即假者。是人也。

作者在注释词条时涉及文字、音韵、训诂各方面的问题，保存了当时的语言材料，在汉字汉语研究方面有重要的价值。另外，作者大量引用前代书籍，在相关书籍的校勘、辑佚方面也很有价值。

17.《孔雀经单字》

解释《佛母大孔雀明王经》单字的音义类著作，为日本人所撰，撰者未详，约成书于镰仓初期。

作为单经音义和单字音义，本书与其他种类的《孔雀经音义》相比较，特色颇为明显：其编撰并非基于《孔雀经》本文的实际诵读，作者的撰述思想更接近于字书的观点，且因与经文关系并不密切，故更能体现出

---

① 陈源源：《〈妙法莲华经释文〉研究》，硕士学位论文，浙江大学，2006年。

一般字书的特性。

本书体例与一般佛经音义也有所不同：所列字头没有重复，以经文中所需释字为第一字头，其下以《广韵》正字为被释字，然后罗列《广韵》该字下的所有音切、释文。不取特殊的人名、地名等专名。有部分字头的释义取自《玉篇》。

18.《金光明最胜王经音义》

唐代释义净（635—713）所译十卷《金光明最胜王经》的音义，作者不详。全书摘录《金光明最胜王经》中的汉字436个，解释其读音、意义，并附有万叶假名的训读，卷首载有现存最古老的"伊吕波歌"。

音义部分是从《金光明最胜王经》的第一卷到第十卷。按照卷次顺序抄写汉字的"卷音义"，抄写的汉字大部分是单字。音义的注包括两部分，分别是汉字发音及和训。

汉字的注音形式，大体上分为反切和直音两大类。前者如"侵，志牟反"。其中"志牟"为万叶假名；后者如"晡，符音"，以"符"表"晡"音。其中的"音"也有用"々"代替的，如"舶，白々"。

19.《四分律音义》

《四分律音义》乃唐初僧人释玄应专为姚秦佛陀耶舍、竺佛念共译的佛门戒律书六十卷本《四分律》所作之音义，编入其所撰《一切经音义》

卷十四。后释慧琳撰《一切经音义》一百卷时，转录《玄应音义》，将《四分律音义》收入第五十九卷。

完整的《四分律音义》保留在后来各种刊印的《玄应音义》中，唐代写本至今尚未在中国大陆发现。写于日本平安末期大治三年（1128）的"法隆寺一切经音义"中的《玄应音义》一般被认为是较早且相对较全的古写本，其中就含有卷十四《四分律音义》。

另有藏于日本宫内厅书陵部的一卷本《四分律音义》，或认为其写于平安初期，或认为其写于奈良时期。该本作为《四分律音义》现存最古写本，具有重要的史料价值。

20.《音训篇立》

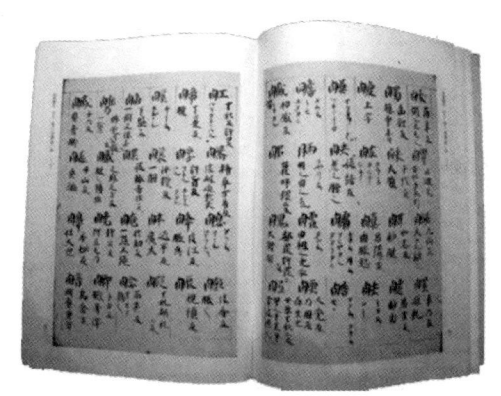

室町时代末期编撰的汉和字典，作者不详。

全书录字14918个，分为"天""地""人"三卷。各卷又分为上中下三册，共九册。所收字按汉字部首分类编排，排列顺序与《世尊寺本字镜》大体一致。

本书的解释体例是先注音后释义。注音有三种格式：

（1）以片假名直接标注汉字读音，如：谈，タム音。

（2）以反切注音，如：言，语轩反。有的字有「又音」，个别字标注声调。

（3）直音法注音，如：厅，长音。

释义有两种格式：

（1）多数字下以片假名列举"和训"。一字多义的则多义并举，如"言"，书中列举了コトハ（言辞）、カタラフ（讲述）、トフ（问）等八个义项。

（2）以汉语释义。如：醮，礼祭也。

由于成书时代较晚，本书已经不再使用万叶假名，而是使用片假名书写。书写上大量出现非正体字，对汉语汉字发展史方面的研究有一定价值。

（郭照川：廊坊师范学院文学院，065000，廊坊）

《伊吕波字类抄》"天象"部、"地仪"部校注[*]

陶曲勇

《伊吕波字类抄》是日本镰仓时代（1185—1333）的一部古字书，作者已不可考，伊吕波（いろは），或称作"色叶"，是一种日语假名排列次序的方法，来自日本平安时代（794—1179）的《伊吕波歌》，"いろは"是该诗歌开头的三个音，借用来表示一种排序的方式。该字书收录了日本平安末期以来的日常词语，包括当时的日语词和从汉语引进的汉语词，所收录的词语按第一个音的音序——"伊吕波（いろは）"字母排列，又根据意义内容分成天象、地仪、植物、动物、人伦等二十一部，因此命名为《伊吕波字类抄》。

《伊吕波字类抄》的成书过程较为复杂，最早的源头可以追溯到成书于平安时代天养年间（1144—1145）的《世俗字类抄》。

前田侯爵家收藏的、成书于长宽年间（1163—1165）的二卷本《色叶字类抄》，其跋文曰："自天养比至于长宽廿余年，补缀无隙，部类如旧，更加星点，纰缪虽多，愚昧难直，学者每见可摺改之。雀头频动，鸟迹早成，拙哉以此书常欲备左右，可哀即世日留信于案边，惟愿见此书人，为余作他邪之唱矣。"可见此书的前身在天养年间已经存在。现存三卷本的《世俗字类抄》的"序言"中记有"源周光撰"，但"源周光"此人不见于史书，日本学者山田孝雄怀疑是"藤原周光"的误写。藤原周光是日本院政时代（1086—1192）有名的文人，传世作品不少。其活跃的时代，正与《世俗字类抄》的成书年代——天养年间相吻合，而且《世俗字类抄》的"序言"也与后世《色叶字类抄》《伊吕波字类抄》所见"序

---

[*] 本文是国家社科基金重大项目"日本藏汉文古字书集成与整理研究"（项目批准号：15DB097）（2015）的阶段性成果。

言"相同，因此推测《世俗字类抄》就是《色叶字类抄》《伊吕波字类抄》的前身。

《世俗字类抄》有二卷本、三卷本、四卷本、六卷本等不同版本，二卷本为黑川真道氏所藏；三卷本则是在永正年间（1504—1520）抄写的，被水户彰考馆收藏；四卷本只见于日本书籍目录，现在何处已不可知；六卷本为前田侯爵家所藏。

正如上文所述，《世俗字类抄》历经补缀修改，在长宽年间（1163—1165）形成了二卷本的《色叶字类抄》，后为前田侯爵家收藏。治承年间（1177—1184）又增补形成了三卷本的《色叶字类抄》，其跋曰："自天养比至于治承卅余年，补缀无隙，部类如旧，更加星点，纰谬虽多，愚昧难直，学者每见可摺改之。抑誂贡士有成入道，词字少少加朱点，为要文不迷也。件人久学杏坛之风忽入桑门之月，稽古有勤，其说不信哉。仍为后见之不审，粗所注付也。内膳典膳橘忠兼撰。"与二卷本的跋文相比，有两点值得注意：一是"长宽"改为"治承"，说明此书经过了十余年的增补；二是最后出现了撰写者"橘忠兼"。其实在二卷本《色叶字类抄》的卷上也出现过"传借橘先生之本"之语，显然二卷本的"橘先生"就是指三卷本的"橘忠兼"。三卷本的《色叶字类抄》现存两种版本，一种是前田侯爵家所藏本；还有一种为黑川真前氏所藏本。

三卷本的《色叶字类抄》历经增补，又形成了十卷本的《伊吕波字类抄》。到底何人增补，目前已不可考。日本学者今井似闲曾经提到"传闻此书者洞院家之述作也"，或说"洞院家"即指《拾芥抄》的作者藤原实凞公，但亦无确凿证据。

十卷本《伊吕波字类抄》流传较广，版本较多，日本学者山田孝雄曾以正宗敦夫所藏本为底本，以内阁文库本、东京帝国大学本进行对校、整理，于大正八年（1919）形成一个较好的本子。本文即以山田孝雄本为底本，以汲古书院所出版的"大东急纪念文库善本丛刊"《伊吕波字类抄》（简称大东急本）、三卷本《色叶字类抄》（前田本）为参校本进行校注。

【释文】[①]

伊吕波字類抄一

---

① 为保存抄本原貌，"释文"及"校注"部分采用繁体。

伊

天象付歲時［一］

雷亦作靁，古文作䨻［二］　霆疾雷也［三］　𩂣已上同［四］　雷公
雷師　䨓［五］　靐［六］　霹靂已上同　豊降［七］
牽牛　河皷（鼓）皷［八］　月暈　月院已上同［九］　古
以往　終古［十］　既往　往　曾
舊（舊）［十一］　故　掌甞［十二］　昔已上同　今音金，對古之作也。
又，是時也。［十三］
時［十四］　肆［十五］　此已上同［十六］　早晚［十七］

【校注】

［一］三卷本《色葉字類抄》的"伊"字上有三個墨點，"天"字上有
兩個墨點，下文"雷"字上有一個墨點，分別代表不同層面的分節標誌；
而十卷本的《伊呂波字類抄》則沒有這些符號。

付，即附字。《諸子平議・管子四》"其民付而不爭"，俞樾按：
"付、附，古字通用。"下同。

［二］大東急本"亦"字作夕，《碑別字新編・亦字》引《魏張寧墓
志》作爫，又引《魏山徽墓志》作乄，皆與大東急本相近。

古文"䨻"当為"雷"之"新造會意字"，取"雨""助"二字會意為
"雷"，與"自反為歸"、"更生為蘇"、"田民為農"同意，参張湧泉
《敦煌俗字研究》第六章"敦煌俗字的類型"。

［三］《爾雅・釋天》："疾雷為霆霓。"阮元校勘記："霆下本無
霓字。"《後漢書・班彪傳下附班固》："霆發昆陽，憑怒雷震。"李賢
注："霆，疾雷也。"

又，大東急本作"疾電"，《玉篇・雨部》："霆，電也。"

［四］𩂣即"霆"字，三國《曹真碑》"霆"字作𩂣，《龍龕手鏡・雨
部》、《字彙補・雨部》收有異體作𩂣，皆可證。大東急本作"𩂣"，亦
"霆"之異寫，《中國楷書大字典》收有金代書法家王庭筠所寫"霆"字
作𩂣，與此同。

［五］䨓字當為"霆"之異體，丁為改換之聲符。《集韻》、《正字通》
收有"霆"字異體"䨓"，與此同意，可以比參。又，大東急本作"雩"，
當為"䨓"之俗省體。

［六］靐為"雷"字古文，清鄭珍《說文逸字・雨部》："靐，古

文霝。"

［七］"豊降"當為"豐隆"之誤，中國古籍屢見"豐隆"一詞，表雷師之意，一說表雲師，三卷本《色葉字類抄》即收有"豐隆"條。

"豊"乃"豐"之俗寫，《玉篇·豐部》："豐，大也。俗作豊。"《楚辭·離騷》："吾令豐隆乘雲兮，求宓妃之所在。"王逸注："豐隆，雲師，一曰雷師。"《淮南子·天文訓》："季春三月，豐隆乃出，以將其雨。"高誘注："豐隆，雷也。"

［八］《廣韻·姥韻》："皷，亦作鼓。"《干祿字書》："皷鼓，上俗下正。"

"牽牛""河鼓"皆星宿名。《爾雅·釋天》："河鼓謂之牽牛。"郭璞注："今荊楚人呼牽牛星為檐鼓，檐者荷也。"

［九］《說文新附·日部》："暈，日月气也。"《廣韻·問韻》："暈，日月旁氣。"《史記·天官書》："日月暈適，雲風，此天之客氣，其發見亦有大運。"裴駰集解引孟康曰："暈，日旁氣也。"《晉書·戴洋傳》："月暈在角，有赤白珥。"

日本辭書《和名類聚抄》曰："暈郭知玄《切韻》云：暈，氣繞日月也。"其中第二個"暈"下有雙行小字注曰："音運。此間云，日月賀佐，《弁色立成》云，月院。""月院"顯然與"日月"有關，故置於"天象"類。

［十］《楚辭·離騷》："懷朕情而不發兮，餘焉能忍而與此終古。"朱熹集注："終古者，古之所終，謂來日之無窮也。"

［十一］《碑別字新編·舊字》引《魏于祚妻和丑仁墓誌》亦作"㫺"，又北魏《元緒墓誌》所見"舊"字作舊，與此近似。

［十二］《墨子·非樂上》："此掌不從事乎衣食之財。"孫詒讓閒詰："掌、常字通。"《戰國策·東周策》："嘗欲東周與楚惡。"吳師道注："嘗當作常，古通。"故掌可與嘗通。又，《集韻·陽韻》："嘗，或作甞。"而《廣韻·陽韻》："嘗，曾也。"因此置于"曾"字後。

［十三］《說文·亼部》："今，是時也。"《廣韻·侵韻》："時，對古之稱。"

［十四］《詩·大雅·召旻》："維昔之富，不如時。"鄭玄箋："時，今時也。"

[十五]《爾雅·釋詁下》："肆，今也。"郭璞注："肆既為故，又為今，今亦為故，故亦為今，此義相反而兼通者。"

[十六]《易·繫辭下》："過此以往。"焦循章句："此，今也。"

[十七]《周禮·春官·小宗伯》："告時于王。"鄭玄注："時，薦陳之晚早。"《儀禮·既夕禮記》："觶俟時而酌。"鄭玄注："時，朝夕也。"

【释文】

地儀付居處并居宅具

池　陂　沼已上同[一]　泉水面[二]　濫[三]

礫（礫）磧也[四]　沙水散石[五]　砂同。《日本紀私記》云，｜[砂]亦万奈古，纖細也。（滅？）[六]　石凝土也。《新抄本草》云：石鐘乳，以之乃知。[七]　硝已上同[八]　磐大石，音盤，岩也，亦石也。《日本紀私記》云，千人所引磐石。[九]

巖峯也，險也，厽作礧。礧礧[十]　磴[十一]　岩已上同[十二]　石橋[十三]

矼音江[十四]　杠已上同[十五]　橇倒枚反，井。（側救，誤。）[十六]　柱礎　礩同[十七]

械池也，陂下伏竇，許慎曰：械，所以通陂竇也。[十八]　窟石｜[窟]　岐[十九]　硅已上同[二十]

市買賣之所也，神農始之。[二一]　肆買賣所也，陣也。[二二]　隧音遂也，已上同，｜[隧]道。[二三]　家三位已上｜[家]。[二四]

第（弟）宅已上同，四位已下｜[宅]。[二五]　廬毛詩注云，農人作廬。[二六]　營軍｜[營]。

庵草｜[庵]，已上同。　瑞籬俗云美豆加岐階也。[二七]　甍厽作梡（壈），屋棟也。[二八]　屋脊同

板敷[二九]　祐[三十]　圓[三一]　郁芳門大炊郁門[三二]

殷富門西近衛門，已上[三三]　遊義門宮城門[三四]　陰明門[三五]

右腋門已上禁腋門　悠記所大甞會之時云，左也。　右青璅門

【校注】

[一]《廣雅·釋地》："陂，池也。"《說文·水部》："沼，池也。"《玉篇·水部》："沼，池沼也。"

[二]《說文·泉部》："泉，水原也。"疑"面"為"原"之誤。

[三]《廣韻·檻韻》"濫，泉正出也。"《爾雅·釋水》："濫泉正出，正出，涌出也。"故置於"泉"後。

[四]"礒"為"礒"之異體，可參《隸辨》"義"字條。《廣韻·紙韻》："碕，碕礒，石皃。"《集韻·紙韻》："礒，石皃。"《文選·班固〈封燕然山銘〉》："下雞鹿，經磧鹵。"李周翰注："磧，石也。"

大東急本字頭下注曰"碎也"，又《龍龕手鏡·石部》："碎，舊藏作䃅。"不知是否為同一字，待考。三卷本《色葉字類鈔》"礒"字下無注。

[五]《說文·水部》："沙，水散石也。"

[六]《玉篇·石部》："砂，俗沙字。"日本辭書《和名類聚抄》曰："以佐古。一云，須奈古。"疑即此處之"万奈古"。謝察微《算經》："十塵為沙，十沙為纖。"

又，大東急本"纖"字作"滅"，故此處在注釋後括注了"滅"字，並加有問號，大東急本誤。

[七]王仁昫《刊謬補缺切韻一·卷第四·入聲五十七韻》："石，常尺反，凝土。"大東急本作"凝点也"，不可從。

又，《和名類聚抄》"石"字下注曰："陸詞曰，石常尺反、和名以之、凝土也，新抄本草云：石鐘乳出備中國英賀郡、和名以之乃知。"與此同，可知"以之乃知"是"石鐘乳"的和名。三卷本《色葉字類抄》另有獨立的"石鐘乳"字頭。

[八]《玉篇·石部》："硇，石。"

[九]《玉篇·石部》："磐，大石也。"《易·漸》："鴻漸於磐。"王弼注："磐，山石之安者。"大東急本有注釋曰"安者也"，當本於此。

又，所引《日本紀私記》"千人所引磐石"亦見於《和名類聚抄》。

[十]《玉篇·山部》："巖，峯也。"《文選·班固〈西都賦〉》："巖峻崷崪。"李善注引杜預曰："巖，險也。"大東急本作："峯險也。峻廊也。"《希麟音義》卷二"巖岫"注引《切韻》："巖，峯險也。"《廣韻·銜韻》："巖，峻廊也。"

又，《玉篇·石部》："礹，亦作巖。"" 礹"當為"礹"之異寫，大東急本將上下兩部分分開，寫作兩字，並另立字頭，誤。

[十一]《玉篇·石部》："磴，巖磴。"即石階，故"磴"字置於"巖"字後。又，三卷本《色葉字類抄》"磴"字在"杠"字後重出，佐藤喜代治《〈色葉字類抄〉略注》認為這裡重出之"磴"是因為其意義為"石橋"，《文選·游天台山賦》中有"跨瓊隆之縣磴"，其注釋為"磴，石橋也"。佐藤之說可信，《文選·孫綽〈游天台山賦〉》："跨穹隆之懸磴，臨萬丈之絕冥。"李善注："懸磴，石橋也。"鮑照《登廬山二首》："松磴上迷密，雲竇下縱橫。"錢振倫注引聞人倓曰："磴，石橋也。"

[十二]《龍龕手鏡·山部》："巖，古作岩。"

[十三]"槗"為"橋"之異體，《隸辨·平聲·宵韻》收有此字頭，《龍龕手鏡·木部》亦以"槗"、"橋"並列一處。

[十四]《玉篇·石部》："矼，石橋也。"

[十五]《玉篇·木部》："杠，石杠，今之石橋。"

[十六]《說文·瓦部》："甃，井壁也。"又可指井，如杜甫《解悶十二首》之十一："翠瓜碧李沉玉甃，赤梨蒲萄寒露成。"大東急本作"側牧反，井也"，《廣韻》作"側救切"，此處括注"側救，誤"，不知何據。原本用一大括號將此字的註釋全文括入，或許整理者認為此處傳抄有誤。

[十七]宋李誡《營造法式》卷三"柱礎"原注："其名有六：一曰礎，二曰礩，三曰舄，四曰磌，五曰礥，六曰磉。今謂之石碇。"

[十八]《玉篇·木部》："梐，決塘木也。"《集韻·微韻》："梐，通陂竇。"指連通蓄水池塘跟灌溉溝渠之間的閘柵。三卷本《色葉字類抄》作："梐，井，陂下，亻井，伏竇也，池｜[梐]也。"日本字書《篆隸萬象名義·木部》曰："梐，隉也，通竇也。"可見日本用來連通蓄水池塘跟灌溉溝渠之間的大概是堤壩、井池之類，因此三卷本《色葉字類抄》以"井"、"池"釋"梐"，歸屬"池"字類，并與"甃"、"隧"、"妙美井"置於一處。

又，《說文·木部》："梐，梐枑，袤器也。"《色葉字類抄》《伊呂波字類抄》則均以"通陂竇"歸之於許慎，不知何據。

[十九]"岐"與"窟"音義均異，不知作者何以言同。據《詩》《書》，周人以后稷為始祖，后稷之子為不窟，傳至太公，遷至岐。作者溝通二字或與此有關。

[二十]佐藤喜代治《〈色葉字類抄〉略注》釋此字為"砧"，因為《字鏡集》的"砧"字下有"イハヤ"的訓讀，而《色葉字類抄》"窟"字也有同樣的訓讀，且"砧"字下又注曰"同"，因此釋為"砧"，即祭祀先祖的石室，意義也與"窟"近似；字形上則可能是作者抄錯了。

　　佐藤釋為"砧"字，雖可備一說，但字形無法解釋，《色葉字類抄》《伊呂波字類抄》各本均作此形，誤字說稍顯武斷，且"窟"與"砧"之間還有一個"岐"字，是否可以直接聯繫，不無疑問。《龍龕手鏡·石部》有："砝，石似玉。""砝"為"砝"之異體，《字彙補·石部》："砬，義與砝同。"從字義看，釋"砬"亦通，均與石有關。

　　[二一]《說文·冂部》："市，買賣所之也。"金韓道昭《五音集韻·卷七·旨韻》"市"下曰："《古史考》曰：神農作市。《世本》曰：祝融作市。"

　　[二二]《玉篇·阜部》："陣，本作陳。"《玉篇·長部》："肆，陳也，列也。"

　　[二三]《後漢書·班固傳》："貨別隧分。"李賢注："隧，列肆道也。"故此處曰"以上同"。

　　[二四]《管子·乘馬》："三夫為一家。"此云"三位已上"或本於此。

　　[二五]"宅"訓"四位已下"不知何據。三卷本《色葉字類抄》訓為："三徙，四位已下云宅。"佐藤喜代治《〈色葉字類抄〉略注》以為"三徙"為"三徙"之誤，典出《白孔六帖》"孟母三徙以擇鄰"。誤字說並無證據，且"四位已下"仍不可解。

　　唐李延壽《南史·劉繪傳》："時張融以言辭辯捷，周顒彌為清綺，而繪音采贍麗，雅有風則。時人為之語曰：'三人共宅夾清漳，張南周北劉中央。'言其處二人間也。"結合《色葉字類抄》"三徙"之訓，頗疑出於此典，《伊呂波字類抄》有所簡省。

　　[二六]《詩·小雅·信南山》："中田有廬。"鄭玄箋："農人作廬焉。"

　　[二七]"瑞籬"又稱"玉垣"，在日語中指圍繞神社境內周圍的圍籬或柵欄，代表分隔神的領域的"神域"與人的領域的"俗世"。《大日本史》卷二百一十九："初得疾，自慮不起，作歌寄源公忠曰：'氐珥牟須鷟，美豆珥揶妬禮流，都岐加牙能，阿流加奈岐加能，余珥古曾阿利計

禮。'及公卒，公忠作歌而悼焉。"又《大日本史》卷二百二十："經衡曰：'以計美豆珥，佐岐加加利多流，揶麻夫岐遠，曽古珥志豆迷流，曳馱登美流奈利。'賴宗判曰：'持。'持者無優劣之謂也。"皆有"美豆"、"加岐"等語。

［二八］《說文·瓦部》："甍，屋棟也。"《釋名·釋宮室》："屋脊曰甍。甍，蒙也，在上覆蒙屋也。"

此處異體"桅（塊）"，不知何據。大東急本異體作"檑"，見於《集韻》，當從大東急本。

［二九］藤原忠平《延喜式·卷第四·神祇四·伊勢太神宮》："壁柱長押釘覆鋪十四口，板敷釘覆金一百隻。""板敷"指鋪設地板，位於"屋脊"後，均屬"宅具類"。

［三十］《說文·示部》："祏，宗廟主也。《周禮》有郊宗石室。一曰大夫以石爲主。"大東急本此字誤作從衣。

［三一］《廣雅·釋天》："圓丘，祭天也。"庾信《周祀圓丘歌》倪璠注："圓丘，禘之大祭。《周禮》所謂'祀大神'是也。"故置於"祏"後。

［三二］《大日本史》卷五十八："二十五日辛巳，郁芳門火。"又藤原忠平《延喜式·卷第卅一·彈正臺》："凡運民部廩院米車馬，自美福門脇門，運大膳職雜物，大炊寮米并雜穀自郁芳門。"

［三三］藤原忠平《延喜式·卷第十三·大舍人寮》："陰陽寮儺祭畢，親王已下執桃弓葦箭桃杖儺出宮城四門。"注曰："東陽明門，南朱雀門，西殷富門，北達智門。"

［三四］遊義門是平安時代京都內城十二門之一，位於西面陰陽門北。下"右腋門"亦屬於十二門之一。

［三五］藤原忠平《延喜式·卷第十三·大舍人寮》："當日戌刻，官人率追儺舍人等，候承明門外，待省處分，頒配四門。"注曰："東宣陽門，南承明門，西陰明門，北玄暉門。"

（陶曲勇：中國人民大學文學院，100872，北京）

《篆隶万象名义》疑难词义校证拾零[*]

范文杰

一直以来，疑难词义的研究既是《篆隶万象名义》（下文简称《名义》）研究的重点，也是研究的薄弱点。本文我们从"俗字异体"、"他字释义讹入"、"拆骈为单"、"《校释》误释或未详"四个方面对《名义》的疑难词义进行校证，以期求教于方家。

一　俗字异体例

清毕沅《中州金石记》卷二云："唐初字体，犹有六朝遗风，然别字最多。"《名义》写成于我国唐代中后期，作为一部手抄本字书，其中既采用了大量中古以前产生的常用俗字，又因始终传抄于海外，故免受后世正字运动的影响而得以保存原貌。若不能对这些俗字或体进行正确识读，势必会对《名义》文本的理解产生阻碍。

【仕，宦也】

吕浩《篆隶万象名义校释》（下文简称《校释》）："《名义》宦字不见于其他字书。白藤礼幸认为是'官'字之误。"今按：宦非"官"字，实为"宦"之俗体。敦煌文献S.380《洞渊神咒经·斩鬼品》"生人令合门疾病，生宦不迁"，"宦"俗作宦。《玉篇》引《说文》："仕，学也。"段注："古义宦训仕，仕训学。"《正字通·人部》："仕，宦也。"《广韵·止韵》："仕，仕宦。"又《广韵·谏韵》："宦，学也。"知"仕、宦、学"义通，皆谓学习为官之事。

---

[*] 本文系国家社科基金重大项目"日本藏汉文古字书集成整理与研究"（项目批准号：15ZDB097）的阶段性成果。

【傑，俊也】

《校释》："俊似当作俊。"今按：俊为"俊"之俗字。"夋"俗从山、夂。敦煌文献S.2832《愿文等范本》"赵公气宇宏峻"，"峻"俗作峻。"俊"字同理。《玉篇·人部》："傑，英傑。"《集韵·薛韵》："傑，俊傑。"《广韵·薛韵》："傑，俊也。"《吕氏春秋·孟夏》"命太尉赞傑儁。"高诱注："千人为俊，万人为傑。"

【仍，促也】

促，《校释》识作"促"，注云："'促也'或为'從也'之误。"今按：促实为"從"之俗字。敦煌写卷Φ096《双恩记》"不异從头遍礼名"，"從"作促；S.6557《南阳和尚问答杂征义》"自從佛法东流已来，所有大德，皆断烦恼"，"從"作從。《广雅·释诂一》："仍，從也。"《楚辞·九章·悲回风》"观炎气之相仍兮，窥烟液之所积"王逸注："相仍者，相從也。"

【仪，宜也】

《校释》："宜字写法怪异，疑为'容'字。《集韵·支韵》：'仪，容也。'"非是。"容"字俗作容（敦研063）、客（P.3742），与宜迥异。今按：宜当为"宜"之俗体。"宜"从宀且，敦煌文献S.214《燕子赋》："遂唤燕子，且饮二升。""且"俗写为皿。《释名·释典艺》："仪，宜也，得事宜也。"《诗·大雅·烝民》："我仪图之"毛传："仪，宜也。"此声训例。

【儥，重也】

《校释》："'重也'义未详。"按：《广韵·屋韵》："賣，賣也，重也，长也，动也，《说文》：'賣，衒也。'或作儥。"下字"儥"云"上同"。慧琳《一切经音义》卷八十二"鬻賣"："鬻，《说文》正体作賣，衒也，賣也。""衒"谓沿街叫卖，《说文·彳部》："衒，行且賣也。"《周礼·地官·胥师》"察其诈伪、饰行、儥慝者而诛罚之"郑玄注："儥，谓行且賣。"知"儥"为"賣"之或体无疑，"重"乃"賣"之训释。

"賣、賣"形近义通，后世多乱之。《正字通·贝部》："賣与賣同。"又古文献中有"賣重"一词，谓卖弄权势。《韩非子·说难》："与之论细人，则以为賣重。"《晏子春秋·内篇问上》："景公问于晏子曰：'治国何患？'晏子对曰：'患夫社鼠。……夫社，束木而涂之，鼠因往托焉。熏之则恐烧其木，灌之则恐败其涂，此鼠所以不可得杀者，以社故也。夫国亦有焉，人主左右是也。内则蔽善恶于君上，外则卖权重于百姓。"《广韵》盖据"卖重"而误训"重"。

【傀，恠也】

今按：恠为"怪"俗字。敦煌写卷浙敦193《妙法莲华经·见宝塔品》："尔时四众见大宝塔住在空中，又闻塔中所发出音声，皆得法喜，怪未曾有。""怪"字作恠；P.2299《太子成道经》："大王莫怪，此太子证无上之时，我不逢遇，所以悲泣。"怪字作恠。又《正字通·心部》："恠，俗怪字。"《集韵·怪韵》："怪，亦书作恠。"《广韵·灰韵》："傀，怪异也。"《周礼·春官·大司乐》："凡日月食，四镇五岳崩，大傀异裁，诸侯薨，令去乐。"郑玄注："傀，犹怪也。"

【免，赦也】

《校释》识作"免，攻也"，注云："《名义》'攻也'疑为'赦也'之误。"今按：赦非"攻"，乃"赦"之俗字。敦煌文献S.203《度仙灵录仪》"从天至地，一切原赦"，"赦"字作赦。《周礼·秋官·乡士》"若欲免之"郑玄注："免，犹赦也。"《易·解》"君子以赦过宥罪"孔颖达疏："赦，谓放免。"《史记·淮南衡山列传》："赦免罪人，死罪十八人，城旦舂以下五十八人。"

【民，眠也】

《校释》："'眠'疑为注音字。"今按："眠"为俗"氓"字，而"民"、"氓"古通，皆百姓之谓。《玉篇·民部》引《说文》云："民，众氓也。"《广雅·释言》："民，氓也。"《说文·民部》："氓，民也。"慧琳《一切经音义》卷九十七"氓俗"："氓，麦耕反，刘熙注《孟子》云：'远郊之界称氓。'《说文》：'氓，民也。从亡，民声。'《考声》作眠，俗字。"

【鲁，遲也】

《校释》识作"鲁，逸也"，非是。"逸"音勇，《改并四声篇海·辵部》："逸，走也。"与"鲁"义无涉。今按：遲当为俗"遲"字之误。敦煌文献P.2965《佛说生经》"遲守者梦，甥得脱走"，"遲"作遲；S.134《诗·豳风·七月》"春日遲遲，采繁祁祁"，"遲"作遲。《说文·白部》："鲁，钝词也。《论语》曰：'参也鲁。'""鲁"言笨拙、遲钝，故训作"遲"。《论语·先进》"参也鲁"皇侃疏："鲁，迟钝也。"柳宗元《先君石表阴先友记》"鲁直为尚书郎"蒋之翘《辑注》："鲁,迟也。"

【眑,旱也】

《校释》识作"眑,旱也",并注引《说文》云："眑,目冥远视也。一曰久也,一曰旦明也。"今按："眑"无早义。"早"乃"旦"俗体之误。敦煌文献S.238《金真玉光八景飞经》"清旦,叩齿九通,仰思绿、紫、碧三色之云","旦"即作昰。昰、旱形近。"旦也"为"旦明也"之简省。

【捊,众也,多也】

《校释》："'众、多'义未详。"今按："众、多"为"裒"之训,"裒"乃"捊"俗字。《玉篇·手部》引《说文》曰："捊,引聚也。《诗》曰:'原隰捊矣。'捊,聚也。本亦作裒。"《说文·手部》"捊"下段注："裒者,捊之俗。"《廿二史考异·魏书·高湖传》"汉太傅裒之后"钱大昕按:"裒亦捊之俗体字。"《尔雅·释诂下》"裒,聚也"陆德明《释文》:"裒,本或作捊。"《诗·周颂·般》"敷天之下,裒时之对"郑玄笺:"裒,众也。"《尔雅·释诂下》"裒,多也"郝懿行《义疏》:"裒者,上文云聚也,聚则多矣,故又为多。"《小尔雅·广诂》亦云:"裒,多也。"

【据,斱也】

《校释》:"斱为料之俗字(见《龙龛手鉴·米部》)。'斱'义未详。"今按:此处"斱"当为"断"俗字。敦煌文献Φ096《双恩记》"贪嗔皆总断,尽是阿罗汉","断"作斱;"语多种种伤无尽,哭断声声痛转深","断"作斱。故俗"断"之"斱"与俗"料"之"斱"乃同形字也。玄应《一切经音义》卷五十六"不据"注:"《广雅》:'据,断也。'《说文》:'口手共右所作曰拮据也。'"然考《广雅》,未见"据,断也"之训。慧琳《一切经音义》卷三十五"掘去"注引《考声》云:"掘,断也。"疑《玄应音义》所引亦当为"掘,断也"之误。《玉篇·手部》:"据,戟搹也。《诗》曰:'予手拮据。'拮据,手病也。"

【揎,伏也】

"揎"亦作"搹"。《字汇·手部》:"揎,同搹。"伏,《校释》识作"充",注云:"'充'义未详。"今按:伏当为"引"俗字。敦煌文献敦研107《妙法莲华经》"引导众生","引"作㧈；敦研105（5—1）《妙法莲华经》"引导诸众生，集之令听法"，"引"作㧈。《说文·手部》："挏，引急也。"《广雅·释诂一》："挏，引也。"

二　他字释义讹入例

"他字释义讹入"是指《名义》在传抄过程中，往往会因字头形体的近似或者字头位置排列的接近，使得甲字释义误混入乙字释义的情况。"他字释义讹入"多发生在同部字之间；异部形近字也可能出现释义错列的情况，不过较为罕见。

【伥，欲仆也】

《玉篇·人部》："伥，失道貌。又狂也。《礼记》曰：'治国而无礼，譬犹瞽之无相与，伥伥乎其何之？'"《说文·人部》："伥，狂也，一曰仆也。"段玉裁注："仆，叶本作什，俟考。"今按："伥"、"侲"形似，"欲仆"疑"侲"字释义讹入。《集韵·真韵》、《类篇·人部》皆云："侲，欲仆也。""侲"谓童子，古时特指用于逐鬼的童男童女。一说养马人。《说文新附·人部》："侲，童子也。"《广韵·震韵》："侲，侲子。逐厉鬼童子也。"《玉篇·人部》："侲，《说文》云：'僮子也。'《方言》云：'燕齐之门谓养马者曰侲。'"南朝梁刘勰《文心雕龙·祝盟》："侲子驱疫，同乎越巫之祝。""欲仆"未详其义。

【嫙，鲜也】

《名义》"嫙"作𡣍，"婧"作𡣍。"嫙"、"婧"形似，"鲜也"当为下文"婧"字释义讹入。《名义·女部》："婧，鲜貌也。"《方言》卷十："婧，鲜好也。"《广韵·麦韵》："婧，鲜好。"《玉篇·女部》引《说文》云："嫙，静好也。"

【姗，老妪也】

《玉篇·女部》："姗，诽也。""老妪也"乃"媰"字释义讹入。《说文·女部》："媰，丑也，一曰老妪也。"段玉裁注："丑者，可恶也。""媰"亦作"敮"。

【眲，止也】

"止"乃"眹"字释义讹入。《名义·目部》"眲"下"眹"字云："眹，重也，厚也。"而《说文·目部》："眹，目有所恨而止也。"

王筠《句读》："《释言》：'眰，重也。'按：重者，不敢轻举妄动也。与'止'义合。"《集韵·准韵》作"眰，视有所恨而止也"。《玉篇·目部》："眰，目有所限而止也。"今按："恨"字，当从《玉篇》订为"限"字。目所不及而为限，然后视止。

【矔，丑目】

《玉篇·目部》："矔，转目视。"《说文·人部》："矔，目多精也。"今按："目"当为"皃"之形误，"丑皃"乃《肉部》"臛"字释义讹入。《广雅·释诂二》："臛，臛䐒，丑也。"《玉篇·肉部》："臛，臛䐒，丑貌。"《广韵·仙韵》："䐒，臛䐒，丑貌。"

【貼，半盲也】

"貼"为视义，"半盲"为下文"睺"字释义讹入。《玉篇·目部》："貼，视也。"《方言》卷十："貼，视也。凡相窃视，南楚或谓之貼。"《集韵·沾韵》："貼，窃视也。"《名义·目部》："睺，半盲也。"《玉篇·目部》、《方言》卷十二、《集韵·侯韵》并云："睺，半盲为睺。"

【聊，入意也】

《校释》："《玉篇》作'瞥也'。《名义》未详。"今按："入意"当为"聊"字义讹入。《玉篇·耳部》："聊，入意也。一曰闻也。字书作聊。"《集韵·祭韵》："聊，闻也。或作聊。"《名义》误识"聊"为"聊"。

【𠽁，吞灭也】

"𠽁"意为咀嚼硬物，并无吞灭义。《说文·口部》、《玉篇·口部》并云："𠽁，噍貌。"《广韵·铎韵》："𠽁，𠽁喋，噍貌。"慧琳《一切经音义》卷六十四"𠽁喋"注引《桂苑珠丛》："𠽁，噍食声也。"今按："吞，灭也"为下文"吞"字释义讹入。《名义·口部》、《广雅·释诂四》皆云："吞，灭也。"

【喋，歃也】

"歃"当归入上文"啑"释义下，乃"啑"之异体。"啑喋"古多连用，谓禽鸟吃食声。《玉篇·口部》："啑，啑喋，鸭食也。亦作唼。""喋，鸭唼食，又便语也。"玄应《一切经音义》卷八"喉啑"注引《字书》云："啑，喋也。书亦作歃。所洽反。谓以口微吸之也。"《正字通·口部》："啑，唼、歃并同。"

【髡，颊毛也】

"颊毛"当为"髡"旁"髯"字释义讹入。《名义·髟部》："髯，颊毛也。"《玉篇·髟部》作"髯，颊须"。慧琳《一切经音义》卷四十六"黄髯"："髯，颊毛也。"卷九十三"甄髯"："髯即颊须也。从须，冉声。庄生云：'美须髯。'髯即颊毛也，传文作髯。"《释名·释形体》："在颊耳旁曰髯。随口动摇冉冉然也。"而"髡"指发垂，无颊毛义。《玉篇·髟部》："髡，发垂貌。"《广韵·感韵》："髡，发垂。"《诗·墉风·柏舟》"髡彼两髦，实维我特"毛传："髡，两髦之貌。"

【髻，鬖也】

"髻"有两义，一谓鬓发稀疏，《玉篇·髟部》："髻，髻鬖，鬓疎貌。"《广韵·添韵》："髻，髻鬖，鬓发疎薄貌。"一谓发髻，《集韵·盐韵》引《博雅》云："髻，髻也。"《名义》训"鬖"疑为"髻"旁"鬖"字头讹入。

【拏，提也】

《玉篇·手部》："拏，手拏也。"谓执取。后世作"拿"。"提"当为"拏"下"携"字释义讹入。《说文·手部》、《广雅·释诂四》、《广韵·齐韵》皆云："携，提也。"慧琳《一切经音义》卷一百"携一"注："携，提接也。"

【籍，张也，强也，高也】

《说文·手部》："籍，刺也。"《玉篇·手部》："籍，《周礼》：'鳖人掌以时，籍鱼鳖龟蜃。'郑司农云：'籍，谓以扠刺泥中，搏取之。'""籍"谓用叉刺取水中鱼鳖。《校释》："'张、强、高'义未详。"今按："张、强、高"皆为"籍"旁"抗"字释义讹入。《广雅·释诂一》："抗，张也。"《周礼·考工记·梓人》"故抗而射女"郑玄注："抗，举也，张也。"玄应《一切经音义》卷十"抗衡"："抗，强也。"慧琳《一切经音义》卷十三"抗拒"注引《正字辨惑》："抗，强高也。"《淮南子·说山》："申徒狄负石沉于渊，而溺者不可以为抗"高诱注："抗，高也。"《说文·手部》《玉篇·手部》皆云："抗，扞也。""抗"本义抗御，引申而有"张、强、高"义。

【叉，申引也】

《说文·又部》："叉，手指相错也。"《玉篇·又部》作"叉，指相交也"。皆无"申引"义。《校释》："'申引'义未详。"今按："申引"盖为"㞑"字义讹入。《说文·尸部》："㞑，柔皮也。从申尸之后。尸或从又。"段玉裁改为："柔皮也。从尸、又。又，申尸之后也。"注云："从尸，谓皮也。从又，谓申其后也。申者，引伸之意。"王筠《句读》："申者，展之使平也。……㞑或从又，叉、又皆手，乃柔皮之工之手也。"《玉篇·甓部》："甓，柔皮也，韦也。亦作㞑。"《名义·又部》有"叟"而无"㞑"，"叟"训"治也"，盖谓治皮。

【謢，忌謢也】

《校释》："《残卷》作：'《字书》：譀謢，不解也。一曰重也。或为嘍字，在《口部》也。'《名义》'忌謢也'未详。"今按："忌謢"当为"忌諱"之误，乃"諱"字释义讹入。[1]《名义·言部》"謢"字头作諱，"諱"不仅字头误作諱，释义仍误作忌謢，知"謢"、"諱"形近而致混用。

与"諱"、"謢"形近类似，敦煌文献S.6825V想尔注《老子道经》卷上"教人守诫不違"，"違"俗写作遷；S.6659《太上洞玄灵宝妙经众篇序章》"玄科有制，不敢違命"，"違"作遷，亦致误"違"为"遷"。

【㰻，词也，无渐也，相共咲也】

《校释》："《残卷》作《说文》：'㰻㰻，戏笑貌也。今为蚰字，在《虫部》。'《名义》未详。"今按："无渐"当为"欿"字释义讹入。[2]《名义·欠部》下文"欿"字云："欿，无渐也，诃也，词也"。《残卷·欠部》作"欿，《说文》：'蚰欿，无渐也，一曰无肠音也。'《仓颉篇》：'诃也。'"然考《说文》，"欿"下云："欿，咄欿，无慙，一曰无肠意。"段玉裁注："无肠，犹无心也。"《集韵·质韵》亦云："欿，咄欿，无慙也。一曰无肠意。"《玉篇·欠部》："欿，诃也。"故《残卷》"蚰"当为"咄"之误，"渐"当为"慙"之误（"慙"与"惭"同），"音"为"意"之误。《名义》"㰻"所训"词也"当归"欿"字下。

---

[1] 商艳涛认为此乃"误认字头为諱"。详见商艳涛《〈篆隶万象名义〉释义上存在的问题研究（部分）》，硕士学位论文，河北大学，2003年。

[2] 商艳涛认为此"亦是与欿字相误认之故"。详见商艳涛《〈篆隶万象名义〉释义上存在的问题研究（部分）》，硕士学位论文，河北大学，2003年。

慧琳《一切经音义》卷十五"蚩笑"注:"蚩,《说文》作㜈。"《说文·虫部》"蚩,虫也"朱骏声《通训定声》:"蚩,假借为㜈。"知"㜈"、"蚩"古今字也。玄应《一切经音义》卷十四"蚩笑"注:"蚩笑,谓相轻而笑也。"《名义》"词也,相共咲也"似当作"诃也,相轻而咲也"。"词"为"诃"之形误,《说文·言部》"诃,大言而怒也"朱骏声《通训定声》:"诃,字亦作呵。"《广雅·释训》:"呵呵,笑也。"《资治通鉴·晋纪二十》"直言呵呵"胡三省注:"呵呵,笑声。"

【夆,捨,掣也,曳也】

《校释》:"'捨,掣也,曳也'未详,疑为'夆'字义。"今按:"掣"、"曳"确为"夆"之义。然"夆"无"捨"义,"捨"当为"牾"字之讹。《说文·夂部》:"夆,牾也。""牾"即相逢。段玉裁注:"《午部》曰:'牾,逆也。'夆训牾,犹逢、迎、逆、遇,互相为训。《释训》曰:'甹夆,掣曳也。'掣曳者,牾逆之意。"《广韵·钟韵》:"夆,掣也。"章炳麟《新方言·释言》:"今人谓相牾曰夆,相遇曰逢。"吴文英《吴下方言考》:"《尔雅》:'甹夆,掣曳也。'案:甹夆,救斗声。掣曳,犹撦曳也。吴中谓斗声曰甹夆,救斗声亦曰甹夆。"斗殴亦相牾逆,故斗殴声曰"甹夆",劝解斗殴亦曰"甹夆"。《玉篇·夂部》:"夆,胡盖切,相遮要害也。新野有夆亭。""夆,赴恭、扶恭二切。《尔雅》曰:'甹夆,掣曳也。'"《名义·夂部》有"夆"无"夆",疑字头误脱。

【枘,筞马杖也】

"枘",榫头之谓。"筞","策"之俗体。《龙龛手鉴·竹部》:"筞,策俗。"《校释》:"《玉篇》作'柄枘。《楚辞》曰:不量凿而正枘兮。'《名义》未详。"今按:此乃"策"字及其释义讹入。《说文·竹部》、《玉篇·竹部》皆云:"策,马棰也。"慧琳《一切经音义》卷九十九"策疑"注引顾野王云:"策,所以棰马也。"《礼记·曲礼上》"执策绥"孔颖达疏:"策是马杖。""仆执策立于马前"孔颖达疏:"策,马杖也。"《论语·雍也》"策其马曰"皇侃疏:"策,杖也。""筞",《玉篇》收于《竹部》,《名义》收于《木部》。

【蕈,名菌】

《说文·艸部》《广韵·狝韵》皆云:"蕈,木耳也。"《玉篇·艸部》："葜，木耳，生枯木也。"《校释》："'名菌'疑有脱误。"今按："名菌"盖为"葜"侧"蕈"字引文讹入，并有缺省。"蕈"即菌类植物。《名义·艸部》"蕈，葜也。"《说文·艸部》作"蕈，桑葜"。段玉裁注："葜之生于桑者曰蕈，蕈之生于田中者曰菌。"徐锴《系传》："地蕈似钉盖者名菌。"《玉篇·艸部》："蕈，地菌也。"《尔雅·释草》"小者菌"邢昺疏："《说文》云'蕈，桑葜也'，谓菌生木上也。今云地蕈，即俗呼地菌者是也。"慧琳《一切经音义》卷九十四"有蕈"注引《字书》云："蕈，菌也。"

【鈯，好，钝也】

《校释》："'好'未详。《玉篇》作'钝也'。"今按："好"为下字"鈔"释义讹入。《广雅·释诂一》："鈔，好也。"王念孙《疏证》："《玉篇》：'鈔，美金也。'《尔雅》：'白金谓之银，其美者谓之镣。'是金之美者谓之鈔，亦谓之镣。义与鈔、嫽同也。"《方言》卷二："鈔，好也。青、徐、海、岱之间曰鈔，或谓之嫽。"《名义》"鈔"字头本误作"钭"，《校释》正之，当从。

【鑋，菵也】

《玉篇·金部》："鑋，磨也。"《广韵·月韵》："鑋，磨鑋。"《校释》："'菵也'未详。"今按："菵"当为"廿两"之误合，乃下字"镒"释义讹入。《名义·金部》："镒，菵金。""镒"为古代的重量单位，一镒为二十两（一说二十四两）。《玉篇·金部》作"镒，二十两"。《孟子·公孙丑下》"王馈兼金一百而不受"赵岐注："一百，百镒也。古者以一镒为一金，一镒是为二十四两也。"《国语·晋语二》"黄金四十镒"韦昭注："二十两为镒。"《吕氏春秋·异宝》"禄万檐，金千镒"高诱注："二十两为一镒。""镒"一说为二十四两。《集韵·质韵》："二十四两为镒。"《文选·左思〈吴都赋〉》"金镒磊砢"刘逵注："金二十两为镒。"

【卟，当也，体也】

《玉篇·卜部》："卟，卜以问疑也。"《校释》："'当也，体也'未详。"今按："当也、体也"皆上文"贞"字释义讹入。《残卷·卜部》（黎本）引《字书》云："贞，卦下体也。""卦下体"即《易》卦的下三爻，又称内卦。《书·洪范》"乃命卜筮……曰贞曰悔"孔安国传："内卦曰贞，外卦曰悔。"《左传·僖公十五年》"蛊之贞，风也；其悔，山也"杜预注："巽为风，秦象；艮为山，晋象。"孔颖达疏："筮之画卦，从下而始，故以下为内，上为外。此言贞风悔山，知内为贞、外为悔。"

"贞"又训"当"。《广雅·释诂三》《书·洛诰》"我二人共贞"陆德明《释文》引马融皆云："贞，当也。"《群经平议·周易一》"贞疾"俞樾按："贞之言当也。"《楚辞·离骚》："摄提贞于孟陬兮，惟庚寅吾以降。"

【帾，才也，张也】

《校释》："《玉篇》作'投也'，《名义》未详。"今按："才"为"布"之形误，此盖为上文"帒"字释义讹入。《玉篇·巾部》："帒，同幰，布袋。"一曰"幰"为车上的帷幔。《说文新附·巾部》："幰，车幔也。"玄应《一切经音义》卷十四"作幰"注引《仓颉篇》云："布帛张车上为幰。"慧琳《一切经音义》卷三十一"幰盖"注引顾野王云："今谓布幔张车上为幰也。"《小学钩沉·通俗文下》："张布曰幰。"而"帐"亦有帷幕、帷帐之义。《玉篇·巾部》："帐，帷也，张也。"《释名·释床帐》："帐，张也，张施于床上也。"故"帒，布也，张也"当为"布张（帐）"之误。

三　拆骈为单例

众所周知，连绵词有两大特点：一是用来记录语音的字只取其音，不取其义；二是连绵词的两个音节往往是双声或叠韵的关系（音译外来词除外）。基于此，在诠释连绵词时，"如果认为某两个字的字义组成了这个连绵词的词义，就犯了骈词单释或拆骈为单的错误。"[1]

【墫，喜也】

当为"墫墫，喜也。"《说文·士部》："墫，舞也。《诗》曰'墫墫舞我'。"《玉篇·士部》："墫亦作蹲。"《诗·小雅·伐木》作"坎坎鼓我，蹲蹲舞我"。毛传："蹲蹲，舞貌。"今按：《荀子》《庄子》《晏子春秋》等先秦书均有"蹲"无"墫"。故朱骏声《说文通训定声》云："此（墫）后出字，许可不录。"汉傅毅《舞赋》："《乐》记

---

[1] 周大璞：《训诂学初稿》（第五版），武汉大学出版社2013年版，第338页。

于戚之容，《雅》美墫墫之舞。"盖《诗》本作"墫"，为示区别而专造"墫"字。"墫墫"为叠音词，形容舞姿，不可分训。击鼓起舞以表欢欣，故有喜义。《尔雅·释训》："坎坎、墫墫，喜也。"郭璞注："皆鼓舞欢喜。"

【倭，长也】

《玉篇·人部》："倭，于为切，《说文》云：'顺貌。《诗》云：周道倭迟。'又乌禾切，国名。"《诗·小雅·四牡》"四马骓骓，周道倭迟"毛传："倭迟，历远貌。"朱熹《集传》："倭迟，回远之貌。""倭迟"为连绵词，形容道路迂回遥远的样子。《正字通·人部》："倭，倭迟，与逶迤、遹迤、委蛇、威驰、委移并通。"《楚辞·离骚》："驾八龙之婉婉兮，载云旗之委蛇。"王逸注："言已乘八龙，神智之兽，其状婉婉；又载云旗，委蛇而长也。"《文选·张衡〈南都赋〉》"巨蚌函珠，驳瑕委蛇"李善注："委蛇，长貌。"《文选·阮籍〈咏怀〉》"芳树垂绿叶，清云自逶迤"李善注："逶迤，长远也。"唐独孤及《癸卯岁赴南丰道中闻京师失守寄权士繇韩幼深》诗："不逢眼中人，调苦车倭迟。"故《名义》当云："倭，倭迟，长也。"

【仿，不谛也】

当云："仿，仿佛，见不谛也。"玄应《一切经音义》卷二"仿佛"："仿佛，谓相似，见不谛也。《声类》作髣髴。"《说文·人部》"仿，相似也"段注："仿，仿佛，相似，视不諟也。"按："见不谛"、"视不諟"皆谓视物不清貌。"仿佛"双声连绵，不得分训。

【倚，徘徊也】

当云："倚，徙倚，徘徊也。"谓游移不定貌。《楚辞·远游》："步徙倚而遥思兮，怊惝怳而乖怀。"王逸注："彷徨东西，意愁愤也。"《楚辞·哀时命》："然隐悯以不达兮，独徙倚以仿佯。"三国魏曹植《洛神赋》："于是洛灵感焉，徙倚傍徨，神光离合，乍阴乍阳。"南朝宋刘义庆《世说新语·忿狷》："王令诣谢公，值习凿齿已在坐，当与并榻，王徙倚不坐。"《广雅·释训》："彷徉，徙倚也。"

【偓，俭也】

当云："偓，偓促，俭啬也。"《玉篇·人部》："偓促，拘之见（今按：'见'当为'儿'之误）。"慧琳《一切经音义》卷八十八"偓促"注引《考声》云："偓促，褊小之儿。"卷九十二"偓齪"注同。知

"偓促"谓气量狭隘，拘于小节。《楚辞·九叹·忧苦》："偓促谈于廊庙兮，律魁放乎山间。"王逸注："偓促，拘愚之皃。"而"俭啬"，《汉语大词典》释义有二：一云"节俭"，一云"吝啬"，皆拘爱之义，与"偓促"义通。

杨守敬《日本访书志》卷十二《古钞文选（一卷）》："此即日本森立之《访古志》所载温故堂藏本也。……'独俭啬以偓促'，今各本作'齷齪'。"今考《六臣注文选》，张衡《西京赋》确作"独俭啬以齷齪，忘蟋蟀之谓何"，薛综注引《汉书》注："齷齪，小节也。"知"齷齪"、"偓促"音义皆同。然《说文》有"偓"、"促"而无"齷"、"齪"，盖从齿之字晚出。《广韵·觉韵》："齷齺，齿相近。"宋戴侗《六书故·人四》："齷，人之曲谨者亦曰齷齪。"古文献所见"偓齼"、"齷齚"、"握龊"、"齷龊"者，皆"偓促"之音转。

【儃，何也，能】

今按："何"当为"回"之形误，"能"、"態"古常通假。《读书杂志·荀子第五·天论》王念孙注："《楚辞·九章》'固庸態也'，《论衡·累害篇》'態'作'能'；《汉书·司马相如传》'君子之態'，《史记》亦作'能'。"《说文·人部》："儃，儃何也。"段注："'儃何也'未闻。假令训为'儋何'，则又不当析厕于此。儃何，或当作儃回。"故"何"之误或从《说文》时已有之。《楚辞·惜誓》"寿冉冉而日衰兮，固儃回而不息"王逸注："儃回，运转也。言己年寿日以衰老，而楚国群臣承顺君非，随之运转，常不止息也。"字又作"儃佪"。《楚辞·九章·惜诵》："欲儃佪以干傺兮，恐重患而离尤。"《九章·思美人》："吾且儃佪以娱忧兮，观南人之变態。""儃回（佪）"指运转不息或逡巡不定的样子，姿態也，故谓之"態"。《汉语大词典》有"儃回"而无"儃佪"。《广韵·仙韵》："儃，態也。"《名义》似当作"儃，儃回，態也"。

【挟，败也】

《广雅·释诂三》"挟，败也"王念孙《疏证》："《方言》：'挟斯，败也。南楚凡人贫衣被丑敝，或谓之挟斯。器物敝亦谓之挟斯。'挟与侠通。"清钱绎《方言笺疏》："《淮南·人间训》云：'秦皇挟图录。'高诱注：'挟，销也。'卷七云：'斯，离也。齐陈曰斯。'《释言》同。又卷六云：'散也，东齐声散曰廝，秦晋声变曰廝，器破而不殊其音亦谓之瘷。《集韵》引《字林》云：'甓，瓮破也。'王逸注《楚辞·九歌》云：'澌，水解也。'斯、瘷、甓、澌义并与败相近，合言之则曰挟斯。"又"澌"为解冻之冰，"撕"为以手折物，故从斯声之字多有离断、分解之义。尽管现代汉语方言中，"挟斯"的破败义今已不存，但这种零散义仍有使用，如西南官话（云南楚雄）称零星小件的劳动工具为"挟斯"。①故窃谓"侠斯"之义来源于"斯"，"侠"无实义。朱骏声《说文通训定声》言"侠（挟）"为"发声之词"，或可为证。《广雅》"侠，败也"盖误省《方言》文。《名义》当云"侠，侠（挟）斯，败也"。清俞樾《春在堂随笔》卷六："有两道士居洞中，衣服挟斯，发髻髽然。"

【伣，细陋也】

今按：当云"伣，伣伣，细陋也"。"伣"与"佌"同。《玉篇·人部》："伣，本亦作佌。"《集韵·纸韵》："佌，或作伣。"《诗·小雅·正月》"佌佌彼有屋"陆德明《释文》："佌，《说文》作伣。"《尔雅·释训》"佌佌，小也"郭璞注："谓才器细陋也。"故"佌佌"叠音连绵，多形容声名或才气卑微渺小。金董解元《西厢记诸宫调》卷二："这个将军，英雄名姓非佌佌。嫌小官不做，欲把山河取。"清顾宗泰《月满楼诗文集·诗集》卷一《沧浪集》："故人隔千里，交道慎始终。佌佌复簌簌，貌合心不同。"

【倠，丑面也】

今按：当云"倠，仳倠，丑面也"。"仳倠"，古丑女名，亦多形容女子面容丑陋。《说文·人部》："倠，仳倠，丑面。"《玉篇·人部》："倠，《淮南》曰：'嫫母仳倠。'《说文》：'仳倠，丑面也。'"《楚辞·九叹·思古》"西施斥于北宫兮，仳倠倚于弥楹"王逸注："西施，美女也；仳倠，丑女也。"《淮南子·修务》"虽粉白黛黑，弗能为美者，嫫毋仳倠也"高诱注："仳倠，古之丑女。"《集韵·贿韵》："倠，仳倠，面丑也。"

【伈，恐也】

今按：当云"伈，伈伈，恐也"。《玉篇·人部》："伈，伈伈，恐貌。"《集韵·寝韵》引《博雅》："伈，伈伈，惧也。"唐韩愈《鳄

---

① 许宝华、宫田一郎：《汉语方言大词典》，中华书局1999年版，第4000页。

鱼文》："刺史虽驽弱，亦安肯为鳄鱼，低首下心，伈伈睍睍，为民吏羞，以偷活于此也。""伈伈"和"睍睍"皆形容小心胆怯的样子。恖为"恐"之俗字。敦煌文献S.388《正名要录》"右依颜监《字样》甄录要用者，考定折衷，刊削纰缪"，"恐"即作恖。

【佔，鬼黠也】

《玉篇·人部》："佔，《字书》云：'佔，佔恀，小人。'一曰：佔恀，鬼黠也。"《集韵·叶韵》："佔，佔恀，黠貌。"清魏茂林《骈雅训纂》卷二："佔恀，多智也。"与"鬼黠"同义。"佔恀"叠韵连绵。

【佅，事济也】

《玉篇·人部》："佅，佅健，事济也。"胡吉宣《玉篇校释》："健，《切韵》云：'佅健，肥大貌。'本书作'佅健，事济'，叠韵连语也。""佅，《切韵》入声，末韵，莫割反。'佅健，事济'未详。……案：'佅健'盖外来语音译。《礼记·明堂位》：'眛，东夷之乐也。'《周礼·春官》'有韎师'郑注：'舞之以东夷之舞。'本书《韦部》：'韎，东夷乐名。'"一说"韎"为古代北方少数民族的乐名。《集韵·怪韵》："韎，一曰北狄之乐。"然"佅"、"佅"（今按：其实一也）亦有指古代少数民族乐名之义，来源不详，《集韵·夬韵》："佅，东夷乐名。"《广韵·末韵》："佅，西夷乐名。"

【儸，健而不德也】

《玉篇·人部》："儸，偻儸，健而不德也。"下文"偻"字云："偻，偻儸。"《广韵·麻韵》："偻，偻儸，健而不德。""偻"未见单独称说例；"儸"可为"偻儸"（嘍囉），谓伶俐狡黠。清梁章巨《称谓录》卷二十六"偻儸儿"注："偻儸，《演义》谓'干办集事之称'，《海篇》训'儸'字曰'健而不德'，据是二说皆狡猾能事意也。"

【佟，阳不知也】

《玉篇·人部》："佟，佟僻，佯不知也。"古"佯"亦作"阳"，假装义。《资治通鉴·周纪五》"范雎佯为不知永巷而入其中"胡三省注："佯，古字多作阳，诈也。"《集韵·齐韵》《类篇·人部》并云："佟，佟僻，阳不知也。"明朱谋㙔《骈雅》卷二："佟僻，佯不知貌。""僻"独用表示人姓，"佟"未见独用例。

【偣，老无宜遍也】

《玉篇·人部》："偣，偣佅，老无宜适也。"《集韵·勘韵》：

"俕，僋俕，老无宜适，一曰痴貌。"《广韵·勘韵》："僋，僋俕，不净。"《名义》"僋"下列"俕"字，训作"僋也，俕也"。今按：当云："僋，僋俕，老无宜适也。""俕，僋俕。""宜适"意为恰当、适中、符合标准，"老无宜适"盖言人年长而言行无仪，亦即糊涂、不慧之谓。明朱谋㙔《骈雅》卷二："僋俕，不慧也。"宋罗泌《路史·前纪三·秦逢氏》："叔末之人，占侹僋俕。綦溪利跂，正真之道削而憸险之行多，是以不能神明而归于物。""占侹"双声连绵，意为轻薄；"僋俕"叠韵连绵，意为无知。又《玉篇·人部》："偡，五甘切，不慧也。"《广韵·盍韵》："偡，偘偡，不着事。"《类篇·人部》："偡，偘偡，无仪检。"胡吉宣《玉篇校释》："偘偡注与僋俕同。"

【傂，池也】

当云"傂，傂佹，柴池也"。《文选·司马相如〈上林赋〉》"傂池茈虒，旋还乎后宫"李善注引张揖云："傂池，参差也。"《类篇·人部》亦云。《文选·扬雄〈甘泉赋〉》"佹傂参差"张铣注："佹傂、参差，不整齐貌。"《字汇·人部》："傂，傂佹，不齐也。"《集韵·支韵》："柴，柴池，参差也。或从人。"故"傂佹、佹傂、柴池、傂池"皆为连绵词，义与"参差"同。《名义》误断"傂（柴）池"成训。

【裊，秋风摇木貌也】

今按：当云"裊，裊裊，秋风摇木貌也"。《楚辞·九歌·湘夫人》"裊裊兮秋风"王逸注："裊裊，秋风摇木貌。"《文选·谢灵运〈石门新营所住四面高山回溪石濑修竹茂林诗〉》"裊裊秋风过"李周翰注："裊裊，风吹貌。""裊"本义指女子纤弱，步行时摇曳生姿；叠音形容烟气、树木等细长之物随风摇摆的样子，亦作"嫋嫋"。《玉篇·女部》："嫋，姌嫋，长也。"《广韵·筱韵》："嫋，长弱也。"李贺《感讽五首》"裊裊青栎道"王琦注："裊裊，风摇木貌。"温庭筠《台城晓朝曲》："博山镜树香苹苷，裊裊浮航金画龙。"

【娙，奵也】

《玉篇·女部》："娙，《说文》曰：'婴娙也。一曰娙娙，小人貌。'又娙奵，自持也。""娙"下列"奵"字："奵，娙奵。"故此当连篆读作"娙，娙奵也"。《广韵·迥韵》："娙，娙奵，自持也。"《集韵·迥韵》："娙，娙奵，面平貌。""娙奵"叠韵连绵。清斌良《抱冲斋诗集》卷十三《观音阁》："残僧半盲聋，谁参赵州茗。自采曼陀花，净瓶供媟奵。"

【娵，婑也】

今按：当连篆读作"娵，娵婑也"。《玉篇·女部》："婑，弱也。"《广韵·果韵》："娵，娵婑，身弱好貌。"清桂馥《札朴》卷三："韩退之《元和圣德诗》：'焕赫娵婑。'娵婑，谓美好。"《说文·女部》"娵，婑也"段玉裁亦改作"娵婑也"，注云："今本删娵字，非也。娵婑与旖施音义皆同，俗作婀娜。""娵婑"谓女子柔媚之貌。梁武帝《游女曲》："容色玉耀眉如月，珠佩娵婑戏金阙。"

【婵，引也】

当云"婵，婵媛，引也"。《楚辞·离骚》"女嬃之婵媛兮，申申其詈予"王逸注："婵媛，犹牵引也。"《楚辞·刘向〈九叹·思古〉》"心婵媛而无告兮，口噤闭而不言"王逸注："言己愁思，心中牵引而痛无所告语也。"《文选·张衡〈南都赋〉》"垂条婵媛"李善注："婵媛，枝相连引也。""婵媛"叠韵连绵，谓情丝牵引，或枝条交错连引。清龚自珍《忆瑶姬》："定万古长对晶盘，敛庄严宝相，独坐婵媛。"宋叶适《余顷为中塘默林诗他日来游复作》："林光百道合，花气十村连。风迎乱䮄骎，日送交婵媛。"

【婐，容也】

当云"婐，婐婐，容也"。《广雅·释训》："婐，婐婐，容也。"《集韵·觉韵》："婐，《博雅》：'好也。'一曰婐婐，容也。""婐婐"谓丰润而有光泽的样子，"婐"当与"渥"同源。《字汇·水部》："渥，泽也。"《后汉书·班彪传上附班固》："发五色之渥采，光焰朗以景彰。"李贤注："渥，光润也。"明来知德《来瞿唐先生日录》外篇卷四《送渠宗弟荐书入选》："婐婐棠棣华，不种同室忆。"明方孝孺《指喻》："浦阳郑君仲辨，其容阗然，其色渥然，其气充然，未尝有疾也。"

【顲，瘦】

当云"顲，顲顲，瘦也"。《玉篇·页部》引《说文》曰："顲，面顲顲貌。"《广韵·勘韵》："顲，顲顲，瘦也。"《说文·页部》："顲，食不饱面黄起行也。"段玉裁于"食"字前补"顲顲"二字，注云："二字各本无，今依全书通例补。叠韵字也。"《名义·页部》"顲"前列"顄"字，释为"饭不饱面黄行也"，疑脱"起"字。"顲顲"亦作"颥颔"，乃"颥"假"颔"为之。《楚辞·离骚》"苟余情其信姱以练要兮，长颥颔亦何伤"王逸注："颥颔，不饱貌。"

【䩋，小头也】

《玉篇·面部》："䩋，䩋䪻，小头也。""䪻，䩋䪻。"《名义·面部》"䩋"下"䪻"字云"䪻，䩋也"，当与字头连读作"䩋䪻"。《广韵·咸韵》："䩋，䩋䪻，出头貌。"《正字通·面部》："䪻，䩋䪻，小头，又出头貌。""䩋䪻"叠韵连绵。

【䭱，无色也】

《玉篇·色部》："䭱，䭱䭱，无色。""䭱，䭱䭱。"《广韵·唐韵》："䭱，䭱䭱，无色状。"明朱谋㙔《骈雅·释诂》："䭱䭱，无色也。""䭱䭱"叠韵连绵。《名义·色部》"䭱"下"䭱"字注"䭱，色也"，脱"无"字。

四 《校释》误释或未详例

【𢇛，广也，颐也，长也】

《校释》："'广也，颐也，长也'未详。《字贯》引《诗·秦风》'夏屋渠渠'。渠渠，深广也。渠音同𢇛。"今按："广也，颐也"当为"广颐也"。"𢇛"乃古文"𦣠"字。《尔雅·释宫》"落时谓之𢇛"邵晋涵《正义》："𢇛，古𦣠字。"《玉篇·臣部》："𦣠，广臣也，长也。"《说文·臣部》："𦣠，广臣也。𢇛，古文𦣠从户。""广𦣠"本义下颌宽大，段玉裁订为"广颐"，并注云："𦣠，引申为凡广之称。《周颂》'昊天有成命'传曰：'缉，明也；熙，广也。'熙乃𦣠之假借字也。"《方言》卷十二"𦣠，长也"郭璞注："谓壮大也。"《广雅·释诂二》《广韵·之韵》亦云："𦣠，长也。"

【樤，梄也，书也】

《校释》："'梄也，书也'未详。"今按：《玉篇·木部》："樤，柚樤也。亦作条。""条"可为木名，即柚。《诗·秦风·终南》："终南何有？有条有梅。"毛传："条，梄。"朱熹《集注》："条，山楸也。"陆玑《毛诗草木鸟兽虫鱼疏》卷上："条，梄也，今山楸也，亦如下田楸耳。皮色白，叶亦白，材理好，宜为车板，能泾，又可为棺木。"宋陆佃《埤雅·释木》："柚似橙而大于橘……一名条。《秦风》所谓'有条'即此也。"《古经解钩沉》卷三十《尔雅·释木》

"梄，山榎"孙注："条，梄。"

"条"又有条款、教令义。《广雅·释诂四》："条，书也。"《广韵·萧韵》："条，教也。"《战国策·秦策一》："科条既备，民多伪态。"

【篸，参差也，洞箫也】

《玉篇·竹部》："篸，篸差，不齐也。又针篸。"《校释》："'洞箫也'未详。"今按："参差"可为名词，指乐器洞箫。《楚辞·九歌·湘君》"望夫君兮未来，吹参差兮谁思"王逸注："参差，洞箫也。言已供修祭祀，瞻望于君，而未肯来，则吹箫作乐，诚欲乐君，当复谁思念也。参差，一作篸篧。"《文选·江淹〈杂体诗三十首〉》"客从南楚来，为我吹参差"吕延济注："参差，箫也。"参差，本言不齐貌。慧琳《一切经音义》卷六十四"参差"注引顾野王云："参差，不齐等也。"《湘君》文用如名词，指洞箫，即排箫的一种。排箫是古代管乐器，编竹而成，大者二十三管，小者十六管，按律排列于木椟中，上端平齐，下端两旁长而中部短，参差不齐，故亦名"参差"（又因其制多以竹，故又增竹旁而为"篸篧"，或为"比竹"）。排箫管底以蜡蜜封堵的称"底箫"，无底的称"洞箫"。唐皎然《同李中丞洪水亭夜集》："佳人但莫吹参差，正怜月色生酒卮。"清秋瑾《挽故人陈阕生》："喜音时按玉参差，好客每陈金凿落。"郭沫若《屈原》第二幕："第四人为湘夫人，女像，面色绿，余与湘君相似，手执排箫。"《残卷·龠部》黎本："龤，乐器曰龤也。《字书》或箫字也。箫，参差管也。"

排箫（战国早期）1978年随州曾侯乙墓出土　湖北省博物馆藏

【整，乒也，别也】

《玉篇·正部》："整，整齐也。"《校释》识乒为"亡"，注云："'亡也，别也'未详，疑当作'无别也'。"今按：乒非"亡"，当为"正"之俗字。敦煌文献甘博001《法句经》"慧而不起邪，思正道乃成"，"正"字作乒；敦研190《妙法莲华经常不轻菩萨品》"正法住世劫数，如一阎浮提微尘"，"正"字作乒，皆与乒形似。《广韵·静韵》、慧琳《一切经音义》卷十二"严整"注引《考声》、卷三十六"圆整"注引《古今正字》皆云："整，正也。"《礼记·月令》"整设于屏外"郑玄注："整，正列也。"《释名·释言语》"静，整也"王先谦《疏证补》引王先慎曰："整有正义。""整"又有治理义。《文选·张衡〈东京赋〉》"乃整法理"薛综注："整，理也。"《尔雅·释言》"服，整也"郝懿行《义疏》："整之言治也。"而"别"亦有治义。《方言》卷三："别，治也。"故"整"亦可训"别"。慧琳《一切经音义》卷六十二"促整"注："整，别也。"《名义》"正也，别也"不误。

（范文杰：中国人民大学文学院，100872，北京）

《篆隶万象名义》反切上字
取字规律初探*

郑林啸

  《篆隶万象名义》（以下简称《名义》）是日本高僧空海据顾野王《玉篇》编纂的一部汉字字书，也是日本历史上最早的字典，同时还是日本僧人编写的第一本解经的辞书。该书较好地保存了《玉篇》语音原貌，是研究魏晋南北朝语音的珍贵资料。

  反切作为中国历史上长期存在的一种注音方式，其构造的规律一直是音韵研究值得关注的问题。等韵图产生前后，反切的构造规律应该是有区别的，这一点陆志韦（1963）早有说明。我们一般所认为的反切上字管声母，下字管韵母及声调的观点，应该主要说的是早期韵图，并不完全符合早期的反切结构，因此陆志韦（1963）详细整理了徐邈、吕忱、郭璞、孙炎、王肃、韦昭、薛综等人的反切直到《王三》的反切，总结早期反切的构造规律，对我们了解早期反切的构造和语音具有重要的意义。而《名义》中保存的大量反切，其构造规律如何？对现有的反切规律是能够证实，还是补充？或者是能够证伪？目前学界还没有进行研究。我们认为，《名义》的反切若真如杨守敬、上田正、周祖谟等各位专家研究结论，则其保存的是原本《玉篇》中的反切，其反切比《切韵》还要早60年左右，也是早期反切之一，因此，很有必要对其反切进行构造规律的研究，以便于我们更深入地了解音韵学史和中古汉语的语音实际。

  本文对《名义》中的反切和直音资料进行了穷尽性的考察和研究，详细分析其反切上、下字在开合、等第、清浊等的搭配方面的特点，并与

---

  * 本文系"中国人民大学科学研究项目基金'明德青年学者计划项目'（项目批准号：10XNJ049）"的阶段性成果。

《王三》进行比较，以总结《名义》反切上字取字的原则。

一 《名义》切上字与切下字在等次上的搭配

李荣先生（1956）在《切韵音系》中将反切的等次分为：一、二、子、丑、寅A（简称A）、寅B（简称B）、四七类，其中一、二、四即平常所说的一等、二等和四等，而子、丑、寅三类均为平常所说的三等，子类是与一、二、四等可同列于一表中的三等韵，包括：微、殷、文、元、庚、严、凡七韵系及废韵；寅类是重纽韵；丑类是除子、寅之外的其他三等韵。寅A指重纽韵唇牙喉音字等韵图列于四等的韵，寅B指重纽韵唇牙喉音等韵图列于三等的韵。我们在统计《名义》反切的等次时，为了便于与陆志韦先生统计的《王三》等次进行比较，只分为一、二、三、四等四类，即将李荣先生的子、丑、寅三类合为三等。

《名义》的注音材料在收集时，我们都已经做过了辨俗正讹的工作，并制订了严格的反切比较的原则[①]，从而保证了材料的准确性，这样，除去三条直音注音，共收入了14790个字，15062条反切。

表1　　　　　　　　　　　　反切上、下字等次搭配

	下字一等		下字二等		下字三等		下字四等		上字合计	
上字一等	2665	*92	834	*28	427	*65	940	*37	4866	*222
上字二等	32	*7	126	*3	49	*5	25	*1	232	*16
上字三等	1061	*82	583	*38	6896	*116	497	*89	9037	*325
上字四等	161	*3	5	*0	81	*4	106	*4	353	*11
下字合计	3919	*184	1548	*69	7453	*190	1568	*131	14488	*574

说明：表格中带*的数字代表切下字和被切字不同等次的反切的次数，统计时不算入。

从表1中可以看出，切下字与被注字等次相同的共14488条，占全部反切的96%，可见，被切字的等第确实是由反切下字决定的。同时，反切上字和下字均与被注字等第相同的共9793条，占全部反切15062条的65%，说明为了使反切更和谐，古人在构造反切时对切上字也是有关注的。

反切上、下字搭配的格局与《王三》《广韵》很相似，在3919个一等字中，有2665个用一等切上字；在7453个三等字中，有6896个用三等切

---

① 郑林啸：《〈篆隶万象名义〉声系研究》，河北大学出版社2007年版，第17—40页。

上字。二等和四等反切用二等切上字和四等切上字的并不是最多的，反而更倾向于用一等字作切上字。这样，三等字与一、二、四等字就形成了对立，即三等字多用三等字作切上字，而一、二、四等字多用一等字作切上字。这种格局在《王三》和《广韵》中虽然已经存在，但《名义》本的《玉篇》成书比《切韵》早了58年，因此，可以说这种格局早在《玉篇》成书之时就已经存在了。

（一）三等切上字和一等切上字

通过统计可以看出，三等字本来就很多，占了总数的一半左右，且三等字又绝大多数用三等切上字。在一、二、四等字中，用三等切上字分别为1061次、583次和497次，分别占各自总数的27%、37.7%和31.7%。

四等反切用三等切上字时，通过与《王三》的比较，从总体的趋势来看，也有很大程度是求切上字更简单、更常用，比如来母四等字中，有133条反切在《王三》中不用"力"作反切上字，而《名义》均用"力"作切上字；精母字中，有23条用"子"作切上字的反切，在《王三》中上字更为复杂。但一个更明显的特点是：《名义》中用三等切上字为四等字作切的情况比《王三》中要多，很多在《王三》中用一等切上字的四等字，而《名义》都是用三等切上字的，这是《名义》反切上字选择上与《王三》的一个很大不同。

一等字用三等切上字时，其情形与四等字用三等切上字很像，也有力求使切上字更简单、常用的特点，如：此类来母反切共394条，其中反切上字为"力"的，有309条；此类唇音反切共86条，其中用"方"、"亡"作反切上字的有53条。但有些反切上字的选择，属于各书用字特点的不同，如在清母字中，《王三》用"七"作切上字更多，而《名义》中用"且"更多。

二等字用三等切上字时，与《王三》中一样，都是知组和庄组字所占比例较高，即很多知、庄组二等字都是用三等字作切上字的，《名义》中这样的反切有了347条，占此类反切的60%，陆志韦（1963）的解释是：二等字的主要元音比较"紧张"，即其主要元音不容易丢失，在上下字拼合时是不大顺口的。因此，给二等字注音时，反切上字选择三等字更多一些。另外，还有179条在《王三》中用一等字作切上字的反切，在《名义》中是用三等字作切的，说明《名义》比《王三》更爱用三等切上字。还有一部分唇牙喉音字只能用三等切上字55次。

总之，一、二、四等反切，有明显的用一等切上字的趋势，但与《王三》相比，此趋势却是《王三》比《名义》更明显，应该说明在近60年的发展中，人们更加追求反切用字的和谐了。此三类反切也都有一部分用三等切上字，且在《名义》中用三等切上字的趋势比《王三》中更明显，很多《名义》中用三等切上字的，到《王三》中改成了一等切上字，从而使一、二、四等与三等的两分情况更加明显。

那三等反切的切上字情况什么样呢？三等反切用三等切上字的，《名义》中有6896条，占总数的92.5%，《王三》中则可以占到97.5%；而三等反切用一等切上字的，《名义》中有427条，占总数的5.7%，《王三》中此类情况只有1.6%；三等反切用二等切上字的，《名义》中有49条，占总数的0.7%，《王三》中此类情况只有0.5%；三等反切用四等切上字的，《名义》中有81条，占总数的1.1%，《王三》中此类情况只有0.4%。可以看出，虽然两书在三等反切的构造规律上是基本一致的，但《王三》的反切在和谐度上还是比《名义》要高，因为《王三》用三等切上字的比例要高于《名义》。另外，将三等反切和四等反切结合起来看，可以发现，《名义》中三、四等的关系要比《王三》中更密切，无论是以三等上字切四等反切，还是四等上字切三等反切，《名义》中的数据都比《王三》中要多。

另外，从三等切上字出现的比例来看，在《名义》中三等切上字频率为62.4%，而《王三》中三等切上字出现的频率为59.3%，这也说明《名义》比《王三》更爱用三等字作反切上字。

（二）二等切上字和四等切上字

在反切上字的用字中，从表1可以看出二、四等字都出现得比较少，二等字只出现232次，四等字只出现353次，分别占总反切数的1.6%和2.4%，到了《王三》中，二等字和四等字作反切上字的比例就更小了，分别是1.4%和1.3%。表明反切上字规避二、四等切上字的情况在《玉篇》成书时就已经很明显了，到了《王三》中这种规避更加明显。

《名义》中二等切上字共出现56个，其中"下"、"山"、"叉"、"白"四字就出现了122次，其余52字出现110次；而四等切上字共出现21个，其中"丁"出现146次，"千"出现39次，"先"出现127次，"青"出现11次，其余17个切上字共出现30次。因此，笔画的繁简和是否常用字确实在反切用字的选择上具有重要影响。

二等切上字用于二等反切的有126次，占54.3%，而到了《王三》中，用二等切上字构造的二等反切，可以占到所有二等反切的67.3%，这表明在《名义》中二等切上字的分布比《王三》中稍平衡一些，使用也更自由一些。而到《王三》中二等切上字更加集中于二等反切上，这也表明到了《王三》，对二等切上字规避更加明显了。

四等切上字用于四等反切的只有106次，而用于一等反切的却有161次，说明《名义》在构造四等反切时，更愿意选择一等切上字，这一点与《王三》中相同。

因而，可以看出，在《玉篇》时代，反切构造时就规避二等字和四等字，到《王三》时，这种规避更加明显了。

二 阳声韵尾和入声韵尾对反切上字选择的影响

切上字的选择除了受等次的限制外，还会受到韵尾的影响。

（一）后鼻音韵尾及舌根塞音韵尾

《名义》中的后鼻音韵尾切上字，指收音为-ŋ的字，舌根塞音韵尾切上字，指收音为-k的字，现将其统计于表2：

表2　　　　后鼻音韵尾及舌根塞音韵尾切上字的使用情况

		阳声-ŋ		入声-k	
曾摄	曾摄一等		0	北2、则2、黑、特	6
	曾摄三等	徵20、陵3、兴2等6个字	28	力822，勅（敕）94，侧54等16个字	1137
宕摄	宕摄一等	桑39、仓8、光6等11个字	76	莫267、薄60、作21等14个字	394
	宕摄三等	亡184，方60，壮36等46个字	565	略2，却2	4
梗摄	梗二等	耕3、庚3、衡等9个字	13	核11、麦5、白5等12个字	38
	梗三等	明15、平6、贞4等12个字	40	尺10、役3、辟、昔	15
	梗四等	丁149、青13、并7等5个字	173	绩、一	2
江摄	二等	江	1	邈2	2

（续表）

		阳声-ŋ		入声-k	
通摄	通一等	公222，空14，通7等10个	266	屋2，告2，穀2等7个字	10
	通三等	充61，中3，忠2等11个字	74	竹80，郁10，陆4等13个字	106
总计			1236		1714

说明：表中反切上字并未穷尽性列举，而是用"举一例三"的方式，每字后的数字表明其做反切上字的次数，未标示数字的，则只做过1次反切上字。

从上表可以看出，-ŋ和-k出现的频率都不小，说明反切上字不规避-ŋ和-k。两者在数量上相差也不算太大，这与《王三》中-k比-ŋ多了一倍多的情况有明显的不同。其中比较突出的是曾摄三等入声和宕摄一等入声字，二者共出现1531次，这与《王三》中的情况相似，说明-ak和-iək联下读比-aŋ和-iəŋ联下读更顺口，正如陆志韦（1963）解释的那样，"这-k没有很强的除阻，更不能像有些语言里的送气音"，我们认为它应该是很轻很短的，因而比-ŋ更容易脱落。

另外，以-ŋ和-k收尾的切上字在分布上是不平衡的，江摄字最少，这与切上字规避二等字有关。梗、通三摄字比较少，且其中"丁"、"公"等笔画少的字还占了绝大部分，因此，若不是因为笔画的原因，也许其出现次数会更少。曾摄和宕摄字出现得很多，从表格来看，《名义》在选择用一等切上字时，会优先选择宕摄字，然后再选择曾摄一等字；在选择三等切上字时，亦是如此，阳声韵尾优先选择宕摄三等字，只有入声韵尾曾摄三等字占有明显的优势，仔细分析其原因，应该有两个：（1）在三等曾摄入声中，仅来母字就占了822个，且都是用"力"作切上字的，这有反切用字求简的原因在；（2）从音理上分析，陆志韦所说-iak比-iək联切下字时更不顺口。[①]在这两个原因的作用下，《名义》的反切上字中曾摄三等入声就一下子多了起来。

---

① 陆志韦：《古反切是怎样构造的》，《中国语文》1963年第5期。

（二）前鼻音韵尾及舌尖塞音韵尾

表3　　　　　　　　　　　　-n和-t韵尾切上字的分布

		阳声-n		入声-t	
山摄	山一	旦、安、干等7字	7	达150，挞3，葛等7个字（全部为末韵字）	157
	山二	山49	49		0
	山三	言5，绵3，返2等8个字	16	竭2，月，悦等6个字	7
	山四	先130，千41，天2等5字	175	结2，决，穴	4
臻摄	臻一	存8，尊	9		0
	臻三	欣30，仁13，人8，尹8等23个字	88	匹66，乙36，七27等16个字（其中质韵字158个）	161
总计			344		329

从上表可以看出，与-ŋ和-k尾切上字相比，-n和-t尾的切上字要少了很多。而且，在入声字中，末韵字和质韵字有315个，占了入声切上字的绝大多数。在选择用字上，阳声韵-n尾切上字会优先选择臻摄字，只有二、四等字因臻摄无字，才选择山摄二、四等，且在山摄阳声韵切上字中，还有220个用的是"山"、"先"、"千"等简单字。可以看出，在-n尾切上字中，很少用洪音字，这与《王三》中特点相同。二者不同的是，在收-t尾的切上字分布上，《王三》中入声切上字没有洪音字，而《名义》中入声洪音切上字（即末韵字）却非常多。这说明《名义》在选择入切上字时，一等入声优先选择at，三等入声优先选择iət，与上面宕摄、曾摄的选择相同。

（三）唇鼻音韵尾及唇塞音韵尾

表4　　　　　　　　　-m和-p韵尾切上字分布

		阳声-m		入声-t	
深摄	三等	心	1	执、什、习	3
咸摄	三等	凡2，咸，床	4		0

从上表来看，反切上字尽量规避深摄和咸摄字，如果用的话，在选择时，《名义》会在选-m尾时优先选咸摄，而选-t尾时，优先选深摄。

总之，切上字不规避-ŋ和-ĸ，随着韵尾发音部位的提前，其出现次数也依次递减。这一规律大体上与《王三》是一致的，是古人构造反切的一种趋势。这主要是两个原因在起作用：（1）是切上字力求简单易识；（2）切上字与切下字在实际读音上应该尽可能和谐。

三　反切上、下字在开合上的选择规律

被注字的开合一般都认为是由反切下字来决定的，而上字在开合的选择上是自由的，那么《名义》中实际情况如何呢？

先来看看反切上字和反切下字哪个与被注字关系更密切，密切到何种程度。

表5　　　　　　　　　　反切上字与被注字开合配合

被注字＼上字	独	开	合	总计
独	3139	2225	44	5408
开	3300	3477	36	6813
合	1928	805	108	2841
总计	8367	6507	188	15062

从上表可以看出，反切上字的开合与被注字的开合关系不是很大，每类被注字所用的切上字各类开合都有，独韵字作切上字的情况是最多的，而合口字明显少得多，体现了反切上字不喜欢用合口字。而且，即便是在给合口被注字注音时，也是选择独韵切上字最多，而不是合口切上字。合口切上字给合口被注字注音最多，而很少给开口字和独韵字作切上字，体现了构造反切力求和谐的要求。

表6　　　　　　　　　　反切下字与被注字开合配合

被注字＼下字	独	开	合	总计
独	5373	30	5	5408
开	19	6563	231	6813
合	4	321	2516	2841
总计	5396	6914	2752	15062

上表非常明显地显示了反切下字与被注字在开合上的密切关系，独韵被注字共5408条，其中用独韵切下字的有5373条，开口被注字的共6813个，用开口切下字的有6563条，合口被注字的共2841个，用合口切下字的有2516条。这说明，反切下字被注字的开合这一规律在《名义》中也同样

适用，虽然被注字为合口的反切中还有321条是用开口切下字作切，但通过仔细分析，我们发现其中204条都是用唇音切下字，占此类反切的74%，这些唇音字虽然据所处的韵标为开口，实际上我们知道，在南北朝直到唐代，唇音的开合对被注字影响并不大，在这204条反切中，合口切上字和遇摄切上字共154条，可见唇音切下字作切时，其开合多由反切上字来决定。

表7　　　　　　《名义》中反切上字与反切下字开合搭配

下字＼上字	独	开	合	总计
独	3133	2220	43	5396
开	3388	3444	82	6914
合	1846	843	63	2752
总计	8367	6507	188	15062

表7与表5的数据非常接近，说明反切上字的开合与反切下字的开合也没有太大的关系，但从数据来看，独韵字作切上字最多，而合口字则非常少。因此，《名义》注音时会尽可能回避合口切上字，多用独韵字。切下字开合的总数据应该说明被注字中独韵、开口、合口的实际分布状况，这与表5的数据非常接近，都是开口字最多，合口字最少。《名义》中的合口字共2000多条，可是用于反切上字的只有188条，不足7%，可见《名义》在选择切上字时是多么不愿意取合口字。笔者想，最主要的原因是合口字在-u-介音后还有主要元音，有的还有韵尾，作为切上字，需要抛弃的东西太多，而且表示合口的-u-已经通过下字表示出来了，就没有必要再用合口上字了。

独韵字的实际数量比开口字少了1500多个，然而在选择切上字时，独韵切上字却比开口切上字多将近2000个，在8367个独韵切上字中，遇摄字出现7162次，在独韵切上字中占绝对多数，即便是在全部的切上字中，遇摄切上字也占了将近一半。

遇摄字包含模韵系、虞韵系和鱼韵系，其中模、虞两韵系在《韵镜》《七音略》中同图，同为合口①，可拟音为[u][iu]，鱼韵系为开口，可拟音为[io]，它们都没有韵尾的干扰，最适合作切上字。

---

① 《韵镜》中标为"开合"，《七音略》中标为"轻中轻"，即合口。根据杨军《韵镜校笺》，认为此处《韵镜》标为"开合"是错的，当为"合"。

遇摄字作反切上字的频率也是不平衡的，模韵系最多，而虞韵系最少。

表8　　　　　　　　　　遇摄各韵系反切上字出现频率

	模韵系	虞韵系	鱼韵系	总计
切上字频数	3232	993	2937	7162
实际字数	367	410	348	1125

说明：在此表中，"实际字数"指在《名义》一书中，各韵系实际各有多少字，如模韵系在《名义》中只有367个字，而作为切上字出现的模韵系字则有3232个。

从表8可以看出，虽然虞韵系字最多，可是其作为切上字出现的频次却是最少的，模韵系作切上字的频次是最多的。通过统计，我们发现：

模韵系作切上字频次由多到少依次为：胡[①]$_{670}$、徒$_{427}$、古$_{414}$、呼$_{290}$、補$_{213}$、都$_{209}$、蒲$_{125}$、普$_{110}$、苦$_{102}$、五$_{99}$、奴$_{80}$、乌$_{73}$、苏$_{47}$等63个字；

鱼韵系作切上字频次由多到少依次为：於$_{574}$、居$_{333}$、渠$_{298}$、餘$_{239}$、如$_{175}$、所$_{164}$、鱼$_{139}$、除$_{105}$、女$_{105}$、余$_{85}$、虚$_{82}$、舒$_{78}$、楚$_{66}$、徐$_{61}$、许$_{48}$等60个字；

虞韵系作切上字频次由多到少依次为：扶$_{199}$、甫$_{98}$、禹$_{91}$、与$_{72}$、孚$_{70}$、去$_{66}$、武$_{40}$、无$_{38}$、于$_{28}$、瑜$_{24}$、俱$_{22}$、謝$_{20}$等64个字。

可以看出，遇摄切上字出现频率高的，大多笔画比较简单，或者是常用字，再加上其在语音上的和谐，从而使其作切上字的频率非常高。

四　小结

综上所述，以上本文从反切上下字在等次、开合上的搭配及阳声韵尾和入声韵尾对反切上字选择的影响三个方面分析，可以发现《名义》在反切上字的选择上有如下特点：

1. 一等切上字多用于一、二、四等反切，三等切上字多用于三等反切上，一、二、四等与三等的对立格局应该是早在《玉篇》成书之前就已经形成了，到了《王三》此趋势更加明显，说明经过60年左右的发展，反切在构造上更要求和谐了。

2. 《名义》反切中，用三等切上字的情况比《王三》中的比例要高，很多《王三》中用一等切上字的反切，《名义》中都是用的三等切上字，尤其是在为四等反切注音时，说明《名义》在构造反切时，比《王三》更注重三等切上字。

---

① 文字右下角的数字是该字作反切上字的频次。

3.《名义》中规避二等切上字和四等切上字，到了《王三》，这种规避现象更加明显。

4.韵尾对切上字选择的影响主要表现为：发音部位从后向前，其作切上字的机会依次递减，即[ŋ]—[n]—[m]依次递减，[k]—[t]—[p]也是依次递减的。这种情况到《王三》仍然如此，可见这是较早形成的一条反切构造原则，其原理应该主要基于两点：一是切上字力求简单易识；二是切上字与切下字在实际读音上应该尽可能和谐。

5.被注字的开合是由反切下字来决定的，与反切上字关系不大。可反切上字的开合对上字的选择也有重要的影响，在构造反切时，人们会更喜欢用独韵字，而尽量规避合口字。而在独韵字中，遇摄字又占有最多数，遇摄切上字占了全部切上字的一半左右，这主要是因为遇摄的主要元音为[u]和[o]，且没有韵尾，与下字联读时更加顺口，也更容易拼切出被注字音。而其他合口字在[u]介音后还有主要元音，有的还有韵尾，冗余的成分太多，不太适合作切上字。

6.反切构造规律中，反切用字的简单、易识、常用是选择反切用字的重要原则。

（郑林啸：中国人民大学文学院，100872，北京）

观智院本《类聚名义抄》人部字考辨*

赵晨霞

《类聚名义抄》是12世纪前半期法相宗僧侣出于佛典、经文学习的需要，汇集字典和佛经音义等类书籍编纂而成的汉和辞典。目前可见版本有图书寮本、高山寺本、莲城院本、西念寺本、宝菩提院本、观智院本六个，图书寮本为原撰，其余五种为改编抄本。其中前四种版本皆有所缺，仅观智院本为唯一足本，也是目前收字最多的日本古辞书，是汉字东传的集大成者，对研究俗字具有重要的价值和意义。但因其本为改编抄本，改编及抄写过程中不可避免出现了一些错讹现象，一部分字来源不明，需要加以考辨，以确保文字形音义之间的准确对应。以人部字来看，观智院本《类聚名义抄》主要在以下几方面存在问题，需要予以辨正补充。

一 注释有误

（一）错讹下文

有的注释误将本属下文某字的注释附至上之另外一字，导致形音义不合。如：

1. "仔，五奚反。陽不知也。"

按，"仔"与"五奚反"、"陽不知也"皆不相合，字头与注释不符。"仔"当为"子"之变体。《龙龛手镜》："仔伲仔仔仃，五俗，居列反，正作子，单子，又无右臂也。"《字汇补》："仃与子同，无右臂也。""五奚反。陽不知也"当属下文"仔"下之"伶"字条。"伶，乌计反，佯不知也。"《玉篇》："伶，伶俜，佯不知也。""陽"、

---

* 本文系国家社科基金重大项目"日本藏汉文古字书集成与整理研究"（项目批准号：15DB097）的阶段性成果。

"佯"同音通假。

2."仯傚，音力兩……"

按，此字当为"傚"之俗写。同页"佼，音犮"，《说文》："佼，交也。""仯傚，音力兩"条下有"傚，音力兩反"，此条据高山寺本"力"为"方"之误。《玉篇》："傚，学也。"故"傚"、"仿"一字异体，"方两反"当为"傚"之音切。

（二）误合两字为一字

有的字形注释内容本应分属两字音义，但由于两字形体的相近，《类聚名义抄》将其误合为一，导致音义的错位，易引起理解上的混淆。如：

1."儦，彼苗反，武也，行也。"

按，本条"行也"为"儦"之义，《说文》："儦，行皃。""武也"义出"麃"，《诗·郑风·清人》："驷介麃麃"，毛传："麃麃，武貌。"《集韵》："麃，麃麃，武貌。"

2."伶，绀音，渠廉反，古乐反。"

按，"古乐反"误，高山寺本作"古乐人"，亦误。"人"当为"名"之误。《玉篇》："伶，古乐名。"《后汉书·班固传》："伶侏兜离，罔不具集。"李贤注："郑玄注《周礼》云，四夷之乐，东方曰韎，南方曰任，西方曰株离，北方曰禁。禁，字书作伶。""伶"、"伶"形近易混。徐锴《说文系传》："伶伦，人名也。"伶伦为古乐师之名，掌管乐官。《广韵》："伶，乐人。"故此处据音当为"伶，古乐名。"

3."僁，音隙，疲也，劳也。"

按，此条误合"僁"、"邻"两字为一条。"僁"《说文》："徼僁，受屈也。"《广雅》："极也"又"劳也"。王念孙疏证："司马相如《子虚赋》'徼邻受诎'郭璞注云'疲极也。'《上林赋》'与其穷极倦邻'郭注云'疲惫者也'《方言》：'邻，倦也。'《说文》：'徼僁，受屈也。'……并字异而义同。"《集韵》："僁，倦也。"此字《广韵》其虐切，与"音隙"不合。

据《龙龛手镜》，"隙"为"隙"之俗字。清王廷鼎《说文佚字辑说》："隙，阜部无隙，按：即隙之讹变。"唐柳宗元《唐故万年令裴府君墓碣》："刺金州，决高驰隙，去人水祸，渚茭原茅，鬭成稻粱。"张敦颐音辩："陳字当作隙，柳文隙字皆作陳。""隙"又与"郤"音同而通。朱骏声《说文通训定声》："郤，假借为隙。"《庄子·知北游》："若白驹之过郤。"陆德明释文："郤，本亦作隙，隙，孔也。"引申有嫌隙之义，《史记·项羽本纪》："今者有小人之言，令将军与臣有郤。""郤"增"亻"、"郤"换"阝"而皆为变体"偘"而混。

4．"俤，音余。俤儜，音予也，俤，不仁也。"

按，此处高山寺本作"伃，音余。俤，俤儜，音弓，俤儜，不仁也。"高山寺本正确，观智院本传抄而误"伃"、"俤"两字为一字。两字因"予"、"弔"皆俗写作"弓"而混。《龙龛手镜》："伃，音余，婕伃，与妤同。"可见"伃"为"妤"之异体。又"俤，俗，俤，正。多叫反。俤儜，不当貌也。"

5．"忪，青公反，又作忪，遽也，利也，慧也。"

按，《说文》："忪，志及众也。"王筠句读："忪，公之分别文。"《释名》："俗或谓舅曰章，又曰忪。""夫之兄曰公……又曰兄忪。"《字汇》："忪，惧也。"《方言》："征忪，惶遽。江湘之间，凡窘猝怖遽谓之澜沐，或谓之征忪。"《广雅》："征忪，惧也。""忪"之恐惧义又作"忪"，《集韵》："忪，征忪，怖遽貌。"《字汇》："忪，征忪，行遽也。"又《广韵》："征忪，行貌。"此"忪"《广韵》职容切，皆与"青公反"不符。惊惧之义当专造字"忪"，《玉篇》："忪，心动貌。"又"忪，惶遽也。"此处"青公反"当指"怱"、"聪"二字。"怱"同"悤"，《说文》："多遽悤悤也。""聪"同"聰"，"慧也"即指"聰"。

（三）缺形而误

抄写过程中，往往将某字形体的一部分漏写而致注释讹误，如：

"佋，音韶……云動庙尊卑之次也。"

按，此条中"動"当为"勳"之误，"勳庙"即为"庙"。此字为"佋"，高山寺本作"佋，音照……云动庙尊卑之次也"。《说文》："佋，庙佋穆，父为佋，南面；子为穆，北面。从人，召声。"朱骏声《说文通训定声》："佋，晋避司马昭讳，别作此字。后人妄增入《说文》。""刀"、"几"、"丶丿"两形常相替换，如"役"又常作"役"、"召"作"台"，故作"佋"，改变笔画相对方向即作"佋"。

（四）拆字而误

1.“偄，而六允如朱二反，或需字。”

按，“六允”当为一字“兖”。

2.“㑒㥶㥾僁，四俗。㥿，竹擂文。”

按，“竹擂文”当为“籀文”之误。《龙龛手镜》：“㥶㥾僁，三俗。㥿，古。愆，正。去乾反，过也，咎也。”

（五）合字而误

“㨗倢，字猎反，健也，疾也，佽祖也。”

按：“佽祖也”当为“佽也，利也”。《说文》：“倢，佽也。”《方言》：“虔，慧也。……宋楚之间谓之倢。”戴震疏证：“倢、捷古通用。”《广韵》：“倢，利也，便也。”又“倢，健也”、“次也”、“斜出也”，《龙龛手镜》：“㨗倢，疾葉反，斜出也，又利也，便也。”高山寺本作“㨗倢，字猎反，健也，疾也，佽租也。”故此处当承高山寺本，“祖”为“租”之变，“租”则为“利”与另一字之合写。

（六）形近而误

1.“儕，任皆反，儕，俗欤。”

按，“任”误，高山寺本作“仕”。此字当为“儕”之俗写。

2.“侎，旃音，憮也。”

按，此条“憮”为“撫”之误。“旃”为“弭”之俗写，《类聚名义抄》“张”又写作“旐”。《龙龛手镜》：“侎，音弭，安也，抚也。”

3.“健，辇练二音，斐生二子也。”

按，“斐”当为“雙”。《龙龛手镜》：“健，力展反，畜雙生子也。”《方言》：“陈楚之间，凡人兽乳而雙产谓之釐孳，秦晋之间谓之健子。”《广雅》：“健，孿也。”王念孙疏证：“《众经音义》卷十七引《仓颉篇》云：‘孿，一生两子也，’《说文》作孿。”《集韵》：“健，江东人谓畜雙产曰健。”

4.“倭，俗妊字。”

按，此处字头“倭”系误写，当为“倭”。“倭”《说文》：“顺皃。”《玉篇》：“倭，国名。”《集韵》：“倭，倭堕，髻皃。”《龙龛手镜》：“倭，於为反，慎皃也。又乌禾反，东海中女王国名。”高山寺本有“倭，俗妊字”，为“妊”之换声符变体。观智院本后有“倭，於为反，长也。又乌禾反……"可见将两字误混。

（七）增字而误

"儝，渠往反，贝载戴器。"

按，此字高山寺本作"儝，渠往反，贝载器。"《玉篇》："儝，载器也。"《广韵》："儝，载器也，出《埤苍》。"

（八）脱字而误

1. "俖，他绀反，无宜適。"

按，"无宜適"当为"老无宜適"。《玉篇》："俖，俖佅，老无宜適也。"《广韵》："俖佅，痴貌。"

2. "傛，音容，华也。"

按，"华"上脱"傛"字。《说文》："傛，不安也。"《集韵》："傛，傛傛，便习意。"《正字通》："疾病不安曰傛傛。"《玉篇》："傛，《汉书》傛华，妇官名。"又《广韵》："傛，傛华，县也。"此处"华"当为"傛华"之误，为汉代女官名或古县名。

3. "俈，臼音，高上，大也，毁也。"

按，此条"高上"当为此字又音，前当脱"又"。《广韵》此字其九切，又古劳切。《说文》："俈，毁也，从人，告声。"又《说文》："梏，木也。从木，告声。"《广韵》：古劳切又古老切。可见"告"一字两音。《说文》："告，灾也。"《尔雅》："告，病也。"《方言》："告，谤也。"《广雅》："告，恶也。"《广韵》："告，愬也。"以上各义皆音臼。又《广韵》："告，皋陶，舜臣。古作告繇。"《集韵》："告，姓也，通作皋。"《集韵》："櫜，一名桔櫜，机器。或作梏。"朱骏声《说文通训定声》："告，假借为鼛。"《后汉书·马融传》："伐告鼓。"李贤注："告鼓，大鼓也。"则当音高或高之上声。《方言》："告，谤也。"清钱绎笺疏："俈与告并声义相同。"虽仅就"臼音"之"毁也"、"谤也"义而言，从《类聚名义抄》此条来看，则"俈"在"高上"上亦为"告"之俗写，"大也"即源自"告鼓，大鼓也"。

（九）误"也"为"反"

1. "絛絛，今正，他刀反，丝绳反。"

按，"丝绳反"当为"丝绳也"。《说文》："絛，扁绪也。"《广韵》："絛，编丝绳也。"《龙龛手镜》："絛，吐刀反，编丝绳也。"

2．"伓，普悲反，有力反，众。佫，俗。"

按，"有力反"当为"有力也"。高山寺本："伓佫，下俗，普悲反，有力也，众也。"《说文》："伓，有力也。"《集韵》："伓，众也，一曰大力。伓，或作佫。"

（十）据俗写规律回改而误

"偺，音役，又火艮反，眠也。"

按，"偺"为"督"之变体，《玉篇》："督，视也。"《集韵》："督，眠也。"《玉篇》："眂，古文视。"可见此处"眠"当为"视"之古文"眂"。文字隶变中"氏"、"民"两构件替换为常见现象，故此处循此规律而改"眂"为"眠"，造成意义的错讹。

除此之外，还有其他一些传抄讹误，如"隵，下介反，扬雄反，陿也，陌也，隘也。"此条可参照高山寺本"隵，下介反，扬雄反，陿也，陌也"，两字为一字异写。"扬雄反"不可解。此字当为"隘"，《广雅》："隘，陿也。"王念孙疏证："隘者，《汉书·扬雄传》'何文肆而质隘'应劭注云：'嶭，狭也。嶭与隘通，狭与陿通。'"可见，"隵"、"隘"、"嶭"为一字，"扬雄反"当为"扬雄传"之误。

二 不明本字

《类聚名义抄》收录大量俗字，有的尚未为大型字典所收录，如"僮，音谓，胃也"、"伊，俗，狎，正。胡甲反，习"、"卿，俗卿字"、"俳，俗悲字"、"偈，俗助字"、"蚀，俗蛆，七余反"、"撑，俗，捭，正。北买反"等；有的虽有收录，但为另外一字，如"化，俗叱字"，又如"俋，俗體字"。此字《龙龛手镜》："俋，俗音體。"《荀子·修身》："难进曰俋。"杨倞注："俋与提、媞皆同，谓驰缓也。"有的虽正俗皆明，但形体演变轨迹不清，如"伷，俗憏悇字。"此字高山寺本作"伷，俗憏字，今之悇。"两形皆为"憏"之变体。"旡"变为"夫"，整字将二"夫"替换为二"亻"，省略"忄"则为"伷"，再变而为"伷"。以上种种皆可对现有字典辞书的收字有所补益。除此之外，还有一部分文字形体由于注释不完善的缘故，导致其所对应的本字不明，需要加以考释梳理。

1. "傾，胡沟反。"

按，此字当为"矦"之俗写。《龙龛手镜》："傾，音矦，傾頾，言语无度也。頾音遐。"《玉篇》："傾，傾頾，言不正也。"" 傾"当为"傾"。"傾"显然为"傾"之讹变，"亡"、"匕"两形又常相替换，故又变为"傾"，这一变化对文字内部层次进行了重新分割，"傾"、"傾"显然从矦从頁，"傾"则从人从頴，"頴"为"颖"之变体，出土文献经见。"傾頾"即"矦遐"之俗字。《说文解字注》"胡"下注："胡与矦音转最近。……经传胡、矦、遐皆训何。《士冠礼》'永受胡福'郑曰：'胡犹遐也。毛传：胡，寿也。谥法，弥年寿考曰胡。民耆艾曰胡。皆谓寿命遐远。'"可见，"胡"、"矦"、"遐"三字古音相近而通转，"矦遐"当取其遐远、悠长义，故为言语无度、言语不正之义，故而专门增"頁"旁而分离此意。方言又有"胡頾頾"，意指言语絮叨，当本亦与此语源相同。

2. "傁傁，鲁音。"

按，此二字当为"傁"。《龙龛手镜》："傁傁，旧藏作叟，苏走反，又俗音鲁，义不相应。"《字汇补》："傁，心走切，音叟。"《改併四声篇海》引《类篇》："傁，音叟。"四形皆当为"傁"字变体，《玉篇》："傁，老也，与叟同。"《释名》："叟，老者称也。""臼"变而为"白"，再讹为"自"，其余则讹为"夂"，又为"友"、"皮"。"鲁音"、"俗音鲁"当为方音，如山西北部方言"鲁"即音"搂"，与"叟"音近，故云"鲁音"。

3. "憼，字兹反，又吕专反。"

按，此字或为"慈"、"恋"两字俗写。据"字兹反"，"憼"当为前者增旁变体；据"吕专反"则为"恋"之变体。"憼"条之后为"憼憼，二俗，戀字。""戀"《广韵》力卷切，"吕专反"，读与力卷切同，今山西方言中太原、忻州等地方言此字读音皆与此同。故"憼"与"憼憼"皆为"戀"之俗写，从形体演变来看，显然经"憼"到"憼"再到"憼"，同样是构件成字化的结果。

4. "佰，俗傎字，音巡。"

据形音，此字当为"循"之变体。"傎"将"盾"笔画重组为"亻"与"百"之组合，又按照成字构件原则将"百"写作"頁"而为"傎"。

"佰"同样在笔画重组的基础上替换"彳"为"亻",按照成字构件原则将"百"替换为"百"。

5."侟,音垂,又孕音,送音。"

按,《龙龛手镜》:"侟,今音孕,侟,送行也。又音乘。"两字当同出一字,以上可见"垂"为"乘"之俗写,"送音"当为"送也"。此二字皆为"倴"之变体。《说文》:"倴,送也。"段注:"佚,今之媵字。《释名》曰:'媵,将送也。'送为媵之本义。"此条"孕"或当为"孕",《古今韵会举要》:"孕,或作孕。"

6."伋,未详。"

按,此字或为"仍"或"孕"之俗写。此字前即为"仍,如陵反。又訒,吴音乘"。《说文》:"仍,因也。从人,乃声。"《广韵》此字"如乘切","乃,奴亥切","乃"表音作用大大减弱,因此此字当增构件"人"来表音。又如"俹,未详。"此字当为"御","亻"和"彳"、"卩"和"阝"皆属常见换用,中部属构件隶变频率最高的方位,故此字俗写中可见作"去"、"丢"、"先"等形,"俹"换形为"月"当与"伋"同理,以"月"表音,重构理据。再如《类聚名义抄》有"㐮",此字当为"恼"之俗写。此字上有"㐮㐮,二俗,恼字"。"㐮"为"㐮"之进一步形变,《龙龛手镜》:"㐮,俗,忈,正。思审反。忈忈,恐貌。"可见"㐮"中"心"、"刃"可相替换作"㐮",再将"刃"改作形近之"刀",一者"刀"可作表音之用,且与"㐮"相区别。《广韵》此字色立切,《集韵》:"㐮,㐮㐮,疾貌。"《玉篇》:"㐮,不及也。"

又《龙龛手镜》:"奴,音奴,戮也。"《类聚名义抄》:"奴,古好字。""好"为"奴"之俗写,如"吏"《玉篇》"与闹同",观智院本《类聚名义抄》"好孝反",高山寺本作"奴孝反"。可见"子"、"又"、"人"之替换,故此处又或为"孕"之增旁俗字。

7."孓,左臂单身也。"

按,此字当为"孑"之异构变体。此字高山寺本作"孑"。《说文》:"孑,无右臂也。"《龙龛手镜》:"孑,单孑,又无右臂也。"与此条"左臂单身"义相合。《广韵》"孑"居列切,此字当"孑"之从人或声的重构字"孑"之进一步变体。《龙龛手镜》:"或,徒结反,常也，利也，又国名。"

8."伖，工哀反。侒，俗。"

按，"产"即为"彦"。但《集韵》："赝，伪物也，或作修。"与"工哀反"不符。此二字当为"侅"之变体。《广韵》"侅"古哀反又侯楷反，《说文》："侅，奇侅，非常也。"《集韵》："饮食至咽曰侅。"《广韵》："侅，无侅，人名。""彦"、"亥"常相替换，如敦煌文献中"嫦"为"垓"之俗写。

9."御，巨逆反，疲也。又音脚。"

按，此条亦为两字误合一字，"御"同为"怯"、"劫"两字变体。"音脚"之"御"当为"劫"之俗写，同页有"御，俗劫字"。两形相近而形变。"巨逆反，疲也"则当指此字亦为"怯"之俗写。《集韵》："怯，弱也。""疲"亦有弱义，《管子·小匡》："故使天下诸侯以疲马犬羊为币。"尹知章注："疲谓瘦也。"又唐韦瑾《宣州南陵县大农陂记》："不知形疲，不惮苦骨。"皆为瘦弱、虚弱之义。

（赵晨霞：山西师范大学文学院，041000，临汾）

《新撰字镜》的成书与版本问题[*]

张 翔

《新撰字镜》是日本古汉字书，成书时代在天皇昌泰（898—901）年间，相当于中国的唐昭宗时期。《新撰字镜》是日本第一部汉和字典，全书共分155个部首，另外还有亲族部、重点、杂字、连字、临时杂要字五部，共计160部。

一 《新撰字镜》的成书过程

关于《新撰字镜》的成书过程，目前为止所知不多。比较可靠的依据，是作者昌住所作的序文：

> 如今愚僧生蓬艾门，难遇明师；长荆棘庐，弗识教诲。于是书跣问于胸臆。文字闇诸心神也。况取笔思字，蒙然如居云雾中。向昻认文，芒然如日月盆窥天。搔首之间，叹懑之顷，仅求获也《一切经音义》，虽每论字，音训颇觉得。而于他文书，搜觅音训，勿勿易迷，茫茫叵悟也。所以然者，多卷之上，不录显篇部。批阅之中，徒然晚日。因为俾易觉于管见，颇所鸠纂诸字音训，粗攸撰录，群文倭汉。文文弁部，字字搜篇。以宽平四年夏草案已毕，号曰《新撰字镜》。

从这段序文可以看出，作者昌住是一位僧人，出身贫寒。也正因如此，在其他历史典籍中，未见有对昌住的记载。昌住编纂《新撰字镜》，是有感于当时字书编排体例不便于检索，因此广搜字书，按部编排。

---

[*] 本文系国家社科基金重大项目"日本藏汉文古字书集成与整理研究"（项目批准号：15DB097）的阶段性成果。

关于《新撰字镜》的引书情况和成书规模，昌住的序文中亦有所说明：

> 勒成一部，颇察泰然。分为三轴。自尔以后，笔干不舍。尚随见得，拾集无辍。因以昌泰年中间得《玉篇》及《切韵》，捃加私记眈泄之字，更增花丽。亦复《小学篇》之字及《本草》之文，虽非字字数①，等闲撰入也。调声之美，勘附改张，乃成十二卷也，行数壹佰陆拾，文数贰万九百卅余字，又《小学篇》四百余字。

《新撰字镜》的成书是一个不断积累的过程。作者昌住先以《一切经音义》为蓝本，草创了《新撰字镜》的基本框架。其后，随着昌住搜集到的字书不断丰富，又将《玉篇》《切韵》等书的内容不断增补进《新撰字镜》。即使其他字书的收字范围超出了佛经音义的收字范围，昌住仍将其收入。从这个意义上说，《新撰字镜》的收字范围要广。

由于《新撰字镜》收书范围广，而且很多引用书目现已不可考证。因此在释义时也有不见于传世字书的义项。这些义项有些能解决古书中的疑难问题。

脋：传世字书均解释为"肠间的脂肪"。《说文·肉部》："膫，牛肠脂也。脋，膫或从劳省声。"《汉语大字典·第二版》即作此解释，并征引文献《新唐书·礼乐志一》："诸太祝取肝、脋燔于炉，还尊所。"但是，这就有两点疑问：其一，为什么要把肠间脂肪和肝脏并提？其二，肠间脂肪烧完之后怎么还能归还？因此，《新唐书》中"脋"解释为"肠间脂肪"显然不合适。《新撰字镜·肉部》："脋，肾。""脋"作"肾脏"讲，放在原文中则非常合理。但这种解释目前只在《新撰字镜》中看到过。

胫：《说文·肉部》："胫，项也。"《玉篇·肉部》："胫，颈也。"《新撰字镜·肉部》："大候反。去。项衡驾处也。犹项也。"《新撰字镜》中指出"胫"是牲口套辕之处，汉籍文献中没有指出这个意思。而"牲口套辕之处"的意思在文献中常见。如：柳宗元《牛赋》："牟然而鸣，黄钟满胫。觝触隆曦，日耕百亩。"杨雄《羽猎赋》："触

---

① 这句话不好理解，群书类从本作"粗虽非字之数（内）"

辐关胆。"《新撰字镜》的解释显然更加准确。

《新撰字镜》的问题也是相当明显的。最突出的问题就是在传抄过程中书写错误甚多。有些已经严重影响到了对文意的理解。

> 天部·玄毛，按，"玄毛"当为"玄黙"之讹。
> 日部·晵：謂祀奈於神祇也。按，"奈"当为"祭"之讹。
> 肉部·胴：同音。大腹。按，"大腹"应为"大肠"之讹。

类似的问题在《新撰字镜》中非常普遍。这和作者与历代的抄写者不熟悉汉文典籍，甚至不熟悉汉字有着密切的关系。

还有一种情况，是《新撰字镜》中的释义，在汉文字书中从未出现过，汉文典籍中也没有相应的例证。

> 日部·暿：許其、許基二反。日晴也。日净皃也。灸也。蒸也。热目。"暿"字的这几个释义，都是毫无出处的。文献中也不见用例。这种情况在《新撰字镜》中也非常常见。其中的原因还需要进一步深入研究。

从全书的情况来看，《新撰字镜》在释义时引书相当广泛，不仅局限于序文中所提到的几种文献。如天部字解释天文、历法相关诸字时，就征引了《尔雅·释天》的内容。甚至连字头的收录、排序也明显受《尔雅》的影响。此外，《新撰字镜》还引用了《干禄字书》《正名要录》等中国古代字书。其最终成书，应当在昌泰年间。

二 《新撰字镜》的版本

目前学界已知的《新撰字镜》主要有三个版本：天治本、享和本、群书类从本。我们在国家图书馆新发现了日本学者冈本保孝的一个笺注本，此前学者未提及。我们称之为保孝本。下面分别加以讨论。

（一）天治本

目前所见天治本，并非日本天治年间所抄古本。其定本的过程，在铃鹿连胤、藤原春村、木村正辞等人所作的跋中有较详细的记载，兹概述如下：

昌住于昌泰年间所作《新撰字镜》的稿本早已失传，至天治元年

（1124），法隆寺僧人整理、抄写一切经，《新撰字镜》亦在其中。全书共12卷，分别由不同的僧人分卷抄写。形成了天治本《新撰字镜》。

天治本《新撰字镜》也一度失传。京都吉田神社社司铃鹿连胤于文正年间（1818—1830）得到了天治古写本的第二卷和第四卷。此后三十余年，又从摄津国岸田忠兵卫处得到天治本残卷，铃鹿连胤遂补抄所得残卷，但仍缺第十一卷。至安政三年（1857），铃鹿连胤得到另一个古抄本，与他之前得到的抄本属同一个系统，但后者是全本。至此，《新撰字镜》始成全本，并得以流传。

安政五年至安政六年（1859—1860）期间，藤原春村从铃鹿连胤处借得天治本《新撰字镜》，并借给木村正辞传阅，二人共同誊写过十二卷《新撰字镜》。后木村正辞又独自抄誊一遍，这就是我们现在所能见到的《新撰字镜》的版本。至于其他天治本的古写本和传抄本，我们现在都看不到了。

（二）享和本

享和本为日本享和三年（1803）邱甲俊平等人刊刻。享和本《新撰字镜》只有一卷，内容不及天治本《新撰字镜》的十分之一。享和本《新撰字镜》解释词条均有和训。

关于享和本的成书过程，陆可彦序中提到了享和本成书的一些情况：

> 余尝？？[①]正访善本于四方。正虑得八、九家。而编次之异同，文字之多少，譬犹缺玉之难改，破镜之难磨也。终访之丘岬氏，丘岬氏又访得善本两、三家。波？对校，反复精核，始定一本。别附考异一本。……而几复昌泰之旧。

从以上的这段材料可以看出，在享和本成书以前，《新撰字镜》已经有十几个版本在社会上流传。这些版本和享和本属于同一个系统。根据丘岬氏在享和本末所附的版本考异的情况来看，这些版本之间的差别比较小，字头和字头的顺序都是一致的，只有释义的文字有所差别。丘岬氏应该是以享和本之前的十几个版本为蓝本，考订校勘，最终形成了享和本。

---

① 问号（？）表示原文字迹模糊或潦草而难以辨识的字，一个问号表示一个字，下同。

但目前已经无法确知丘岬氏所使用的底本了。在享和本形成之后，之前的十几个版本逐渐散佚了。

（三）群书类从本

《群书类从》是日本学者塙保己一编修的一部类书。《新撰字镜》收入该类书第四九七卷。群书类从本《新撰字镜》与享和本《新撰字镜》的字头、顺序一致，部分条目的释义在文字上略有差异。

从时间上看，群书类从本编纂的时间跨度正好涵盖了享和本刊行的时间。群书类从本中又无序跋记载其版本来源。但从两个版本对照的情况来看，群书类从本有可能是以享和本为底本，略加改定而成的。

享和本一些不够清晰、准确的字，在群书本中会被抄错。

躶 享和本：力果反。祖也。弊身之皃。享和本的"祖"作祖，右边构件很像"且"，但左边的构件明显可以看出是"衤"，所以整个字认定为"祖"应无问题。但群书本将这个字径自抄作"祖"字。"躶"是"裸"的异体字。显然释作"祖"是误抄了享和本的正确字形。

（四）保孝本

保孝本《新撰字镜》是我们在国家图书馆新发现的一种版本，是日本汉学家冈本保孝所作的笺注本。

冈本保孝（1798—1878），号况斋，日本江户人。著有《史记考文》《韩非子疏证》等著作。

保孝本《新撰字镜》卷首印有"荫嘉"的刻章。当是藏书家王荫嘉（1892—1949）所藏。王荫嘉精通钱币、目录之学。家藏书籍甚丰。编撰有《二十八宿砚斋善本书录》稿本。现藏于苏州图书馆。王荫嘉一生所藏图书由其夫人于1954年捐献给了北京图书馆。保孝本《新撰字镜》即当在其中。

保孝本《新撰字镜》全书210页，毛笔手写。其底本情况不详，大致上与享和本属于同一个系统。保孝本《新撰字镜》的价值主要有以下三个方面：

1.对底本做了较为翔实的校勘。冈本保孝对底本进行了较为翔实的校勘，从反切、字形、释义多方面纠正了原书的很多错误。

"蚕"字条下反切：丁弥切。保孝按：玉[①]：天殄切。据按：丁弥恐丁

[①] 冈本保孝引书时用书名前一两个字外加方框的方式表示，我们在此照录原书笺注格式，下同。

殊讹，殄殊同。

"蕚"字条下保孝按：蕚俗作蘁，据按蕚恐蘁讹。

"昵"字条下：谓相近也；亲也；近也；和昵也；並也；数也；遂也。保孝按：昵，<u>亟</u>也。亲昵亦数也。据考：並恐亟，遂恐遍讹。

冈本保孝在校正原书错谬的时候，注重提出证据。这些证据多来自汉文典籍。

藺：鹿豆也。天豆也。保孝注：《尔雅注》：今鹿豆也。叶似大豆。据按，"天"上恐当脱"叶似"二字。"天"恐当"大"讹。

佛：骨也。保孝注：《龍龕手鏡》："覺也。"據按，"骨"恐当"覺"讹。

除了引用典籍之外，冈本还广泛征引前人的注释、校勘成果。这些资料在传世的典籍中没有流传下来，因此更加重要。

僮：众鹿也。保孝注：真末按，"鹿"恐"庶"讹。

啜：嘔旴也。保孝注：濱臣按，嘔旴恐嚼一字。

冈本保孝在考证俗字的时候，还自觉运用了偏旁分析的方法，因此考证的结论多确凿可信。

莗：保孝注：《一切经音义》："篋"从艸。《一切经音义》引《典说》："箱"或亦从艸作"萡"。按："筐"盖或作"莗"。

冈本保孝的这种分析，实际上是阐明了义近形符通用的一般规律。这在当时是具有相当大的价值的。

类似的方法还被用来考释俗字。

鹝：保孝注：《龙龛手镜》"皷"正皷通。据按鹝氀盖或作鷝氀。

2.标明原本释义所引之书。《新撰字镜》释义时广引群书，但并不注明出处。冈本保孝为每条释义都标明了出处。

絓：胡卦反。一切：绪也，恶丝也。广礙也。一切：悬也。玉：系也。

3.广泛征引相关材料。冈本保孝在校注时，除了标明引书，校勘错讹之外，还搜集了很多与之相关的材料备考。这些材料主要来自《玉篇》《一切经音义》《说文》《尔雅》等书。征引材料的内容包括反切、字形、释义等。

䏩 字条下：许康反。按：广：许庚反。

肳 字条下：保孝按：肳字书作胊，盖或通。

胇 字条下：保孝按：肺本又作肺。

煤 字条下：孕始兆也。保孝按：说文：孕始腜兆也。

脢 字条下：脊傍肉。保孝按：广：脊侧之肉也。

冈本保孝征引的材料非常广泛，不仅限于汉文字书，也包括历代的注疏材料和日本学者的注疏材料。历代的注疏材料包括《汉书注》《楚辞章句》《周礼注》等。

我们将冈本保孝没有明言据他书以改《新撰字镜》的情况均归入征引群书。冈氏征引群书的目的比较复杂。有些似乎是为了纠正《新撰字镜》之讹，但依冈氏之体例，又未下"据此，某恐某之讹"的断语。有些是为了征引其他材料的释义以丰富、完善《新撰字镜》的释义。有些则是提供《新撰字镜》所收字头的异体字形。

新发现的冈本保孝校注本《新撰字镜》对我们深入研究《新撰字镜》，以及对进一步了解日本汉学家冈本保孝，都具有重要的意义。

（五）杨守敬抄本

据杨守敬《新撰字镜》抄本卷前自序记载，杨守敬在清光绪八年（1882）随驻日钦使出使日本时，曾据天治本抄过一部《新撰字镜》，共计12册，现藏于台湾"故宫博物院"。在台湾"国家图书馆"藏有影抄本。

杨守敬的抄本，依据今天通行的天治本抄出。凡天治本中的泐痕和字迹不清之处，杨守敬抄本即以泐痕形式标出。杨守敬抄本的优点是较天治本字迹工整，有些在天治本中难以辨认的字，杨守敬将其工整抄出，可作为识读文字的参考。但杨守敬抄本也有因对天治本较为模糊的字迹未加详审而造成误抄的情况。

京都大学文学部国语学国文学研究室于昭和十九年（1944）影印出版了天治本《新撰字镜》，其后又出了增订版。增订版附有享和本和群书类从本。对三个版本存在差异的地方，在天治本相应字头的天头处表明。此书多次重印，影印技术不断提高，但在国内难以看到。吴立民主编《佛藏辑要》第33册收入天治本《新撰字镜》，国内较易看到。

此外，《新撰字镜》在日本还有一些零星抄本，根据京都大学文学部国语学国文学研究室所编的《新撰字镜》（增订版）的卷前序言记载，在日本能够见到的传到如今的《新撰字镜》的写本和注释本算起来有二十多本。其中最古老的注释本是庆长十七年八月二十六日，藤敛夫（藤原惺窝）所持有的写本。后附有其弟子菅原玄同的序文。该版本被命名为久原文库本（大东急纪念文库藏）。此外还有木村蒹葭堂所藏本（无穷会神习文库藏）、松井简治旧藏竹村茂雄抄本（静嘉堂文库藏）、山田忠雄氏所藏本、无穷会藏九行书写本等。抄录本各自之间多少会存在一些异同，但大体上可以说是同一系统。

我们认为《新撰字镜》的版本可以分为两个大系。天治本自成一系，本文称为天治本系。杨守敬抄本因为是直接从天治本抄的，所以当然属于天治本系。享和本、群书类从本、保孝本以及享和本所据十几个底本，都属于一系，本文称为享和本系。

三 《新撰字镜》各版本的关系

关于《新撰字镜》的版本关系，前人主要讨论了天治本和享和本的关系。关于这个问题，张磊有较为详细的评述。[1]

从前文所举陆可彦的序文可以看出，目前传世的享和本不是从天治本中直接抄出的，而是另有其底本。这个底本不止一两种，而是有十几种之多。铃鹿连胤开始发现天治本古本残卷，应该在文正年间（1818—1830）。在此之前，天治本处于失传的状态，而且也没有完整的本子。享和本编定的年代在享和三年（1803）。所以，如果如张磊（2012）所认为，享和本与群书类从本都是从天治本中抄出，那么只有一种情况，即享和本的祖本是从已经失传的天治本的古写本中抄出的。

天治本系和享和本系的祖本均已失传，依陆可彦所言，享和本祖本在享和三年之前流传较广、版本众多。而天治本的祖本似乎很少，只有法隆寺抄出的一种，且长期处于失传的状态。

据京都大学文学部国语学国文学研究室所编，《新撰字镜》（增订版）前言所记，京都大学附属图书馆所藏的伴信友所藏书中有村田桥彦写给伴信友的书信，有以下的记载：

> 此一卷宽平年间所撰诸字音训之古书也，近世不流布，明和元甲申之春，江门加茂真渊邨田春乡游于京师，偶得古写，本于坊间，以

---

[1] 张磊：《〈新撰字镜〉研究》，社会科学出版社2012年版，第3—6页。

秘藏焉，因得传写一校毕。明和八年辛卯孟夏 邨田桥彦。

明和元年是公元1764年。根据这条记载，享和本系发现比天治本系要早，记叙者所看到的情况是，宽平年间所撰字书，原帙本为一卷。这一卷的字书，很可能是享和本系的祖本。且从昌住的原序中知道，昌住的《新撰字镜》原为一卷，后扩充为十二卷。陆可彦在序中说"几复昌泰之旧"，并再三强调"新篇之备，不如古书之残"。村田桥彦与陆可彦的序文，这两则材料相互印证，更可以说明享和本的底本应该与昌住《新撰字镜》的原本为一个系统，而天治本应与《新撰字镜》十二卷扩充本为一个系统。

从另一个角度来说，如果享和本的祖本是从天治本的祖本中抄出，那么，为什么《新撰字镜》如此重要的典籍，节抄本版本众多，流传广泛，而全本反而几近失传了呢？我们认为这种情况并不可信，更有可能的情况是天治本系与享和本系的底本是渊源有自的。

天治本各个部首中收录的实际的字数普遍要比在各个部首前标注的字数要多[①]。这很可能是在传写的过程中，抄者进行了增补。因此，享和本和群书类从本的文献学价值就得到了凸显。天治本的序文中提到的文章总字数为二万九百四十余字，享和、群书本的序文中提到的文章总字数为二万四百八十余字，两者之间差了四百六十字。另外，关于书的部数，两者也不同，天治本有一百六十部，而享和、群书本只有一百零七部，少了五十三部。这也提示着享和、群书本更接近初稿。

享和本、群书类从本质量明显优于天治本。天治本中存在大量书写、体例方面的错误，而享和本、群书类从本这方面的错误就少很多。

䐒 天治本：思力反。奇肉也。恶肉也。《玉篇》《广韵》并作："䐒，䐒肉。"《类篇·肉部》：寄肉也。群书、享和本并作"寄肉也"。显然天治本"奇"字是"寄"字的误写。

䐢 天治本：桑刃反。膻也。臭也。奈万久佐志。女致反。去。滑也。肥也。"女致反"及以下内容，音义皆与"䐢"字头不合，应是他处训释窜入此处。这部分衍文内容群书本没有。

胝 天治本作"丁私反。平。掌皮手厚。"享和、群书本作"掌皮

[①] 气部第六中标注的十二字，而实际上只有十一字。但这样的例子很少。

厚。"《廣韻·脂韻》："胝，皮厚也。"天治本"手"字当为衍文。

曬 享和、群书本作"或作瞐"，天治本无。《广韵·卦韵》："瞐，或与曬同。"说明享和、群书本所载无误，而天治本失收。

天治本有一字头作"乱"：氾洧反。目影也。日光顯於水陸也。日 乱也。享和、群书本字头作"暈"、"目影"作"日影"。显然享和、群书本正确。

胜 天治本作"脒上尻下冊"。享和、群书本作"脒（膝）上尻之下。"《字汇补·肉部》："胜，与髀同，股也。"天治本"冊"为衍文，或为"也"字之讹。

这样的例子还有很多，从天治本与享和本、群书本校勘的情况来看，享和本、群书本也不可能由天治本抄出，更大的可能是两者的底本本来就不相同。

保孝本《新撰字镜》与享和本为一个系统，但并非以享和本为底本。保孝本的底本，很可能是陆可彦提到的享和本所依据的十几种版本中的一种。比如保孝本序中"未皇火帝"，天治本作"木皇火帝"，享和本作"水皇火帝"。这样的例子在保孝本中还有不少。这种现象提示：保孝本作者冈本保孝很可能没有见到过享和本，而是依据当时他见到的其他底本进行了校勘工作。

（张翔：中国人民大学文学院，100872，北京）

《倭名类聚抄》成书及版本考述[*]

刘寒青

日本受中国文化影响由来已久，从引进汉字开始，日本本土便开始有学者编纂汉和辞书以供本国人学习使用。这些日本古辞书保存了大量的中国古代典籍，为研究汉字发展史和域外汉字的发展流变提供了生动的一手材料。《倭名类聚抄》成书于平安时代承平初年，是日本最早的以和名命名的百科全书式辞书，也是日本现存最古老的意义分类辞书。《倭名类聚抄》是日本辞书史中的一本具有重要研究价值的著作。

一　源顺和《倭名类聚抄》

从《倭名类聚抄》的序言可知，其作者是日本著名的汉学家源顺。源顺，字具璵，日本平安时代承平年间生人。源顺的世系可以上溯到弘仁帝，"弘仁帝生定，赐源姓号之杨院大纳言。定生志，仕擢从四位下左京大夫，所谓天下之好色者也。志生攀，攀生顺"[①]。源顺本人"博闻强识，识字属文，赋诗又咏倭歌"[②]，有着较高的文学和文字素养，积极参加一系列的文学活动，曾经撰写《和歌集》和训点《万叶集》，并提倡使用万叶书体。

"天历五年，诏顺及大中臣能宣清原元辅纪时文阪上望城于昭阳舍撰，后撰《和歌集》二十卷，时人谓之梨壶五人，顺为之最。……是年冬十月，顺依藏人少内记大江澄景，奉宣而作禁制，撰和歌所关入文，先是

---

[*] 本文系国家社科基金重大项目"日本藏汉文古字书集成与整理研究"（项目批准号：15ZDB097）的阶段性成果。

① 那波道圆：二十卷本《倭名类聚抄·题倭名钞》，元和三年古活字本，昭和六十二年勉诚社文库。

② 同上。

《万叶集》传于世久矣，然自沙门勤操空海造以吕波字而后人皆赴简便而不读万叶，万叶书体殆渐废弛，顺惧其古风之委地而以国谚为之训点，至今学和歌者大率赖之，顺之功居多。八年春三月，顺编橘在列集七卷，在列者为延长承平之诗人，后薙发于天台山改名尊敬者也。顺平日好诵在列诗，故及此焉。"[1]

源顺能够承担编纂辞书的任务，首先如他在自序中所说，他和第四公主有较为紧密的接触。源顺父母的那一代就在皇室供职，所以在第四公主有了编纂一部新的辞书的想法之后，源顺能够及时与公主沟通，完成编纂辞书的任务。其次，因为源顺学兼倭汉，"当时文物极盛，专门名家彬彬辈出，然其为学，专汉文则昧于国典，精于国典则疎于汉文，而学兼倭汉如源君者，盖乏其人也"[2]。源顺本身有较高的文学素养，《倭名类聚抄》涉及的内容庞杂多样，若非自身有一定的文学与汉语功底，是无法完成这样一项任务的，而源顺既精于日本国典，又熟悉汉文典籍，是完成这项辞典编纂任务的不二人选。

二 《倭名类聚抄》成书过程研究

《倭名类聚抄》卷首有源顺所著自序一篇，详细阐述了《倭名类聚抄》的编纂原因和编纂体例。

第四公主在醍醐天皇去世之后，兴趣由抚琴乐律方面转向了书画，在研习书画技艺的时候，公主发现当时社会中存在对和名"弃而不屑"的现象，关于和名的著作少之又少。虽然有《文馆词林》《白氏事类》这样的书，但它们"难决世俗之疑"，而能够贴近日常生活，满足实际使用需求的著作如《辨色立成》《杨氏汉语抄》《新抄倭名本草》《日本纪私记》等，又都存在一些不足之处，首先是部头较小，所收录的内容有限，其次是这些著作中也有"和名希存"的问题，最后是这些书的说法莫衷一是，且"音义不见，浮伪相交"。

第四公主的这段话大致概括了《倭名类聚抄》之前日本辞书的情况。

---

[1] 那波道圆：二十卷本《倭名类聚抄·题倭名钞》，元和三年古活字本，昭和六十二年勉诚社文库。
[2] 得能良介：《笺注倭名类聚抄序》，转引自翁振山《二十卷本〈倭名类聚抄〉研究》，硕士学位论文，广西大学，2011年。

日本学者吉田金彦（1971）把日本辞书的发展历史分为五个阶段：

  第一期，草创期（奈良时代到平安初期）（602年前后—900年前后）

  第二期，形成期（平安中期到院政时代）（901年前后—1183年前后）

  第三期，展开期（镰仓时代到室町时代）（1184年前后—1602年前后）

  第四期，普及期（江户时代）（1604年前后—1867年前后）

  第五期，跃进期（近代明治维新到现代）（1868年前后—1970年）

  《辨色立成》《杨氏汉语抄》《新抄倭名本草》《日本纪私记》等属于日本最早的一批辞书和音义书。相对于之后产生的辞书来说，这一阶段的辞书和训数量较少，往往缺少音义注解。同一时期的其他辞书还有《篆隶万象名义》《新撰字镜》，这两部辞书的编纂初衷都是为了更好地解读佛经，所以亦无法解决第四公主所说的"决世俗之疑"的问题。在这样的背景下就对新时代的辞书编纂提出了三方面的要求，一是加重和名在辞书中的比例，二是对音义进行相关的注释，三是收录字词时偏重日常词汇和俗语词。源顺对《倭名类聚抄》的编纂正是秉承了这样的原则。

  源顺认为自空海造"以吕波字"之后，"后人皆赴简便而不读万叶，万叶书体殆渐废弛，顺惧其古风之委地，而以国谚为之训点"[①]，按此处说法，自空海之后，片假名已经产生并为当时人所接受，而源顺"惧其古风之委地"提倡万叶假名，《倭名类聚抄》中和名注音都为万叶假名，并没有使用片假名。所以即使这部辞书的编撰目的是"决世俗之疑"，在初衷上有偏向俗语、口语化的趋势，但在实际编纂中，考虑到源顺和第四公主本人的文化背景和出身地位问题，《倭名类聚抄》中的内容不论从注音还是词语的选择上仍有存古，或者不足够口语化的部分。

  源顺自序中除了记述《倭名类聚抄》的成书背景，还介绍了《倭名类聚抄》的体例。

    或漢語抄之文，或流俗人之說，先舉本文正說，各附出於其注。若本文未詳，則直舉《辨色立成》《楊氏漢語抄》《日本紀私記》。或舉《類聚國史》《萬葉集》《三代式》等所用之假字，水獸有葦鹿

[①] 那波道圆：二十卷本《倭名类聚抄·题倭名钞》，元和三年古活字本，昭和六十二年勉诚社文库。

之名，山烏有稻負之號，野草之中女郎花，海苔之彙[①]於期菜等是也。至如於期[②]菜者，所謂六書法，其五曰假借，本無其字，依聲托事者乎。內典梵語，亦複如是，非無所據，故以取之。或複有以其音用於俗者，雖非和名，既是要用，石名之磁石、礜石，香名之沉香、淺香，法師具之香爐、錫杖，畫師具之燕脂、故粉等是也。或複有俗人知其訛謬，不能改易者，鮏訛為鮭，榲讀如杉，鍛冶之音誤涉鍛[③]治，蝙蝠之名偽用螇蚚等是也。若此之類，注加今案，聊明故老之說，略述閭巷之談。[④]

源顺这段话概括出了《倭名类聚抄》的基本体例。首先收录字头，以雅俗兼收为原则，在字头之后注明词语的出处来历，标明字头的汉语读法与和名读音。如果无法找到关于词语的准确出处，即在汉文典籍中用例，则直接收录《辨色立成》《杨氏汉语抄》《日本纪私记》中的解释，或者列举《类聚国史》《万叶集》《三代式》等"所用之假字"。源顺所说的"假字"，按照其后的解释，应是本字无可考，用音相同或者相近的字代替。和《说文》中的"假借"并不是一回事。

葦鹿　　　《本朝式》云：葦鹿皮，和名阿之加，見于陸奧出羽交易雜物中矣，本文未詳。（毛群部第二十九 毛群名第二百三十四）

稻負鳥　　《萬葉集》云：稻負鳥，其讀以奈於保世度里。（羽族部二十八 羽族名二百卅一）

女郎花　　《新撰萬葉集》云：女郎花，倭歌云女倍芝，乎美那閇之，今案花如蒸粟也，所出未詳。（草木部第三十二 草類第二百四十二）

於期菜　　《本朝式》云：於期菜。（蔬菜部第二十七 海菜類二百廿六）

诸如上述"葦鹿"、"稻负鸟"、"女郎花"、"於期菜"并非是事

[①]　尾张本作"類"。
[②]　前田本作"胡"。
[③]　尾张本作"假"。
[④]　那波道圆：二十卷本《倭名类聚抄·题倭名钞》，元和三年古活字本，昭和六十二年勉诚社文库，第4页。本文所引原书文字皆出自那波道圆，二十卷本《倭名类聚抄·题倭名钞》，元和三年古活字本，昭和六十二年勉诚社文库印刷版本，以下不再赘述。

物原本的名称，因为本字无可考，所以用音同或者音近的字代替本字。

此外，源顺的自序中还涉及了两种特殊情况的处理方法。一是有一些词语在日语中没有对应的和名读音，而是把汉语的读法直接借鉴过来，虽然不符合"倭名"的原则，但这种词在《倭名类聚抄》中也照录不误，这也就解释了为何在有些词头下不见和名的原因。例如：

  沈香 《本草》云：沈香^{沈俗音女林反}，節堅而沉水者也。《兼名苑》云：一名堅黑。
  淺香 《南州異物志》云：沈香其次在心白間不甚堅者，置之水中不浮不沉，與水平者，名曰淺香也。
  香爐 《小品經》云：以白銀香爐黑沈水供養般若。

二是一些在口语中积习难改的读法或用法，虽然与正字有异，仍收录在《倭名类聚抄》中，并用加注今案的方式对这两种用法加以说明。这反映了源顺对于口语化字词的重视，对反映当时字词的实际使用情况加以注意。

  杉 《爾雅音義》云：杉^{音衫，一音纖，和名記。今案俗用樞字，非也。樞音於粉反，柱也，見《唐韻》}，似松生江南可以為船材矣。
  鍛冶 《四聲字苑》云：鍛^{段反}冶^{夜反}，打金鐵為器也。俗云鍛冶，訛也，燒鐵銷鑠也。
  鮇 《崔禹錫食經》云：鮇^{折青反，和名佐介。今案俗用鮭字，非也。鮇音圭，鯸鮧魚一名也}，其子似莓^{音茂，今案莓子即覆盆也，見《唐韻》}，赤光，一名年魚，春生年中死，故名之。

《倭名类聚抄》的基本体例如源顺在序中所说，但是比较二十卷本和十卷本，两者在体例上还是有一定区别的。

二十卷本：
濱 《唐韻》云：濱，水際也。音賓。^{和名波萬}
十卷本：
濱 《唐韻》云：濱^{音賓，和名波萬}，水際也。

二十卷本的汉文注音、和名读法都在释义之后，和名用双行小字的格式。十卷本的注音、和名读法，紧跟在字头之后，且无论是汉文注音还是和名都采用双行小字的格式。不仅是注音，十卷本除了字头和其出处引文之外，其余的内容都为双行小字，比如案语、其他人对于字头的注释等。例如：

二十卷本：
滑石　《本草》云：滑石，一名脆石。蘇敬云榷輭滑故以名之。
十卷本：
滑石　《本草》云：滑石，一名脆石。蘇敬云榷輭滑故以名之。

中国的古字书、辞书、音义书，也分别都有自己的编排方式。例如《说文解字》的体例是"字头、释义、释形"，而《龙龛手镜》的体例则是"字头、注音、释义"。辞书体例的编排方式在一定程度上也体现了作者的思想。二十卷本、十卷本的编排体例哪种最接近源顺最初的编排初衷，目前尚且没有更充足的证据可以论证，仍有待进一步的研究。

三　《倭名类聚抄》版本研究

《倭名类聚抄》分为十卷本、二十卷本两个版本系统。两个版本系统在部类划分上存在着差异，十卷本分为24部128类，二十卷本分为32部249类。二十卷本比十卷本多出岁时、乐曲、香药、职官、国郡五个部的内容。十卷本和二十卷本均有较多的抄本和刻印本传世，十卷本还有一部狩谷望之的笺注本传世。下面将详细介绍目前能够搜集到的关于《倭名类聚抄》的版本情况。

（一）十卷本系统

1. 抄本

（1）真福寺本

真福寺本为十卷本中抄写年代最早的本子，藏于名古屋市大须宝生院，为镰仓时代（1185—1333）的写本，大致相当于中国的南宋时期。真福寺本残损非常严重，只剩余卷一和卷二的部分内容，卷一为完整的一卷，卷二为残卷，卷二残卷自形体部头面类"首头"始，至形体部身体类的"腰"字为最后一字。真福寺本不见封面，且源顺的序部分残损不齐全。

马渊和夫编著的《古写本和名类聚抄集成》中收录了真福寺本的影印本。

（2）伊势十卷本

伊势十卷本的抄写年代稍晚于真福寺本，藏于神宫文库，为室町时代（1336—1573）初期的抄本，为残卷，现今存有卷三至卷八，共六卷三册。

封面书签题名为《和名类聚抄》，两卷为一本，共三本。第一本为卷三、卷四，扉页有"十卷本也，世稱畧本"，尾页有"一覽讫"。第二本为卷五、卷六，尾页有"一見了"。第三本为卷七、卷八，扉页除"十卷本也，世稱畧本"外，另有题字两行，为"奥書"，"自公意僧正御房傳領，三井沙門任契。"尾页亦有"自公意僧正御房傳領，三井沙門任契"一句，另有一段文字为"公意僧正"的小传。

伊势十卷本自第五卷开始大部分字头旁都有日本假名注释，并且已经出现利用符号"｜"在正文中作为字头省代的情况。

（3）松井本

松井本是江户初期的抄本，藏于静嘉堂文库，为全本，共两册，上册收录卷一至卷四，下册收录卷五至卷十。目前国内尚没有途径获得完整的版本，马渊和夫编著的《古写本和名类聚抄集成》中收录了卷九、卷十两卷。

（4）前田本

前田本为明治时代的影抄本，藏于前田家尊经阁文库，为全本。前田本最初由难波宗建收藏，后来上册和中下册被分为两部分分别保存，原来的抄写年代已经无从考证。前田本分为上中下三册，上册收录卷一至卷三，中册收录卷四至卷六，下册收录卷七至卷十。共十卷，廿四部，一百廿八类。上册末尾题云"右一冊借吉田鈴鹿河內守藏本，令傭書生影寫，手自一校"、"文政四年七月，狩谷望之識于京師客舍"，中册尾页无字，下册尾页题云"以上二冊借福井丹波守藏本影鈔，手自讎對"、"是本舊難波宗建卿所藏今分在二家"、"文政辛巳年七月狩谷望之識于京師客舍"。

前田本在第一卷正文前有"揔目"，列出了廿四部，一百廿八类的名称。且自第一卷开始，大部分字头旁都有日本假名注释。前田本藏于前田家尊经阁，故国内的大部分研究材料中都称其为前田本，狩谷望之称之为"又一本"。在前田本书皮的书签上可见题有"京本"二字。狩谷望之笺注本所据版本亦称"京本"，狩谷望之注"京本"云："搢绅某公所藏"，此外再无更详细的介绍。但通过前田本尾页的跋可知，狩谷望之曾经手过前田本，可知前田本和狩谷望之所谓的"京本"应当为不同的版本。

（5）天文本/下总本

天文本为全本抄本，抄写年代不详，共有五册。天文本没有按照卷来分册，而是按照字头的部类来分册，第一册收录自景宿类至屋宅具类，共二十八类；第二册收录自墙壁类至盐梅类，共三十类；第三册收录自金器类至锻冶类，共二十六类，第四卷收录自音乐类至牛马病类，共二十三类，第五册收录自龙鱼类至木具类，共二十一类，五册总计一百廿八类，为全本。天文本从第三卷开始出现用符号"｜"代替字头的现象。

第一册尾页题云"誂全宗書之，天文丙午天"，第二册尾页亦题云"誂全宗書之，天文丙午天"，第三册尾页题云"誂和仲東靖書之，天文丙午天"，第四册尾页题云"誂奔俊書之，天文丙午天"，第五册尾页写有"誂伊舜上人書之，天文丙午天"，"和名類聚抄畢"，"寬保癸亥五月中□於皇都書肆得之"，"皇龢粂門東垂陽香取郡"，"鏑木邨法印快賢人伴題"。引文尾页的题字均有"天文丙午天"，故名之为"天文本"，天文为后奈良天皇的第四个年号，自1532年到1555年，属于室町时代末期。天文本，狩谷望之称为下总本。

早稻田大学图书馆所藏的天文本书中有红字朱批校订文字脱漏或错误。

2. 刻印本

尾张本

尾张本是稻叶通邦以真福寺本为底本的摹刻本。尾张本后附有稻叶通邦于宽政十年（1801）正月写的跋，记述他偶得真福寺本残卷的经过，并在跋中对比了十卷本和二十卷本的差异。尾张本全本摹刻真福寺本，但相比真福寺本，尾张本缺少了"總角"、"鰥夫"、"寡婦"、"孤子"、"叟"、"嫗"、"負"、"專"、"孕婦"、"產婦"、"乳母"十一个字头。除此之外，稻叶通邦补全了真福寺本所残缺的源顺的序，且在排版上稍作修改。

尾张本封面的书签上题名为"倭名類抄",下有双行小字"大須本摹刻 零本"。扉页有"尾張名所圖會卷一第五十九葉,大須真福寺靈寶ノ條ニィハク倭名類聚抄,注弘安六年東寺知~院ニテ圓朝ヲッス此書ノ裏打昜ニィロミノ古書アリ其ゥチ白拍子玉王ガ注進狀アリ此和名鈔闕本ナレトモ近式寫ンテ印刻ス大須本和名抄ト稱スルモノ是ナリ"。这段文字简要介绍了尾张所据的底本。扉页上可见有藏书印:"硯湖秘藏 奇書之壹"。

尾张本尾页题有"享和紀元辛酉歳暮春開雕"一句,并标明了四家"發兌書肆":京都 錢屋惣四郎,大阪 柏原屋清右□門,江戶 須原屋市兵衛,尾張_{名古屋玉屋町}永樂屋東四郎。所以可知,尾张本即国内所谓的享和本,狩谷望之称之为"尾张本",在国内的大部分研究材料中则以"享和本"称之。

3. 笺注本

《笺注倭名类聚抄》是日本学者狩谷望之以十卷本京本为底本,参校其他十卷本二十卷本,对十卷本进行了笺注。是目前《倭名类聚抄》十卷本研究中的重要参考材料。

(二)二十卷本系统

1. 抄本

(1)高山寺本

高山寺本是二十卷本系统中最古老的抄本,抄写年代为平安时代(794—1192),早于十卷本中最早的抄本真福寺本,是目前两个版本系统中最古老的本子。高山寺本藏于天立图书馆,为残本,现存五卷,为卷六、七、八、九、十。

残卷无书封,首页题名为"和名類聚",旁边另补小字"抄",有高山寺印。现存第六卷为乡里部第一,第七卷为乡里部第二,第八卷为乡里部第三,第九卷为乡里部第四,第十卷为屋处部第十。

(2)伊势二十卷本

伊势二十卷本是室町初期的抄本,藏于神宫文库。现存七册,一册两卷。共十四卷,为卷一、二、九、十、十一、十二、十三、十四、十五、十六、十七、十八、十九、二十。扉页题有"廿卷本也,第三第四第五第六第七第八以上六册闕"。第一册收录卷一、卷二，并存有藤原实万、度会弘训等人的序，另附有中西信庆略传。第三卷尾页题有"一见了"，第四卷尾页题有"一覽了"，第七卷尾页有跋，与第一册藤原实万的序相同。

伊势二十卷本全七册国内尚无全本，马渊和夫编著的《古写本和名类聚抄集成》中收录了卷一、二、十一、十二、十三、十四、十五、十六、十七、十八、十九、二十。

（3）天正本

天正本是室町中期抄本，藏于大东急纪念文库。为全本，共十册，二十卷。天正本笔迹潦草，抄写质量较差，卷三中间有部分字头和释文重复，卷三第41面"失聲"至卷三第45面"肖揚"是卷三第29面的"失聲"至卷三第39面的"肖揚"的重复。卷十从屋宅具"栏额"字到道路俱"驿"字脱失。

尾页题有"天正三乙亥曆仲秋下澣□菅□為名□"。

2. 刻印本

（1）元和三年古活字版

元和三年古活字版为江户时期那波道圆校印的版本。卷首有小序名为"题倭名钞"，简述了源顺的生平。其后有"新刻《倭名類聚抄》凡例"，狩谷望之认为元和三年古活字版是以"温古堂本"作为底本进行重新校订刊刻的，然而温古堂本国内尚无法得见。之后的印刷版大都以那波道圆的版本为基础进行新刻，改动不大。二十卷本《倭名类聚抄》的研究所依据的版本大多是刻印本。

（2）刻版本二

狩谷望之把以元和古活字本为底本进行重新刊刻的其他刻印本统称为"刻版本二"，本文沿用狩谷望之的说法。目前国内能见到两种版本，其一是尾页题云"大阪 心齋橋筋順慶町 澁川清右衛門"的版本，其二是近代风间书店正宗敦夫编纂校订的版本，都是依照元和活字本进行重新刊刻的，内容相差不大。

虽然十卷本和二十卷本各成系统，但是通过字头和用字的比对，我们发现这两个版本系统之间也并不是毫无关联。十卷本中的真福寺本和二十卷本中伊势二十卷本、天正本有着密切的关系。

真福寺本缺失了"口"、"舌"、"脣吻"（卷三·形体部第八·口鼻类第三十二）和"身"、"髑髅"（卷三·形体部第八·身体类第三十四）五个字头。天正本同样缺失了这五个字头，与天正本密切相关的伊势二十卷本因为缺失卷三，无从考证。其他的十卷本和二十卷本均存有这五个字头。

除了字头的缺失，在一些用字习惯上，也可以窥见真福寺本和伊势二十卷本、天正本的关系。

大風　《漢書》云：大風吹兮雲飛揚。此間云於保加世。

真福寺本、伊势二十卷本、天正本"大風"字头下作"大風吹号"，而其他版本均作"大風吹兮"。

畝　陸詞云：畝，[田]數也。音牡。和名字欄。《唐令》云：諸田廣一步、長二百四十步為畝，畝百為頃，去類反。今按頃今之法，六町六段二百四十步。

真福寺本、伊势二十卷本、天正本"畝"字头下作"卅步"，其他版本均作"四十步"。

瘧鬼　蔡邕《獨斷》云：昔顓頊有三子，亡去而為疫鬼，其一者居江水是為瘧鬼。和名衣也美乃加美，或拎爾。

真福寺本、伊势二十卷本"瘧鬼"作"瘧鬼"，其他版本均作"瘧鬼"。

遊女夜發附　《楊氏漢語鈔》云：遊行女兒和名字加礼女，又云阿曾比，一云晝遊行謂之遊女，待夜而發，其淫奔者謂之夜發今案夜發俗云夜保知，本文未詳。

真福寺本、伊势二十卷本、天正本"游女"作"遊女"，其他版本均作"游女"。

女妹　《爾雅》云：夫之女弟為女妹和名與女公同。又姊妹也。

真福寺本、伊势二十卷本、天正本"女妹"作"妹"，其他版本均作

"女妹"。

因为真福寺本仅存卷一和卷二的部分内容，而伊势二十卷本又缺失了卷三，所以能够用来对比的材料极为有限，但是在这有限的材料中，我们发现了缺失字头和用字习惯的关系，足以证明真福寺本、伊势二十卷本、天正本这三个版本之间存在着关联，这能够说明十卷本版本系统和二十卷本版本系统并不是毫无关联的。

四 小结

古籍版本之间的关系有亲疏之分。严佐之在《古籍版本学概论》中把它们分为"版本的纵向关系"即传承关系和"版本的横向关系"即不同版本之间的比较。

"因为版本的文字差异原产生于版本的发生发展过程中，而差异本身就包含着优劣。余嘉锡先生说过：'所据不同，则其本互异，校者不同，则所刻又异'。所以考订版本源流的重要价值在于，可以区分两个版本之间的不同是由于同一版本的不同校订，还是真正两个不同版本不同系统的差异。"[1]选择一个好的底本是阅读和研究的基础工作之一。国内《倭名类聚抄》的研究者在十卷本的选择上通常选用狩谷望之的《笺注本倭名类聚抄》作为底本，在二十卷本的选择上通常选用风间书店重刊的那波道圆元和三年古活字版作为底本。

《倭名类聚抄》十卷本和二十卷本哪个版本是源顺原作的问题由来已久，然而目前尚无定论。两部分学者各执一词，一部分学者认为二十卷本多出的岁时、乐曲、香药、职官、国郡等部的内容为后人增补，另一部分学者认为是后人对源顺的原书进行了删减。在日本学界曾经过几次观点的转变，最初认为二十卷本是源顺的原作的观点占学界的大多数，不过坚持十卷本是原作的学者也不在少数，认为十卷本是原作的观点一直到狩谷望之选择十卷本作为底本进行笺注的时代达到了顶峰，但是随着《倭名类聚抄》最早的抄本高山寺本被发现，认为二十卷本是源顺原作的声音又逐渐被更多的学者所接受，成为主流的观点。

高山寺本《倭名类聚抄》为二十卷本残卷孤本，所留存的内容是从卷

---

[1] 严佐之：《古籍版本学概论》，华东师范大学出版社1989年版，第157页。

六到卷十二的五卷，这五卷所记录的是国郡部的一部分内容，正是一些学者认为是后人增补的内容。由高山寺本的抄写时代可知，二十卷本《倭名类聚抄》成书的年代很早，与源顺的编纂年代几近重合，所谓的"后人增补"的说法并不准确。可以说即使二十卷本不是源顺的原作，所谓二十卷本"增补内容"的出现时间也是非常接近源顺的创作时间的，至于增补者是源顺本人还是其他人还有待进一步考证。

和十卷本相比较，二十卷本所多出的岁时、乐曲、香药、职官、国郡等部的内容并不是可有可无的，这些部类收录的词汇涉及人们日常的生活起居，主要是以人们的生活为中心进行分类排列，这是为了满足人们想要加强日用百科辞典式的属性的要求，符合源顺编纂《倭名类聚抄》的初衷。认为十卷本是源顺原著观点的学者曾持有的一个证据是：岁时、乐曲、香药、职官、国郡这五个部类的体例与其他部类不同，只有字头与和名注音，没有释义和反切。然而考察这五个部类所记录的内容，为节气名、曲牌名、香药名、郡县名等，这些字头并不需要提供释文和反切，所以源顺依照《倭名类聚抄》的一般体例对这五个部类的体例进行了调整。

在抄本和刻印本的比较中，二者各有优劣。抄本能反映出更多的信息，如俗字、异体字等在当时的使用情况。但抄本难以避免地会存在一些抄写错误和抄手个人风格的抄写方式，这些问题对于文本的正确认读会造成影响，会为校注工作和读者阅读带来许多不必要的负担。

露　《三禮義宗》云：白露，八月節。寒露，九月節。音路。《白虎通》云：甘露，美露也，降則物無不美盛矣。和名豆由。（天部第一　風雪類第三）

"《白虎通》云"的"虎"字，二十卷本的抄本和十卷本中的真福寺本皆写作"帣"，经过对引文的核实，可以证明"甘露，美露也，降则物无不美盛矣"一句确实出自《白虎通·卷第五》，可知"帣"字应为"虎"字，二十卷本的抄本和十卷本中的真福寺本中的字形应是抄写致误。

刻印本相对抄本来说更加规范，文字易于认读，但是规整就意味着失掉了一些鲜活的文字使用上的问题。而且刻印本存在的另外一个问题是当时的识读者对于抄本的识读是否正确，如果当初的识读是错误的，那么会对后来的一系列刻印产生影响。

  溫泉_{流黃附}　《宜都山川記》云：佷山縣有溫泉，百病久病入此水多愈矣。一云湯泉。和名由。（水部第三 河海類第十）

  二十卷本无论抄本和刻印本中《宜都山川记》皆作《冥都山川记》，真福寺本作《宜都山川记》，笺注本作《宜都山川记》，"冝"同"宜"。《冥都山川记》今无传本，著录无考。《艺文类聚》《初学记》作"袁山松《宜都山川记》"，《新唐书·艺文志》录"《李氏宜都山川记》一卷"。由此可知，"冥"当为"宜"形近而误。二十卷本的抄本和十卷本中的前田本皆把"宜"字抄为冥，是"冥"字的变形，二十卷本的抄本和十卷本中的前田本在抄写的时候，应是把"冝"错误地传抄为"冥"，而二十卷本刻印本的编校者没有察觉到这个抄写上的错误，把"冥"识读成了"冥"字，这种识读上的错误会给读者很大的误导，若没有查阅《倭名类聚抄》的其他版本，就很难知道《冥都山川记》应为《宜都山川记》。

  刻印本的产生会影响抄本的流传，这种现象在二十卷本的流传情况中尤其明显，那波道圆的元和古活字本面世以来，二十卷本的抄本渐渐不传，所以相较十卷本，二十卷本的抄本存世数量较少，且抄写质量不佳，存在很多低级的抄写错误，所以对于二十卷本的研究来说，刻印本反而成了更好的选择。

（刘寒青：中国人民大学文学院，100872，北京）

日本字书《倭楷正讹》及其价值*

张颖慧

一 《倭楷正讹》作者及成书情况

《倭楷正讹》一书是日本学者太宰春台所著的汉字正字书，作于日宝历三年（1753），相当于乾隆十八年。

太宰春台生于日延宝八年（1680），名纯，字德夫，通称弥右卫门，别号紫芝园，因其临春日町而居，又号春台，是日本江户时代儒学界一位著名的思想家、学者。他以荻生徂徕为师，是蘐园学派中经学派的代表人物之一。

《倭楷正讹》一书除序言外共分正文和附录两部分。正文又分两部分，一是收倭俗楷字286例，二是收古字29例。附录"省文集"亦分两部分，一是"华人所为"共278字，二是"倭俗所为"共15字。太宰春台著《倭楷正讹》过半而殁，余下的"自省文十画俫字至卷末并自序"由其弟子大幸方完成。①

二 《倭楷正讹》的撰写背景与目的

太宰春台在自序中认为，行字（行书）"本于楷"，是"书家所毁楷而作也"，故"于楷得法，则可以作行字"，"行草之书，皆本于楷"，"故学书者，必自楷始"。"夫中夏之人，自天子以下至庶人，不学书则已，苟学书者，必先学楷，以其为常用之书也"；至于"草隶古篆八分，

---

* 本文系国家哲学社会科学基金重大项目"日本藏汉文古字书集成与整理研究"（项目批准号：15ZDB097）的阶段性成果。

① ［日］太宰纯：《倭楷正讹》，出自杉并勤《异体字研究资料集成》，雄山阁出版株式会社1995年版，第79页。

唯荐绅学士余力所及……非小学所先也。""我东方"（按，指日本）"晚近以来……国字（即日本式汉字，下同）盛行，俗书锋起，而法书寖废"，我"见今人所作楷字"，多不知楷法，因此"指摘其失之大者，以示儿辈，且告以楷法，暇日辑而录之，得二百八十余字，名之《倭楷正讹》"，"冀童子辈作楷字者，免于倭俗之谬讹云。"[1]

总之，《倭楷正讹》一书是在"国字盛行，俗书锋起"，而不知楷法的情况下撰写的，目的是学书者能习正字，以避免谬讹之字。

三 《倭楷正讹》的体例

该书分序言、正文（俗字集）、附录（省文集）三部分，正文是本文介绍的重点。

（一）列字顺序

正文部分的字是分组列出，每组一般两字，如𤅶𤅷；也有三字一组的，如𦙾𦙿𧈢；个别还有四字一组的，如柃柠柠柠。无论每组字数多少，最后一个字为"华人所作"，其余各字为"倭俗之讹"[2]，皆一字之异体。附录部分是省文（按，"省文者，细书之用也"，即简体字），每组字由字头和释语组成，字头为简体字，以笔画数为序；释语为小字，先列出对应繁体，有的还作简要解释。

所有字组的排列是没有顺序的，但若干字组基本上是依类相从的，如"有、胃、谓、渭、膚、冑、胥、肴、膺"九组字，下皆从"冃"，而非从"月或日"。

（二）释语

1. 正文部分

在每组字的字头下，一般有简短释语，双行小字排列。释语一般是对每组字的最后一字即"华人所作"之字所作的解释。释语主要内容如下：

（1）描述正字所不同于倭俗字之处。这里所谓"正字"即作者所言"华人所作"之字。如"恭恭"下曰："上作三横画，下从水作氺，无

---

[1] ［日］太宰纯：《倭楷正讹》，出自杉并勤《异体字研究资料集成》，雄山阁出版株式会社1995年版，第14—22页。

[2] 同上书，第26页。

钩。"①释语中对正字的描述是释语的主要内容。有时候是把倭俗字和正字置于具体语境中予以区分，如"杲杲，果敢之果，与杲杲出日之杲异。"②

（2）揭示共性内容用语。如"召召"曰："上从刀。……下六字做此。"③释语中"下六字做此"即揭示共性内容用语。它的意思是说，下面的"昭、招、沼、韶、軺、紹"六字的正确写法和对"召"字的解说一样，都是"上从刀"。

（3）指出"华人所作"之字的别体。这里又可从两个方面来看。一是指出"华人"用字之失，如"幼幼，华俗亦多作幼，非。"④术语多用"正作"，如"争争，直画下有钩，正作爭。"⑤"正作"意为"华人"虽多写作"争"形，但应属俗写，正字应是"爭"形。二是指出"华人"俗写或异体，多用"俗作、又作"等术语。如"矣矣，下从弓矢之矢，俗作矣。"⑥"俗作"意为正字是"矣"形，但"华人"常俗写作"矣"。如"搶搶，右旁同上。又作抢。"⑦"又作"意为"华人所作"之字，"搶"、"抢"均可，皆正字。如"寮寮，与僚同，左右有点。"⑧"与僚同"相当于"又作僚"。

（4）指出正字古作某或正字本身即古字。如"嶋島，古作嶋"⑨，意为"島"的古体形式为"嶋"。再如"与与，古與字"⑩，意为"与"是"與"字之古体。

（5）指出倭楷讹字之由。如"誥誥，诘难之诘。倭俗作誥誥，乃誓誥之誥"。⑪意即"誓誥之誥"乃"誥"之讹。如"匡匡，宋人为太祖讳，缺下横画，后世从之，非也，况此方人乎？"⑫指出"匡"乃"匡"之省笔，

---

① ［日］太宰纯：《倭楷正讹》，出自杉并勤《异体字研究资料集成》，雄山阁出版株式会社1995年版，第35页。
② 同上书，第45页。
③ 同上书，第46页。
④ 同上书，第27页。
⑤ 同上书，第32页。
⑥ 同上书，第35页。
⑦ 同上书，第37页。
⑧ 同上书，第43页。
⑨ 同上书，第48页。
⑩ 同上书，第49页。
⑪ 同上书，第30页。
⑫ 同上书，第50页。

为避讳所致，后人沿习而讹。

2. 附录部分

附录部分是《倭楷正讹》所言"省文"，字头一般一个字，释语较为简洁，字数不多，小字双行排列。

（1）指出异体字。有的直书"省文"之本字，如"仪"下直书"儀"字①。有的用"与……同"明确，如"号"下"与號同"②。有的用"古……字"来指出字头来源于古字，如"礼"下"古禮字"③；有的还在此基础上指明出处，如"无"下"古無字，《周易》用之"④。

（2）指出"省文"和本字是通假关系。如"后"下"後。同音借用"⑤，"柒"下"漆。俗用为七八之八"⑥。

（3）指出"省文"之本音。如"怜"下"憐。本音离星切"⑦；有的还进一步解释字义，如"芦"下"蘆。本音候古切，同苄，地黄也"⑧。

四 《倭楷正讹》的价值

（一）可以管窥日本江户时期社会用字的状况

"在我东方，古唯有楷书而已。古人楷书之工，如《多贺城碑》，直可以参晋人矣，岂不善哉！中世虽不及古，然国字犹未盛行，而法书犹未失华人规矩，可以示华人而无惭矣。晚近以来，国字盛行，俗书锋起，而法书寖废。"⑨"予每见今人所作楷字，恶其无法，因指摘其失之大者，以示儿辈，且告以楷法，暇日辑而录之，得二百八十余字，名之曰《倭楷正讹》。"⑩《多贺城碑》末记有"天平宝字六年十二月一日"字样，即公元762年，相当于中国唐朝前期。日本"俗书锋起"的主要原因据作者言，

---

① ［日］太宰纯：《倭楷正讹》，出自杉并勤《异体字研究资料集成》，雄山阁出版株式会社1995年版，第50页。
② 同上书，第59页。
③ 同上书，第59页。
④ 同上书，第58页。
⑤ 同上书，第61页。
⑥ 同上书，第64页。
⑦ 同上书，第64页。
⑧ 同上书，第64页。
⑨ 同上书，第18—19页。
⑩ 同上书，第20—21页。

当是"晚近以来"的"国字盛行"。国字一般指日本根据汉字仿造的字，所以国字受使用的汉字影响大而对日本人所使用的汉字影响小，如此说来，日本俗书盛行完全归因于国字影响是不确切的。这也从与中国某些时期所使用的汉字对比中明了日本俗字的渊源。日本江户时期的社会用字，是在历时的过程中不同情形交错沉积的结果。此时期有所谓"国字"的盛行，有汉字的借用。汉字的借用又有种种不同情况。有的是直接借用了汉字中的俗字，如"幼、氏、竺、舩、俢"等；有的是汉语俗字的异写，如"杦、草、互、其"；有的倭俗字的笔画明显受到草书的影响，如"支、夂、卓"；有的倭俗字的部件或整字明显受到篆体的影响，如"馻（部件'邑'是篆体'邑'的楷化）、夊（即篆体'夊'形之楷化）、兆（即篆体'兆'形之楷化）"；有的倭俗字的笔画明显受到隶书的影响，如"冓、甬、丁（前两者'丿'画，后者的'丨'在隶书中均如此书写）"。倭俗字从历时来看有着不同的渊源，在发展的过程中又有着不同的变异演化；这些种种不同的情形在共时的状态下又相互影响，呈现出比较复杂的状态。

（二）可推究日本汉字的正俗（讹）字及其标准

《倭楷正讹》之名，意即日本汉字楷书的正与误。其正误区分之标准，据作者言是"未失华人规矩"。反之，其"俗书锋起"的重要原因是"效华人而不得其实"。[①]但"华人规矩"是什么，作者也未言明。

太宰纯从俗字的形成对其作了如下分类：（1）省繁从简，如爲作为、眞作真、鬱作欝、屬作属、暴作暴；（2）为运笔之便，如兊作兇、袁作袠、脩作俻、立作竝、开作开；（3）为形容之好，如羣作羣、衮作衮、爽作爽、畆作畆、麤作麁；（4）其他，如單作單、覃作覃、偃作偃、舊作舊或作舊、隻作隻、雙作雙、胤作胤。前三类为"书家所用，而韵士所好"，后一种为"村学究所为，而流俗人所行。无前三者之善，而有害于雅决，不可从也。然此犹华人之所为也"。[②]由此来看，前三类为书家、韵士所用俗字，但无害于"雅决"；后一类为乡村学究等流俗之人所用俗字，"有害于雅决，不可从"，源自"华人之所为"。

---

① ［日］太宰纯：《倭楷正讹》，出自杉并勤《异体字研究资料集成》，雄山阁出版株式会社1995年版，第19页。
② 同上书，第23—24页。

由上述可知，作者区分正误之标准，非"华人之所为"与不为，而是依从"华人规矩"。中国正字书以唐时为盛，而此时日本所书汉字受唐影响最大，从唐人正字书可窥"华人规矩"之一二。《五经文字》序曰："《说文》体包古今，先得六书之要，有不备者求之《字林》；其或古体难明，众情惊懵者，则以《石经》之余，比例为助；《石经》湮没，所存者寡，通以经典及《释文》相承隶省引而伸之，不敢专也。"[1]也就是说，《五经文字》的正字标准是依据字书经典，依次是《说文》《字林》《石经》、经典及《释文》。《倭楷正讹》所依"华人规矩"，当无出其右。

（三）有助于了解中国对日本汉字的影响

一般认为，汉字至迟在公元2—3世纪就已传播到日本，而汉字为日语所吸收，则是4—5世纪的事情。日本江户时代及以前的书籍多依照写本整理，而写本多沿袭中唐及以前的书写习惯，故书中汉字多和《干禄字书》中的俗、通字相合，亦多和敦煌俗字相合。

例如下面诸例。《倭楷正讹》以"功"为俗体。《干禄字书》："功功，上俗下正。"[2]敦煌俗字中"功"亦作功形。[3]《倭楷正讹》俗体"微"同《干禄字书》通体，敦煌俗字中亦有此形。《倭楷正讹》俗体"席"同《干禄字书》俗体，敦煌俗字中亦作席形。[4]《倭楷正讹》："争争。直画下有钩。正作争。"[5]《干禄字书》："争争，上通下正。"[6]敦煌俗字作争、争二形。[7]敦煌俗字和《干禄字书》中均未见《倭楷正讹》"争"形，它是日本特有之俗字。

（四）是开展中日汉字（俗字）比较研究的宝贵资料

《倭楷正讹》俗字可与六朝唐五代的石刻文字、敦煌俗字、《龙龛手镜》俗字、《篆隶万象名义》俗字等进行比较，为我们研究中古汉字发展史特别是俗字发展史提供宝贵的资料和重要参照。

---

[1] （唐）张参：《五经文字》，台湾商务印书馆1983年版，第253页。
[2] （唐）颜元孙：《干禄字书》，台湾商务印书馆1983年版，第245页。
[3] 黄征：《敦煌俗字典》，上海教育出版社2005年版，第130页。
[4] 同上书，第511页。
[5] [日]太宰纯：《倭楷正讹》，出自杉并勤《异体字研究资料集成》，雄山阁出版株式会社1995年版，第32页。
[6] （唐）颜元孙：《干禄字书》，台湾商务印书馆1983年版，第247页。
[7] 黄征：《敦煌俗字典》，上海教育出版社2005年版，第549页。

《倭楷正讹》"万"之俗字作万，敦煌俗字即作万形①，《一切经音义》所收"万"字亦从一从刀②。上溯至六朝石刻文字，则只见"万"形，未见万形，如北魏《元诠墓志》作万。③

《倭楷正讹》"姊"之俗字作姊，敦煌俗字姊、姊、林④，其中第三字接近《倭楷正讹》俗字。张涌泉说，今日本汉字"姊"仍作"姊"，"姊"为"姊"之隶变字，姊当"姊"之变。⑤西周晚期《季宫父簠》"姊"字作姊，⑥战国"姊"字作姊、姊⑦，东汉《贾武仲妻马姜墓志》作姊，⑧汉印文字作姊⑨，居延汉简、武威汉简分别作姊、姊⑩，魏晋南北朝石刻文字作姊、姊、姊、姊⑪。从以上出土文字看，从西周至南北朝，无论是金文、玺印文、石刻文字、简帛文字，皆从"市"形，故"姊"为"姊"字流变之一种。

所以，《倭楷正讹》是开展中日汉字（俗字）比较研究的宝贵资料，能在一定程度上提供很好的佐证。

五 《倭楷正讹》俗字零拾

《倭楷正讹》中"胃、謂、渭、膚、胄、胥、肴、膺、龍、散、徹、潸、青"等从"月"形之字，凡作"月"或"日"形者，《倭楷正讹》皆以为俗讹字。其实从"月"形之字并非俗讹字，而是隶书之孑遗，如汉碑中相应隶书字形作"胄（《曹全碑》）、青（《武孟子买田玉券》）、膺（《西狭颂》）、胥（《赵菿残碑》）、龍（《景云碑》）、青（《孙仲

---

① 黄征：《敦煌俗字典》，上海教育出版社2005年版，第417页。
② 王华权：《〈一切经音义〉刻本用字研究》，广西师范大学出版社2011年版，第285页。
③ 北京图书馆金石组：《北京图书馆藏历代石刻拓本汇编》第四册，中州古籍出版社1989年版，第1页。
④ 黄征：《敦煌俗字典》，上海教育出版社2005年版，第572页。
⑤ 张涌泉：《汉语俗字丛考》，中华书局2000年版，第511页。
⑥ 黄德宽：《古文字谱系疏证》，商务印书馆2007年版，第3097页。
⑦ 汤余惠：《战国文字编》，福建人民出版社2001年版，第802页。
⑧ 史晓曦：《东汉石刻文字编及其相关问题研究》，硕士学位论文，中国人民大学文学院，2012年，附录。
⑨ 罗福颐：《汉印文字征》，文物出版社1978年版，第477页。
⑩ 汉语大字典字形组编：《秦汉魏晋篆隶字形表》，四川辞书出版社1994年版，第884页。
⑪ 张颖慧：《魏晋南北朝石刻文字整理与研究》，知识产权出版社2015年版，第712页。

隐墓刻石》)"等，长撇的收尾都有一个外挑的出脚。①

《倭楷正讹》"圆"之俗讹字作囗②，此形不见于中国字书及出土文字中，据作者言是"倭俗所为省文者"。③例如日本写本《香字抄》中"圆"作冈形，乃囗之形变。④

《倭楷正讹》列"㐰、幼"两字形⑤，前一字为"倭俗之讹"，后一字为"华人所作"⑥。据魏晋南北朝石刻文字，《倭楷正讹》二字形在其中均存在，如幼（《净悟浮图记》）、㐰（《鄐乾墓志》）、幻（《吐谷浑玑墓志》）、㐰（《元新成妃李氏墓志》）、㐰（《王基墓志》）⑦，并且除此二形外还有其他形态。这说明隶变过程及其以后，一字有多种表现形态，"幼"字在石刻文字中呈多个形态即是如此。只不过是到《倭楷正讹》时规定"幼"为正体罢了，是社会选择的结果。

《倭楷正讹》："㪅、更，上不出头，下从乂。"⑧《说文》"更"之篆体作、青川木牍作、睡虎地秦简作，⑨皆《说文》篆体之隶变。东汉碑刻文字作"更"，未见它形，如㪅（《礼器碑》）、更（《张迁碑》）。⑩魏晋南北朝石刻文字中，南朝梁天监十五年（516）《旧馆坛碑》作㪅，其余均作"更"形⑪，前者同《倭楷正讹》㪅形。

---

① 史晓曦：《东汉石刻文字编及其相关问题研究》，硕士学位论文，中国人民大学文学院，2012年，附录。
② [日]太宰纯：《倭楷正讹》，出自杉并勤《异体字研究资料集成》，雄山阁出版株式会社1995年版，第78页。
③ 同上书，第77页。
④ [日]丹波雅忠：《香字抄》，抄本。
⑤ [日]太宰纯：《倭楷正讹》，出自杉并勤《异体字研究资料集成》，雄山阁出版株式会社1995年版，第50页。
⑥ 同上书，第26页。
⑦ 张颖慧：《魏晋南北朝石刻文字整理与研究》，知识产权出版社2015年版，第331页。
⑧ [日]太宰纯：《倭楷正讹》，出自杉并勤《异体字研究资料集成》，雄山阁出版株式会社1995年版，第30页。
⑨ 黄德宽：《古文字谱系疏证》，商务印书馆2007年版，第1973页。
⑩ 史晓曦：《东汉石刻文字编及其相关问题研究》，硕士学位论文，中国人民大学文学院，2012年，附录。
⑪ 张颖慧：《魏晋南北朝石刻文字整理与研究》，知识产权出版社2015年版，第302页。

敦煌俗字作🈚️、🈚️、🈚️[13]，第三者同《倭楷正讹》更形。从"更"字演变史来看，《倭楷正讹》更、更二形皆文字形变，后者表现出主流性地位，前者从历史文字上看呈阶段性，只不过是社会最终选择了更形。

（张颖慧：贵州师范学院文学院，550018，贵阳）

日藏汉文古字书图书寮本
《类聚名义抄》研究述评*

李昕皓

一 图书寮本《类聚名义抄》其书

《类聚名义抄》是日本古字书的重要代表，是日本僧侣为了学习佛典和经文的需要，汇总字典和佛经音义等书的内容，编纂而成的一部汉和辞典。其中，"类聚"一词来源于源顺（911—983）撰写的《倭名类聚抄》，"名义"一词源自空海（774—835）编纂的《篆隶万象名义》。

《类聚名义抄》分原本系（原撰本）和广益本系（改编本系）两个系统。原本系成书时间为公元11世纪的院政[①]（1086—1192，一说至1185年）初期，由法相宗的学僧编写而成。现存的图书寮本《类聚名义抄》（亦称宫内厅书陵部本）虽然是零本，但却是原本系唯一的存本。广益本系成书于院政后期或镰仓（1185—1333）初期，由真言宗的学僧编纂而成，现共发现高山寺本（《三宝类字集》）、莲成院本（《三宝名义抄》）、西念寺本、宝菩提院本、观智院本五个版本，其中观智院本为完本。

原本系《类聚名义抄》唯一存本图书寮本《类聚名义抄》现藏于日本宫内厅书陵部（旧称图书寮），出自清水谷家旧藏。封面衬页写有"此书不可出经藏外，若有其志之人，临此砌可令披览，非是悭悋之义，只为护持正法也"字样，据此可判断原为寺院经藏秘藏之书。首页"类聚名义抄

---

* 本文系国家社科基金重大项目"日本藏汉文古字书集成与整理研究"（项目批准号：15ZDB097）的阶段性成果。

[①] 院政时代，日本历史上继摄关政治之后的一个时代，一般指1086—1192年，一说为至1185年。

篇目颂"下有"法"字，表明残存为"法"部一帖。与观智院本所具有的佛、法、僧三部相比，仅仅占据其内容的六分之一。

图书寮本《类聚名义抄》是将佛典音义用部首分类体来重新编写的字书。第二页《类聚名义抄篇目颂》标明应存二十部，正文中各部首基本按照每部换页书写。但正文中《卜部》与《山部》间并未换页另写，且目录所存此二部之间的《面部》《齿部》却无记录；《色部》亦无记录，但在《邑部》后补入本属于《色部》的色、名二字。另有《土部》后补入士部字、《心部》后补入小部字、《巾部》后补入中部字，宫内厅书陵部出具的《图书寮本类聚名义抄解说》认为"看作是邑和色的字形相似，特别将其编入邑部"。实际上，正文中存有水、冫、言、昱、立、豆、卜、山、石、玉、邑（色）、阜、土（士）、心（小）、巾（中）、糸、衣共二十一部的字形。

该书释一个字可分为五部分：

（1）字头部分，列出汉字字头，字头下或兼收异体字，并标明正、俗、通等类型；

（2）正音部分，直音法或反切法；

（3）释义部分，利用慈恩、弘法、玄应等人所作相关引用文献加以释义；

（4）训读部分，利用万叶假名（亦称"真假名"）、片假名记录大量训读，或标注声点，后用小字注明和训文献出处的简称；

（5）词语部分，有的条目会在后列出与字头相关的词语（亦称"熟语"），并解释音义。

下列以第一字"水"为例：

水《弘》云：尸癸反。《中》云：所以潤萬物也。《玉》云：五行一曰一[水][1]北方行也。《魴》曰：江海淮濟河泉皆曰一[水]也。井泉曰一[水]。月一[水]俗云佐波利。類聚抄莖垂類。

巛《類》云：正，水，今。

大水《玉》云：海也。

洪一[水]上音鴻。《真》云：大也。オホキナリ書。

---

[1] 此处"一"为代字符号，后加[ ]符号补充出符号所代字。

麗一[水]《千字文註》云：在益州永昌郡，中有金往々浮出。

一[水]手《順》云：《日本紀私記》云：賀古。今案：書註賀古者，鹿子義。俗或呼一一[水手]爲賀古。

石清一[水]，《延㐂式》云：イハシミツ。

（水部·004-21、004-31、004-32、004-33、004-34、004-41、004-44①）

《解说》判断该书汉字为平安末期至镰仓初期的字体。该书在抄写时存在大量的省字、略字（上例已复原），如"广"代"應"、"彳"代"從"、"扌"代"於（扵）"、"谷"代"俗"、"牛"代"物"、"㇄"代"訓"、"公"代"頌"等。一些反复出现的体例则设立符号来代替。如用"丶"代"也"、"乂"代"反"、"亠"代"音"、"㇏"代"云"、"フ"代"不"等。这些反映了当时佛典抄本的文字使用特质。

据统计，该书的引文约有3600条，其中针对单字约有950字，忠实地引用67部佛典、36部外典中对各单字的注音、释义、各类熟语，以及27部训点本中的假名和训。所引用的诸书涵盖佛典（含各类经、音义、论疏等）、汉语典籍（含经、史、子、集各类和其注疏）及日本书籍。书中若是加注了所引用文字的出处，句首是"某云（曰）"，"某"为书名或作者的略称。如"广（應）"代替"《玄应音义》"、"类（類）"代替"《倭名类聚抄》"、"弘"代替"弘法"即《篆隶万象名义》②、"玉"代替"《玉篇》"、"东"代替"《东宫切韵》"、"季"代替"《季纲切韵》"等。本书之条目标注来源于玄应《一切经音义》的约1300条，出自真兴（934—1004）撰《大般若经音训》的约670条，引用顾野王撰《玉篇》的约600条，来源于空海《篆隶万象名义》的约520条等。

二 海外研究历史与现状

海外对该书的研究主要集中于日本。早在原撰本《类聚名义抄》

---

① 括号中的数字表示页数和所在行、格数。即例中条目位于第四页第2—4行。
② 弘法为日僧空海大师谥号，空海撰《篆隶万象名义》，该书为日本历史上第一部汉文辞书。

尚未进入学术界视角时，公元13世纪日本已出现了对改编本《类聚名义抄》的校订研究著作，至20世纪40年代开始出现现代意义上的学术研究。1950年图书寮本《类聚名义抄》被学界发现，为该书的研究开辟了新的领域。

日本学者对图书寮本《类聚名义抄》的研究，总的来说可以分两个方面，即文献学方面和语言文字学方面。

（一）文献学方面

文献学方面主要可以分为成书流传、辞书体例、索引整理、引文辑佚四个方向。

在成书流传上，1950年图书寮本面世后，宫内厅书陵部在该书后附的《图书寮本类聚名义抄解说》（1950）（下简称《解说》）对该书进行了作者派系、成书年代、抄书年代、版本源流、编纂意图与特色等方面进行了细致的探究，确认《类聚名义抄》原是以汉字为主的字书，而先前传世的版本是图书寮本的改编本。筑岛裕《国语史料图书寮本类聚名义抄》（1969）开始称图书寮本为"原撰本"，原先存在的观智院本《类聚名义抄》为"增补本"。他排除了天台宗系僧侣为原撰本作者的可能性，并介绍了另一版本——高山寺本，又名《三宝类字集》，将其与图书寮本作平行比较。

在辞书体例上，《解说》和筑岛裕（1969）中均对图书寮本的辞书体例进行了完整的概括。前者以《水部》作示例，在与观智院本的对比中细化了辞书的体例：

项目	图书寮本	观智院本
标注的基本字词	380	921
单字	51	基本只标注单字
词语	329	—
正、古、通俗字的异体文字	28	689
基本词语的例子（熟语词汇）	311	57
梵语的汉字译词	51	0

反映了图书寮本的性质和编纂意图。后者认为观智院本依照图书寮本的体例进行了基本字词与异体文字的增补，反映了平安时代至镰仓时代的教学风潮。二者都提及《篇目颂》和正文记录的顺序有明显不同，但并未

作出解释。

日本学者在索引方面工作成果及时，总结全面。对原本系的整理上，以出典的索引工作为主，早期有桥本不美男《图书寮本类聚名义抄出典索引》（1951），后有酒井宪二《图书寮本类聚名义抄汉字索引》（1972）、《图书寮本类聚名义抄假名索引》（1973），池田证寿等也对索引工作不断完善。在整理方面，以池田证寿团队为主要研究代表。2005年，池田团队针对图书寮本开展了"图书寮本类聚名义抄の翻字本文及び注解の作成に关する基础的研究"，目前成果有申雄哲《图书寮本『类聚名义抄』の翻字と校注（言部）》（2014）及申雄哲《图书寮本类聚名义抄の基础的研究》（2015）。以上成果尚未完成《图书寮本类聚名义抄》所有部的校注整理工作。

在引文辑佚上，《解说》对《图书寮本类聚名义抄》的引文内容、出典来源、各类标示法等相关细节进行了详细的描写和推断，但仍旧有部分遗留，不明引文出处与文献作者。吉田金彦《图书寮本类聚名义抄出典考·上/中/下》（1954—1955）进行了全方位的考证，是一部在初期较为完备的综合性出典考证工作成果。依照释字的不同部分，有相应的文献来源研究工作。文献学角度多涉及该书释字中释义部分的文献来源考证。日本学者对《解说》中的文献举证空缺一直在做进一步的填补工作，并能利用图书寮本进行文献学的推断，完成出典和辑佚工作的新发现。如渡边修《图书寮藏本类聚名义抄と石山寺藏本大般若经字抄について》（1953）注了"公任卿云"、"公任云"、"公云"等处，其实与石山寺藏本的《大般若经字抄》一致，一向被认为无法查明撰写者是谁的《大般若经字抄》，依据此可推测出应为藤原公任；上田正证明了"东云"即佚书《东宫切韵》；筑岛裕认为书中标记为"记"之处有可能是《日本书记》或《史记》，"古"或"古语"应该不是《古事记》，而是《古语拾遗》，"季云"、"季纲云"等处应为《季纲切韵》等。

后日本学者逐渐针对所出之典进行专门性的研究。"类聚名义抄"之"名义"一词源自空海编纂的《篆隶万象名义》，故日本有大量学者探究二者的关系。如宫泽俊雅《图书寮本类聚名义抄に见える篆隶万象名义について》（1973）、望月郁子《图书寮本『类聚名义抄』における『篆隶万象名义』の扱い方：改编本におけるそれとの対比のために》（1985）、宫泽俊雅《图书寮本类聚名义抄と篆隶万象名义》（1987）、池田证寿《図书寮本类聚名义抄と篆隶万象名义との関系について》（1993）等。"类聚"一词来源于源顺撰写的《倭名类聚抄》（又名《和名类聚抄》），筑岛裕《図书寮本类聚名义抄と和名类聚抄》（1963）、小松英雄《类聚名义抄を通して見た和名类聚抄の性格》（1976）、望月郁子《図书寮本『类聚名义抄』所引の『和名类聚抄』：『和名类聚抄』诸本との対比一覧》（1978）、望月郁子《『类聚名义抄』改编についての覚え书き『和名类聚抄』の扱いをめぐって》（1983）、宫泽俊雅《図书寮本类聚名义抄と倭名类聚抄》（1986）是该类研究工作成果的代表。

类似的专书又如玄应《一切经音义》，有原卓志、山本秀人《図书寮本类聚名义抄における玄応一切経音义引用の态度について》（1983）、池田证寿《図书寮本类聚名义抄所引玄応音义対照表・上/下）》（1991）、池田证寿《図书寮本类聚名义抄と玄応音义との関系について》（1991）、山本秀人《図书寮本类聚名义抄における玄応一切経音义の标出语の摂取法について》（1993）、申雄哲《図书寮本『类聚名义抄』における仏典音义类と辞书类の利用》（2015）、李乃琦《図书寮本『类聚名义抄』における玄応撰『一切経音义』の依拠テキスト：『一切経音义』巻第四を中心に》（2016）等。又如《类音决》，有西原一幸《『类音决』の佚文について：図书寮本『类聚名义抄』所引の『类云』とは何か（补遗）》（1990）、池田证寿《図书寮本类聚名义抄と类音决》（1995）。另外还有关于其他引书的研究，如宫泽俊雅《図书寮本类聚名义抄と法华音训》（1988）、山本秀人《図书寮本类聚名义抄における明宪撰成唯识论音义の引用について》（1994）、池田证寿《図书寮本类聚名义抄と东宫切韵との関系について》（2003）即是分别对《法华音训》《成唯识论音义》《东宫切韵》的引文研究。

在引文的研究中，"出典采录序列"是日本学者提出的一个重点研究方法。释文中所抄录的字句不一定与原典完全一致，这是由于该书引书遵循一定的采录序列，序列靠后的引书若解释中某意向已被前书采录，则不再被记录。如甲书有"A也，B也"，乙书有"B也，C也"，则呈现为"甲云A也，B也・乙云C也"。筑岛裕（1959）提出"诸书引用的顺序存在某种程度的规律性"的论述后，宫泽俊雅（1977）开创了"采录序列说"的先河。之后山本秀人（1990）和池田证寿（1991、2013）在此基础上将调查范围扩大，基本上对八大出典的序列问题作了阐明。按照采录序列，日本学界使用"八大出典"这一术语归纳其重要的八本引书：慈恩《法华音训》、空海《篆隶万象名义》、玄应《一切经音义》、中算《法华释文》、真兴《大般若经音训》、顾野王《玉篇》、若原是善《东宫切韵》、源顺《和名抄》。正因为"出典采录序列"的存在，使得该书在所引典籍的相关辑佚工作中受到限制。

（二）语言文字方面

海外该书在语言文字角度的研究可以分为字音声韵、字形字用、字义训诂、相关词汇四个方面。

日本学者对字音声韵问题的分析关注较早并不断深入，包括注音的方式和特点，如吉田金彦《類聚名義抄にみえる和音注について》（1951）、小松英雄《図書寮本類聚名義抄にみえる特殊な注音方式とその性格》（1958）、筑島裕《訓読史上の図書寮本類聚名義抄》（1959）、田尻英三《図書寮本類聚名義抄の和音注の性格》（1972）等；声、韵或音系的分析，如渡辺修《类聚名义抄中"吴音"的体系》（1970）、沼本克明《类聚名义抄中浊音字母的历史地位》（1992）、添田建治郎《図書寮本類聚名義抄に見られる『重複差声』の意義について》（1992）等；音系的建立，如：声调符号等相关问题，如小松英雄《类聚名义抄的红色声调符号》（1976）、佐々木勇《図書寮本『類聚名義抄』院政期点における漢音声調》（2006）、鈴木豊《平声軽点の消滅過程について：六声体系から四声体系への移行》（2012）等。

在字形字用上看，日本学者可能囿于母语的限制，对该书中的汉字部分研究较少，仅有少数论文对其中的字类概念做了探究，且多基于异体字较为丰富的广益系本。大多数是将中国古字书与《类聚名义抄》相对照，但并未实际意义上探究文字学上字形字用的变化，如《干禄字书》，有西原一幸《図書寮本『類聚名義抄』所引の『干禄字書』について》（1987）、池田証寿《図書寮本類聚名義抄と干禄字書》（1992）、田村夏纪《『干禄字書』と観智院本『類聚名義抄』の比較：図書寮本『類聚名義抄』を介在として》（1997）。

作为一部汉和辞典，该书字义训诂的重点即为和训研究。《类聚名义抄》尚处于"一字多训"的时代，因此在释字的训读部分罗列了大量的训点资料，日本学者将其作为研究的重点，有大量的成果存世。

和训分析一类研究方向是为出典内容和标示法进行不同版本间的比较、罗列、整理，如佐藤亨《语汇史研究资料としての図書寮本『类聚名义抄』——観智院本『类聚名义抄』の和训との比較を中心に》（1975）、田村夏纪《図書寮本『类聚名义抄』と観智院本『类聚名义抄』の記載内容の比較：和训と字体注記に注目して》（2000）、山本秀人《図書寮本类聚名义抄における出典无表示の和训について——国書の训との関わりを中心に》（2001）、大槻信《図書寮本类聚名义抄片仮名和训の出典标示法》（2001）、岩澤克《図書寮本『类聚名义抄』における和训：引用方法とアクセント注記について》（2015）。

另有一类研究方向是对于和训的研究是依照专书或专人的研究方法来进行的，取得了不错的研究成果。如针对真兴音，则有沼本克明《図書寮本类聚名义抄『真兴音（和音）』》（1978）、山本秀人《図書寮本类聚名义抄における真兴大般若経音训の引用法について——叡山文库蔵息心抄所引の真兴大般若経音训との比較より》（1990）等。又如针对其中使用的汉文典籍的音义书来做和训研究，如高稲环《図書寮本类聚名义抄における大唐西域記の引用について》（1995）、吴美宁《図書寮本类聚名义抄における『论语』の和训について》（2000）、高桥宏幸《『図書寮本类聚名义抄』所引『月令・月』の和训について》（2004）、高桥宏幸《『図書寮本类聚名义抄』所引『古文孝経』の和训について》（2006）、山本秀人《図書寮本类聚名义抄における毛诗の和训の引用について：静嘉堂文库蔵毛诗郑笺清原宣贤点との比較から》（2006）、高桥宏幸《『図書寮本类聚名义抄』所引『颜氏家训』の和训について》（2007）、高桥宏幸《『図書寮本类聚名义抄』所引『游仙窟』のテキストと和训について》（2008）、黄雪莲《図書寮本『类聚名义抄』における『游仙窟』古训：『游仙窟』醍醐寺本・真福寺本・阳明文库本・江戸初期无刊記本の古训との関系》（2011）、黄雪莲《図書寮本『类聚名义抄』における『游仙窟』引用の诸问题》（2011）、申雄哲《図書寮本『类聚名义抄』における『诗』出典表示の片仮名和训について》（2013）等。

当前在字义训诂上研究成果较新的是申雄哲撰《図書寮本『类聚名义抄』における和训と汉文义注との関系について》（2014）和刘冠伟、李媛、池田证寿撰《平安时代汉字字书総合データベースの拡张と和训対

应》（2015），开始宏观注重与汉文义注的对应规律。

在相关词汇上，有菊泽季生《类聚名义抄和南洋语（马来语）》（1973）、中山绿朗《类聚名义抄的形容词》（1978）、《类聚名义抄与近义词——以对人的感情为中心》（1980）、池田哲郎《從地域類型理論看類聚名義抄中的口語和意義成分》（2002）等成果，对其中涉及的"熟语"与同时代的语料做平行比较研究和词法分析。

三　国内学者对此书研究成果与不足

长久以来，我国学者对《类聚名义抄》等海外所藏汉文典籍的汉语言文字学研究价值认识不足，因而一直未能成为研究的重点，加之各文献版本重洋远隔，难以获得，研究难度较大，因此研究起步较晚。具体对20世纪50年代发现的原本系的研究成果更是少之又少，多是将其作为一种引证材料加以零星的利用，或是对它的性质、内容等进行简单的介绍，而缺乏系统的整理研究。

国内对该书的研究开启于杨守敬对广益本系《类聚名义抄》的引入。杨守敬于光绪六年（1880）赴日访求20余万卷汉文古籍，择其精要者刻印《古逸丛书》，其中就包括了广益本系《类聚名义抄》这一重要的汉文古字书。杨守敬在《日本访书志》卷二中对《类聚名义抄》的介绍和评价："其书正俗并收，而以倭训注于其下，其每部之中，名义可以相附者，即汇入之。有似类书，如《鱼部》中有'新妇'、'黄颊'、'石首'等各目是也。然若此者仅十之一二，全部仍以偏旁为主，虽稍涉庞杂，然古文奇字赖之以考见者正复不少，固不得以《说文》等书律之也。"[①]

国内真正现代意义上的文献学角度学术研究除赵启民《日本〈类聚名义抄〉著者质疑》（1987）一文指出广益本系作者并非是菅原是善外，剩下的中国学者大多是参照日本已有的学术成果，在分析某一问题如日本辞书发展史、某部书的研究、中日文献交流等问题时，对《类聚名义抄》的两个系统、各字的性质与内容进行一般性的比较和描述。如谢婵娟《日本的一些古辞书》（1981）指出原版本是为佛教教学所用的专门辞书，改编

---

① 杨守敬：《日本访书志》，《续修四库全书》，上海古籍出版社1996年影印本第930册，第502页。

本脱离了佛教事典的性质，完全汉和辞典化了。类似的有刘耀武《日语辞书简介》（1981）、黄一波《日本辞书小史》（1981）、陆尊梧《日本古辞书与中国古辞书的渊源》（1986）、张宽信《汉日对译与中日科技文献交流》（1996）、林申清《日本辞书发展史要略》（1998）、林忠鹏《和名类聚抄の文献学的研究》（2002）、陈东辉《中日学术交流与汉语训诂学研究》（2006）、潘钧《日本辞书研究》（2008）等。

值得肯定的是，以林忠鹏为代表的研究团体在图书寮本《类聚名义抄》的引文研究上取得了可喜的成就。如林忠鹏《〈类聚名义抄〉所引〈倭名类聚抄〉》的考察（2001）、林忠鹏《〈倭名类聚抄〉所引〈兼名苑〉考》（2003）、黄雪莲《关于〈图书寮本类聚名义抄〉所引〈游仙窟〉》（2004）、刘彤《〈图书寮本类聚名义抄〉所引〈大般若经字抄〉の一考察》（2006）、冯叶的《〈图书寮本类聚名义抄〉と〈文选〉》（2006）、高丹丹《关于〈类聚名义抄〉所引〈季纲切韵〉的考察》（2010）、闫福新《〈图书寮本类聚名义抄〉所引《东宫切韵》考》（2008）等。

在语言文字研究方面，李无未《中日汉语音韵学研究的差异——以比较学术史的眼光观察》（2006）曾指出它是"日本古代注记最多'和训'的辞书"，杨雪《〈类聚名义抄〉"シ"旁汉字和训的考察——以图书寮本·观智院本的对照为中心》（2009），注重了"シ"旁局部汉字的和训的考察，曹政《关于〈图书寮本类聚名义抄〉揭出字的反切》（2006）关注了被释字的反切系统。在日本现存的佛经音义中，有相当一部分是日本僧人在中国的音义基础上添加注释而来，而这些中国音义材料对中国音韵学与训诂学研究者而言显得尤为珍贵，遗憾的是，这方面的研究目前只是在研究其他问题时被简单地提及。

在字形字用上，汉字形体演变角度或者总结中日汉字传承演变规律对于母语研究者具有一定的优势，我国学者较早地认识到《类聚名义抄》在中日汉字比较研究中的价值，例如厉兵《汉字异读问题纵横谈》（1993）指出："其中'镁、稼、错、艳、错、钬、铼、钉'八个字在日本《新撰字镜》、《伊吕波字类抄》、《类聚名义抄》、《字镜集》竟发现了。"刘庆委《略谈中日学界的汉字研究》（2007）指出："不少关于汉字字形、字体的研究著作，都是以中国的汉字研究成果为范本。如观智院本《类聚名义抄》中的异体字与唐《干禄字书》、辽《龙龛手鉴》有很多地方一致。"何华珍《日本汉字和汉字词研究》(2004)就曾多次利用广益本系《类聚名义抄》来论证中日两国间汉字源流关系。方国平《〈类聚名义抄〉俗字研究》(2009)、《日本古字书在近代汉字研究中的价值——以观智院本〈类聚名义抄〉为例》(2010)、丁萌《关于日本古辞书中的木字旁国字研究》(2014)等系列成果,皆是以观智院本《类聚名义抄》为中心,对其中所见俗字进行梳理,论述了日本古字书对近代汉字研究的价值,目前尚未有研究学者系统地梳理图书寮本这一汉字丰富的原始材料中的字形、字用现象。

四 图书寮本《类聚名义抄》研究价值的新挖掘

寻找新材料,创立新方法,求得新结论,是一切学术活动的根本目标。王国维说:"古来新学问起,大都由于新发见。有孔子壁中书出,而后有汉以来古文家之学;有赵宋古器出,而后有宋以来古器物、古文字之学。"[1]傅斯年说:"凡一种学问能扩张它研究的材料便进步,不能的便退步。"[2]可见新的研究材料对于研究工作的重要推动作用。日本历史上长期受到中国文化的影响,较为完整地保存了诸多汉文典籍的原始面貌,因而日藏域外汉文典籍成为"新材料"的一种重要来源,有非常重要的学术价值。

对于日藏汉文古字书的整理研究,我国学术界先后经历了介绍引进期、开创研究期,逐步认识到其重要价值,但研究者往往苦于材料未经整理,利用不便。进入21世纪,逐步呈现单书整理的研究成果。有些字书的研究相对充分,成果也较多,如《篆隶万象名义》《新撰字镜》等,而有些字书则尚未进行深入研究,研究成果也寥寥无几,《类聚名义抄》则是其中的典型。

《类聚名义抄》是日本古字书的重要代表,杨守敬《日本访书志》就评价其"虽稍涉庞杂,然古文奇字赖之以考见者正复不少。"池田证寿将其作为研究平安时代(749—1185)中文小学书四个"最好的例子"[3]的其

---

[1] 王国维、方麟:《王国维文存·最近二三十年中中国新发见之学问》,江苏人民出版社2014年版,第744页。
[2] 傅斯年:《史学方法导论·历史语言研究所工作之旨趣》,江苏文艺出版社2008年版,第56页。
[3] 池田证寿:《依据日本的古字书来从事汉语史资料研究》,《汉语史学报》2006年。

中之一。手抄本的《图书寮本类聚名义抄》是目前已知该书原撰本系的唯一传本。张伯伟说："中国学者如果具备较好的传统学问的修养，再从事域外汉籍的研究，往往能够较为敏锐地发现其中的异同。"[1]故非常有必要对《图书寮本类聚名义抄》进行系统的释读、校注、整理并做专题研究。

该书的整理与研究在语言文字研究、辞书编纂、文献学等方面都具有重要意义。在语言文字方面：一者在俗字研究上，可以为疑难俗字考释提供新线索，可以订正前人的误释，也可以为已有的研究成果提供进一步的证明；二者在音韵研究上有助于研究当时的实际语音系统和古方音系统；三者在词汇研究上，对一些疑难词汇的训释有重要价值，也可以提供更多新词材料。在辞书编纂方面，有助于增补现有辞书字头、义项上的缺漏，并订正字头、义项误释。在文献研究方面，有助于古籍的辑佚和校订工作。

（李昕皓：中国人民大学文学院，100872，北京）

---

[1] 张伯伟：《域外汉籍研究答客问》，《南京大学学报》（哲学·人文科学·社会科学）2006年第1期。

《下学集》所引汉诗与《韵府群玉》一致性比较[*]

蒋慧茹

一 《下学集》的成书

《下学集》是编著于日本室町时代的一部日本国语字书，但是关于本书的其他信息并没有很多记载留下，关于作者与成书的信息只能尝试从序文中探知一二。据其自序，《下学集》成书于日本文安元年，即公元1444年。编著者署名为东麓破衲，即东山脚下之僧义，生平不详。书名取自《论语·宪问》："下学而上达"一句，作者认为文字乃"贯道之器"，作者作此书意在使人们能正确地书写和识读文字，从而"下学地理而上达天道"。序文特别指出了这本书"或字各而训同，或文均而释异"，尤其强调对文字的辨别。

这部书是一部分类式辞典，以类排序。全书分上下2卷，共18个门类。上卷含天地、时节、神祇、人伦、官位、人名、家屋、气形、支体九门，下卷则统态艺、绢布、饮食、器材、草木、彩色、数量、言辞、叠字九门。全书记录了约三千汉语单词，然而每门下列单词数量颇不相同，最多的如态艺门，收词五百余条，而神祇门则仅有三十余单词。而全书三千多词语中，半数以上有释文来解释其词义及出典。释文同样以汉字书写，有的出自中国典籍，也有的来自日本本土文学、传说、俗话等。部分释文还会附其汉字读音，有直音，也有反切，反切多来自中国韵书。除此之外，书中的汉字，不论字头还是释文，绝大多数都在文字右侧附有日本假名用于注音。

---

[*] 本文系国家社科基金重大项目"日本藏汉文古字书集成与整理研究"（项目批准号：15ZDB097）的阶段性成果。

实际上，《下学集》并不是日本最早以门类排序的分类式字书，在距其约五百年前就已有日本本土的分类式字书《倭名类聚抄》问世。室町时期也有其他的分类式辞书，但《下学集》是其中最常被使用的。在其之后的与其差不多时期的日本辞书《节用集》在释文以及分类上都可以看到它的影响。《下学集》在室町时期一直以手抄本的方式进行传播，直到元和三年，即公元1617年，才第一次有了刊行本。刊行本收词三千余，比手抄版的两千七百多词增加了约10%。之后元和版再刊以及经过修改的手抄本虽然也一直都有，但由于更为便利的以假名排序的《节用集》的逐渐流行，江户时代《下学集》被使用得并不多。《下学集》传本系统复杂，现存于世的有三十多种版本，本文所做的一切工作主要是基于山田忠雄先生监修并解说的《元和三年版下学集》。元和版无论哪个版本，印刷内容都比较清晰，山田先生监修的这套《下学集》就是以其中印刷最好的汤本本元和版《下学集》为底本，用印刷效果次之的朱点本补充，翻印而成。

虽然书中含有许多日本俗话、典故，但由于日本文字本身就直接来源于汉土，日本文化也受汉文化影响颇深，辞书不可避免地记录了大量来自中国的词语，引用中国典籍。粗略统计，在元和三年版的《下学集》中，明确指出所引典籍的有一百多处，提到的中国典籍约有50部，其中含11部中国所传佛教典籍。除此之外，释文中还有号称来自中国的诗句四十多条，反切注音14条，但多数未标来源。《下学集》所引典籍不算多，且明确标出的典籍，大多数都只提到了一两次。不含佛典，全书引用的汉籍只标出一次的有20部，标出两次的也有7部，二者就已超过所有标明汉籍的半数。同时，整部书三千多条词语，有释文的词条约有一千六百条，释文源自汉籍的自然远不止一百多处，一些典籍实际用到的次数显然也是比明确提到的多，作者只是没有标明而已。可见，《下学集》的释文出典并不明晰。然而，在对释文的研究过程中，我们又能看到《下学集》释文与宋元类书之间存在着某种联系。作者在书中明确提到过《事文类聚》《事林广记》《韵府群玉》等几部类书，其中《韵府群玉》是提到最多的，即使在没有明确标出出处的释文中，依然能看到大量《韵府群玉》的影子。《下学集》的编写极有可能主要是以宋元类书为依据的，尤其是《韵府群玉》。日本学者木村晟认为《下学集》的整理是出于五山僧侣们创作汉诗的需要。①

五山僧侣们受宋元诗歌的影响，流行创作禅诗，或者和汉联句，僧侣们需要了解更多的汉文典故，需要正确认识汉字音韵，《韵府群玉》因此备受喜爱。而大部头的类书对日本本土僧侣而言又负担过重，在这种背景下，结合了韵书和类书功能的小型百科全书式的《下学集》应运而生。在整个编写中，《韵府群玉》就充当了其释文的主要典据之一的角色。

本文将以书中提过的几本类书为中心，主要结合《事类备要》《太平御览》等其他类书，辅以相关书籍，通过《下学集》所引的中国诗句对其释文进行考察，探析《韵府群玉》作为其释文汉籍典据的可能性。从诗句入手主要是因为，各类书中所录诗句或有相同，但是常有用字不同、出典有所出入、分部不同的情况，这些细微之处，常常能为探索其出典指点方向。

二　《下学集》所引诗句在类书中的考察

（一）与《韵府群玉》中所载一致性较高的诗句

1. "潢潦"下引的诗句

《下学集·天地门》：潢潦 退之詩："｜｜旡根源，朝滿夕已除。"可知潢潦義。②

《事类备要》《事文类聚》等类书中虽然也有记载"潢潦无根源，朝满夕已除"这句诗，但都是记录在人伦、教子这些内容里，很难想象作者如何想要编写"天地门"的"潢潦"却去查询"人伦"相关的部门。与之相对的，《韵府群玉》中的相应条目确能反映"潢潦义"：

> 《卷十一·上声》：潦【說文】：雨水大貌，从水尞聲。【韓】潢｜旡根源。【左】潢汙行｜之水。③
>
> 《卷十·上声》：潢潦滿　｜｜旡根源，朝｜夕已除【韓】。

---

① 木村晟：『下学集』の漢籍典拠攷.駒澤国文39巻.駒沢大学文学部国文学研究室2002年版，03.
② [日]东麓破衲：《下学集》，山田忠雄监修，新生社元和三年版，1968年版。以下《下学集》皆同此。
③ （元）阴时夫：《韵府群玉》，清文渊阁《四库全书》本。以下《韵府群玉》皆同此。

诸类书中，《下学集》释文与《韵府群玉》最为接近。

2. "果下"的诗句

《下学集·气形门》：果下 小馬之異名也。其馬長三尺，乘之可過果子之低枝之下也，故曰"果下"。宋人荆公句云："呼童羈我果下騮"云々。

"呼童羈我果下騮"出自王安石的诗《春日晚行》。考察各类书，只在《韵府群玉》中找到相应的文本，而《事文类聚》《事类备要》等诸书中都没有：

《韵府群玉·卷八·下平声》"騮"：果下騮猶得追閑｜｜｜。【歐】呼童羈我｜｜｜。【荆公】漢廐有｜｜馬，高三尺，駕果樹下乘之，故名。【霍光傳注】

3. "海月"下引的诗句

《下学集·气形门》：海月無骨者。晋灵运句云："掛席拾海月"。注：蛤屬也。

《太平御览·卷第九百四十三·鳞介部十五》"海月"：

謝靈運詩曰：挂席拾海月。①

《韵府群玉·卷十八·入声》"月"：

海月 郭景純《海賦》：王珧｜｜大如鏡，白色正圓死海邊。靈運詩：掛席拾｜｜。注：蚌蛤屬。珧音姚。《韻會》云：｜｜，寶名，生海中，大如鏡，月色。

《事文类聚》虽也录了此诗，但是位于"地理部"。对比起来，《下学集》的释文与《韵府群玉》的最为一致。

---

① （宋）李昉：《太平御览》，清嘉庆十二年鲍氏仿宋刻本。以下《太平御览》皆同此。

4. "蚕"下引的诗句

《下学集·气形门》：蠶 支那負嶠山有冰蠶，以霜雪覆之作絲，長一尺，織為文綿，入水不濡，入火不燒。東坡句云："冰蠶不識寒，火鼠不知暑"即是也。

《韵府群玉·卷八·下平声》"冰蚕"下有：

冰蠶 員嶠山｜｜長七寸，黑色，有鱗角，以霜雪覆之作繭，長一尺織為文錦，入水不濡，入火不燎。【拾遺記】

"不知寒"与"不知暑"下也有"冰蚕不知寒，火鼠不知暑"这两句诗。

《太平御览》虽有相同的释文，但显然苏轼的诗不会存在于其中。因而，综合分析，这两句诗与《韵府群玉》所载更为相近。

5. "笛"下引的诗句

《下学集·器财门》：笛 異名也，云橫玉然。古句"橫玉叫雲天似水"。《風俗通》曰，武帝時丘仲所作也。

《韵府群玉·卷二十·入声》"笛"字下有一致度非常高的文字：

笛 漢武時丘仲作。｜長尺四寸，舊四孔，京房加一孔，是商聲。馬融善吹，石崇妓綠珠善吹。吟詠：長｜一聲人倚樓【趙嘏】。橫玉叫雲天似水【古詩】。

《事类备要·时令门》"秋"下有"横玉叫云清似水"[①]，分部与乐器毫不相干。《太平御览》《事林广记》《事类备要》"笛"下皆有与"《風俗通》曰，武帝時丘仲所作也"相似的记载，唯有《韵府》"笛"下有此句，《下学集》写此句为"古句"，而非作者，与《韵府群玉》的"古诗"相似。

6. "槟榔子"下引的诗句

《下学集·草木门》：檳榔子 食此子則消食，可慎。或食之釅然如

[①] （宋）谢维新：《古今合璧事类备要》，清文渊阁《四库全书》本。以下《事类备要》皆同此。

醉。東坡句云"紅潮登頰醉檳郎"云云。

《韵府群玉·卷六·下平声》"榔"字下有：

　　草木檳榔 無柯，實生其端，作房，一房數百。實味苦澁，得扶留藤與瓦屋子灰嚼之，則甘滑。向陽者曰｜｜，向陰者曰大腹子。劉穆之少貧，好往妻兄江氏乞食，多見辱。江氏慶會囑勿來，穆之猶往。食畢，求｜｜。江曰："｜｜消食，君乃饑，何須此？"穆之尹丹陽令，以金盤貯｜｜一斛進之。吟詠：風敲紫鳳卵，雨暗蒼龍乳。紅潮登頰醉｜｜【坡】。林云：｜｜食之，醺然頰赤。

《太平御览·卷第九百七十一·果部八》"檳榔"：

　　《宋書》曰：劉穆之少時家貧，誕節嗜酒食，不脩拘檢。好往妻兄家乞食，多見辱，不以為耻。其妻江嗣女甚明識，每禁不令往。江氏後有慶會，屬勿來，穆之猶往。食畢，求檳榔。江氏兄弟戲之曰："檳榔消食，君乃常飢，何忽須此？"妻復截髮市肴饌，為其兄弟以飴穆之，自此不對穆之梳沐。及穆之為丹陽尹，將召妻兄，妻泣而稽顙以致謝。穆之曰："本不匿怨，無所致憂。"及至醉，穆之乃令廚人以金拌貯檳榔一斛以進之。

《下学集》此条释文的每一个关键词都可以在《韵府群玉》中找到对应的语句，二者所含信息高度重合。《韵府群玉》所载刘穆之事《太平御览》"檳榔"下也有相同内容，但只与《下学集》"檳榔"释文的"消食"一条对应，更无此诗句，可见此条释文来源于《韵府群玉》可能性极高。

7. "石南花"下引的诗句

《下学集·草木门》：石南花 唐人詩云："不知青嶂收來雨，清曉石南花亂流。"

《韵府群玉·卷八》：

　　石楠　｜｜亦木名。唐詩：清曉｜｜花乱流。

《古今韵会举要》与《韵府群玉》释文相同。《庚溪诗话》录全诗:

> 頃在澄江,見外叔祖朱少魏 良臣 書帙中錄一詩雲:坐見茅齋一葉秋,小山叢桂鳥聲幽。不知疊嶂夜來雨,清曉石楠花亂流。①

但是《庚溪诗话》中又有:"其下注云:'司马才叔作。'近阅曾端伯改过所编诗选,乃载于何正平诗中,未知孰是。"无论是"司马才叔"还是"何正平",都是宋人,而不是唐人。《下学集》著者认为是唐人的诗,或许是受了《韵府群玉》的影响。"不知青嶂收来雨"一句则不见诸他书。对照《下学集》其他版本,国立国会图书馆所藏三本手抄本,皆作:"不知青嶂夜來雨,清曉丨丨丨亂流。""收"应为元和版的错误,"青嶂"不知何来。

8. "芍药"、"棕榈"下引的诗句

《下学集·草木门》:芍藥 異名將離花,又云可離花。唐李群玉句云:"芍藥花開菩薩面",与下椶櫚一对句也。

> 椶櫚 唐李群玉詩云:"椶櫚葉散夜叉頭"。

《韵府群玉·卷八·下平声》:

> 夜叉頭 芍藥花開菩薩面,椶櫚葉散丨丨丨。【李羣玉詩】

同时《卷一·上平声》"棕"下也有:

> 王璘:丨櫚葉散夜叉頭

《古今合璧事类备要别集·卷五十三·众木门》中"棕榈"下有:

> 夜叉頭 椶櫚葉散丨丨丨。【李群玉王璘聯句】

---

① (宋)陈岩肖:《庚溪诗话》,宋百川学海本。

《古今事文类聚后集·卷二十二·谷菜部》中"棕笋"下有：

  王磷詩：椶櫚葉散夜叉頭。①

虽然《事类备要》《事文类聚》中都有"椶櫚葉散夜叉頭"一句，但《下学集》中此处引文所标作者与《韵府群玉》更为一致。

9. "槿花"下引的诗句

《下学集·草木门》：槿花《韻府》云：槿有黃白者，一名曰及。《字書》曰：槿者，蕣也。《毛詩》：有女同車，其顏如蕣花。愚謂蕣朝榮西裏花也，故《毛詩》倭訓呼蕣曰朝顏，亦不妨也。由是日本俗以為与槿蕣共牽牛花。蓋以倭訓共同，是大誤也。宋人詩曰："槿花篱下點秋事，早有牽牛上竹來。"以此詩意見，則槿蕣与牽牛各別也。牽牛花本之名藤生，花狀如遍豆矣，因田野人牽牛易藥得名焉。又或故人詩曰："君子芳桂性，春濃秋更繁。小人槿花心，朝在夕不存。"云云。

这条释文中涉及两首《诗经》以外的诗："槿花篱下点秋事，早有牽牛上竹来。"以及"君子芳桂性，春浓秋更繁。小人槿花心，朝在夕不存。""槿花篱下点秋事，早有牽牛上竹来。"一句不在各类书中，出自南宋诗人道璨的诗集《柳塘外集》：

  立秋 碧樹蕭蕭凉氣回，一年懷抱此時開。槿花籬下占秋事，早有牽牛上竹來。

另一首则是出自孟郊的《审交》，各大类书几乎都有录入，然而《下学集》"槿花"的释文开头就提到了《韵府群玉》，说明这条注下至少有一部分来自《韵府群玉》。《韵府群玉》相应条目为：

  《卷十·上声》：槿 花有黃白者，一名曰及。《詩》言舜華。莊子貴支離而悲朱槿，《淮南》。吟詠：君子芳桂性，春濃秋更煩。小人槿花心，朝在夕不存。

---

① （宋）祝穆：《古今事文类聚》，清文渊阁《四库全书》本。以下《事文类聚》皆同此。

《卷八·下平声》"牛"下有：草木 牵丨花作藤生花，狀如扁豆，始因田野人丨丨易藥得名焉。

可見《下學集》"槿花"條目下几乎所有内容都能在《韵府群玉》中找到相應内容，因此，我們几乎可以完全肯定"槿花"釋文下所引詩句"君子芳桂性，春濃秋更繁。小人槿花心，朝在夕不存。"也是直接引自《韵府群玉》。

10. "江南所無"下引的詩句

《下學集·草木門》：江南所無 梅一名也，但日本俗所呼歟，予謂南宋范曄詩云："折梅逢驛使，乞與隴頭人。江南無所有，聊贈一枝春。"蓋取此第三句意，而云江南所無歟。

"折梅"四句，各大類書都有記載，而几乎所有記載都明確此詩為陸凱贈予范曄，惟《韵府群玉》與諸本不同：

《太平御覽·卷第九百七十·果部七》"梅"：

> 《荆州記》曰：陸凱與范曄相善，自江南寄梅花一枝，詣長安與曄，并贈花詩曰："折花逢驛使，寄與隴頭人。江南無所有，聊贈一枝春。"

《古今合璧事類備要別集·卷二十二·花門》"梅花附紅梅·蠟梅"：

> 江南寄 陸凱與范曄相善，自江南寄梅花一枝，詣長安與曄，贈詩曰："折梅逢驛使，寄與隴頭人。江南無所有，聊贈一枝春。"

《古今事文類聚後集·卷二十八·花卉部》"梅花"：

> 陸凱與范曄相善，自江南寄梅花一枝，詣長安與曄，贈詩曰："折梅逢驛使，寄與嶺頭人。江南無所有，聊贈一枝春。"

《韵府群玉·卷三·上平声》"十灰·梅"：

　　　　驛使梅 折梅逢｜｜，寄與隴頭人。江南無所有，聊贈一枝春。
【范曄】

只有《韵府群玉》记载此诗为"范晔"所作，《下学集》作者也以此诗为"南宋范晔诗"，作者的这种认知与《韵府群玉》所载极为一致。

11. "葡萄"下引的诗句

《下学集·草木门》：葡萄 其汁可釀酒。一名馬乳，其實形如馬乳。退之詩云："若欲滿盤堆馬乳，莫辞接竹引竜須"云云。

释文中引用了韩愈的诗句"若欲滿盤堆馬乳，莫辞接竹引竜須"，类书中相似的记载如下：

《古今合璧事类备要别集·卷四十一·果门》"蒲萄"下有：

　　　　滿盤堆 新莖未遍半猶枯，高架枝離倒若扶。若欲｜｜｜馬乳，莫辭接竹引龍鬚。【韓愈】

《古今事文类聚后集·卷二十五·果实部》"葡萄"中有律诗《葡萄》：

　　　　葡萄·韓愈 新莖未徧半猶枯，高架支離倒後扶。若欲滿盤堆馬乳，莫辭添竹引龍鬚。

《韵府群玉·卷五·下平声》"萄"：

　　　　萄蒲萄 一名馬乳，又水晶。張騫使西域得之，汁可釀酒……若欲滿盤堆馬乳，莫辭接竹引龍鬚。【韓】

《下学集》"葡萄"的释文中所引诗句在各类书中都有，而结合释文其他内容看，则与《韵府群玉》一致性较高。

12. "水仙花"下引的诗句

《下学集·草木门》：水仙花 馮夷，華陰人，服花八石得為水仙。見《韻府》。涪皤山谷詩：含香躰素欲傾城，山礬是弟梅是兄。日本俗名曰雪中花也。

释文中直接提到了引自《韵府群玉》，冯夷服花八石的部分我们也确实能从《韵府群玉·卷五·下平声》"一先·仙"中找到相应内容，甚至包括后面提到的诗句：

> 花木 水｜花，單葉者呼金盞銀盤，心深黃。有千葉者，花片捲縐密瓊，下輕黃，上淡白，此真水仙【誠齋下】。馮夷，華陰人，服花八石得爲水仙，名河伯。【清冷傳】鄭交甫逢二女遊江漢之濱，解佩以贈詳【佩題詠】。含香體素破頃城，山礬是弟梅是兄【谷】。欣得南園粟玉花【谷】。薄柔肪玉圍金鈿，細染鵝黃刺素紗【誠齊】。

释文中这句诗引自《韵府群玉》无疑。

（二）与《韵府群书》所载一致性较低的诗句

1. "扶桑国"下引的诗句

> 《下学集·天地门》：扶桑國 日本捴名也，朝暾必昇於若木｜｜之梢，故呼日本云扶桑國也。杜子美詩云："至今有遺恨，不得窮｜｜｜。"

此诗出自杜甫《壮游》，现存明以前诸类书皆未记入，或直接引自《杜工部集》，而非类书。

2. 《下学集》所引黄庭坚诗句

> 《下学集·气形门》：蛣蜣 糞虫也。山谷句云："蛣蜣弄丸賤蘇合。"

释文中所引诗句出自黄庭坚的诗集，明以前的类书中皆未收录，这也反映了五山文学的偏好之一。五山文学兴起于宋元之际，五山僧侣们对汉诗的爱好偏向中晚唐诗歌及苏东坡、黄庭坚等北宋诗人的诗歌。这种情况下，黄庭坚的诗文集在日本多次刊印，流传甚广。《下学集》中疑似直接引自黄庭坚诗集的诗句还有：

《下学集·器财门》：蘆雁畫 惠崇能畫芦雁，山谷詩云："惠崇煙雨歸雁，坐我瀟湘洞庭。欲喚扁舟皈去，故人道是丹青。"

《下学集·草木门》：銀杏 異名鴨脚。葉形如鴨脚，故山谷句云"風林收鴨脚"也。

《下学集·言辞门》：濫觴 始義也。濫觴者，泯江始出於泯山，其源少水可以濫觴。及入楚國滄波萬頃，非舟舩不可以涉也，見於《家語》矣。又山谷句云"泯江始濫觴，入楚即无底"云云。

"蛣蜣弄丸贱苏合" 今本"弄"多作"转"；"风林收鸭脚"，"风"作"霜"；"泯江始濫觞，入楚即无底"今本"始"作"初"，"即"作"乃"。

"银杏"的释文虽然在《韵府群玉·卷十二》"银杏"下有对应的"银杏 一名鸭脚，叶似也"，也有"霜林取鸭脚"一句，在《卷五》"琴高"下。

琴高 霜林取鴨脚，春網薦丨丨【山谷】

"风林收鸭脚"一句很难说是否也是引自《韵府群玉》，结合释文来看确实很相近。

3. "麝香"下引的诗句

《下学集·气形门》：麝香 香獸也，或小鳥名也。杜子美句："麝香眠石竹。"

《下学集》中提过的《太平御览》《事文类聚》《韵府群玉》等类书都没有记录此句，宋元类书只有《全芳备祖前集》在花部中有记载：

《全芳备祖前集·卷二十七·花部》"石竹花"：

麝香眠石竹【少陵】[1]

---

[1] （宋）陈景沂：《全芳备祖》，清文渊阁《四库全书》本。

此句出自杜甫《山寺》。引此诗时，作者应当并非是转引自类书。

4. "鸳鸯"下引的诗句

《下学集·气形门》：鴛鴦 此鳥尤異者也，養雛於土窟，能使狐護之。雌雄不暫離，杜子美句："鴛鴦不獨宿。"

《韵府群玉·卷六·下平声》"鸳鸯"下相同的释文：

鴛鴦‖‖尤異者，養雛於土窟，能使狐衛其子【孔帖】。

但是《韵府》中并不存"鸳鸯不独宿"。《事类备要》中二者都有，但是在不同部门：

《古今合璧事类备要别集·卷六十八·飞禽门·鸳鸯》：狐衛 鴛鴦尤異者，養雛於土窟，破冢之間，能使‖‖其子【孔氏帖】。

《卷三十一·花卉门·夜合花》：尚知時 合歡‖‖‖，鴛鴦不獨宿【杜甫】。

而《白孔六帖》同时包含二者，且都分部在"鸳鸯"下，相去不远。不过关于"狐卫其子"的释文，《下学集》与《韵府群玉》更为接近，都没有"破冢之间"：

《白孔六帖·卷九十五·鸳鸯》：

合婚尚知時 鴛鴦不獨宿。【杜甫·佳人】
能使狐衛其子 尤異者，養雛於土窟，破冢之間，能使狐衛其子。[1]

综上，释文中所引杜甫诗不来源于任何一本《下学集》中提到过的类书，释文虽与《韵府群玉》相似，但也与《事类备要》《孔氏六帖》等书

---

[1] （唐）白居易：《白孔六帖》，（宋）孔传续撰，清文渊阁《四库全书》本。

所载一致。

    5. "椰子盃"下引的诗句

      《下学集·器财门》：椰子盃 椰，木名也。橫截椰子為盃，若以毒投盃中，酒忽沸涌，令人無害也。然今人漆其盃中，其失椰子之用也。柳子厚句云"挹水勺仍椰"是也。

各部类书中都没有相关释文，也未记载这句诗。

6. 引自《三体唐诗》的诗句

      《下学集·言辞门》：坐 《家法詩》云"停車坐愛楓林晚"云云。

《家法诗》为《唐贤三体诗家法》的简称，即《三体唐诗》。《三体唐诗·卷一·实接》录此诗：

      山行 远上寒山石径斜，白云深处有人家。停车坐爱枫林晚，霜叶红于二月花。

《下学集·草木门》"欵冬"释文中"僧房逢著欵冬花，出寺吟行日已斜。十二街中春雪遍，馬蹄今去入誰家。"一诗也标明引自《三体诗》，即《三体唐诗》，引文与今本无异。

    7. "乌臼树"下引的诗句

      《下学集·草木门》：烏白樹 白或作臼。宋和靖句："巾子峰頭烏白樹，微霜未落已先紅。"云云。

这是林逋《水亭秋日偶书》中的诗句，收录在《林和靖诗集》中。众类书皆未收此诗句，应不是转引自以上诸类书。

（三）现存汉籍中无记载的诗句

1. "坟墓"下引的诗句

  《天地门 第一》：墳墓 土饅頭也。宋人句云："何處溪山松竹下，又添一個土饅頭"也。

"何处溪山松竹下，又添一个土馒头"很难查阅到来源，《韵府群玉》等书与此较为相似的只有：

  土饅頭 縱有千年鐵門限，終須一個｜｜｜。【范石湖詩】墳也。

2. "日观"下引的诗句

  《人名门 第六》：日観 元人，尤工蒲萄，古人句云"日観老人瓔珞漿"。自呼号"知畉子"也。

"日观老人璎珞浆"然在各本类书及其他典籍中都难以找到来源。

3. "木绵"下引的诗句

  《绢布门 第十一》：木綿 木名也。宋恩斷江詩：木綿庵下鵊鸎雨，附子崗頭躑躅春。亦衣類也。

此诗不在类书之中，其他典籍中也难以查证。

4. "嬾懶嫩"下引的诗句

  《言辞门 第十七》：嬾懶嫩 已上三字各別也。本朝《朗詠集》有樂天詩句云："紫莖嫩蕨人拳手"。然日本俗曰字形相似呼嫩作嬾讀，大誤也，況句意亦失蕨之用也，子細可味之一件。莖字作莝，又塵，是亦誤也，紫莖尤佳也。嗚呼！一句之中誤二個字，何哉？

本条中提到"乐天诗句""紫茎嫩蕨人拳手"，而此诗在中国古籍中不存。查阅日本典籍《和汉朗咏集》，则有：

紫塵嫩蕨人拳手，碧玉寒蘆錐脱囊。野相公[①]
紫塵嫩蕨人拳手，碧玉寒蘆錐脱囊。野相公早春晴後[②]

此句收在《和汉朗咏集·春》"早春"一节，为平安时期诗人"野相公"小野篁所作《早春晴后》，而非白居易诗句。

三 小结

将《下学集》所引中国诗句与宋元类书，主要是与书中提到过的几部类书的相应内容进行对比分析后，可以看到这些诗句所在词条的释文至少有一半是与《韵府群玉》有着高度一致性的。借助引用的诗句，我们可以发现他们中有的甚至存在着一致的错漏。这种相同的错漏使这些释文在即使没有明确说明出典的情况下，依旧为我们研究《下学集》汉籍典据提供了思路。单从诗句来看，《韵府群玉》对《下学集》的引文就贡献了一半，可以想象，《下学集》整部书对《韵府群玉》的引用比例应该是不小的，这对我们接下来研究《下学集》的引文依据具有重要意义。

（蒋慧茹：中国人民大学文学院，100872，北京）

---

① [日]藤原公任.和汉朗咏抄.国立国会图书馆藏伝忍誓写本.
② [日]藤原公任.和汉朗咏集.国立国会图书馆藏久米傳十郎写本.

出土文献研究

上博楚简新《王居》篇的编连及有关释文的校释问题[*]

龙国富

一 引言

《王居》本来是上海博物馆藏战国楚竹书第八册中的第五篇,大意是指楚惠王时,彭徒至楚国边关传送王命,关人邵昌向楚王报告,王将此事告知大夫令尹子春,并命他处理此事,王命彭徒为卜尹。[①]简文有残阙,部分释文存在问题。据程少轩的研究,《王居》共存简7支,而第4、5简与《王居》篇的其他内容不合,不能算作此篇。[②]可是又有人不同意这一观点。读书会[③]提出,上博简第八册中《志书乃言》的内容与《王居》相同,应该编入《王居》篇。又上博简第八册《命》中的第4、5两简也应该编入《王居》篇。[④]沈培提出,《志书乃言》第8简内容不合于《王居》篇,当剔除。[⑤]如果这些观点都成立的话,《王居》实际上又扩大了范围,增加了内容,且在编连上,也需要对简的顺序进行重新编排,那么这就产生

---

[*] 基金项目:中国人民大学科学研究基金(中央高校基本科研业务费专项资金资助)项目"汉代出土文献整理与语言研究"(项目编号:11XNJ010)。

① 陈佩芬:《〈王居〉考释》,载马承源主编《上海博物馆藏战国楚竹书》(八),上海古籍出版社2011年版,第205页。

② 引自《上博八〈王居〉〈志书乃言〉校读》下评论。参见复旦吉大古文字专业研究生联合读书会《上博八〈王居〉〈志书乃言〉校读》,复旦大学出土文献与古文字研究中心网站,2011年7月20日。

③ "读书会"指复旦大学、吉林大学古文字专业研究生联合读书会,下同。

④ 读书会:《上博八〈王居〉〈志书乃言〉校读》,复旦大学出土文献与古文字研究中心网站,2011年7月20日。

⑤ 沈培:《〈上博(六)〉与〈上博(八)〉竹简相互编联之一例》,复旦大学出土文献与古文字研究中心网站,2011年7月17日。

了新的《王居》篇。本文一方面对以往学者的学术成果作一个总结，另一方面拟在前人研究基础上就新《王居》篇的篇章、简序、释文等问题加以探讨。

二　新《王居》篇的篇章与简序

（一）关於新《王居》篇的篇章

如前文所述，《王居》篇记叙楚王怠慢彭徒，嬖臣观无畏乘机诋毁。邦人闻知后，为彭徒鸣不平，楚王转而指责无畏，楚王让令尹子春抚慰彭徒，彭徒得到重用。根据读书会、单育辰、陈伟、陈剑、李锐、浅野裕一等学者的研究，与原本《王居》篇一同收入《上博八》的《命》《志书乃言》两篇，其中有部分竹简在版本形制、书体和内容方面与《王居》篇的关系非常密切。我们认为，原本《王居》第1—7简，《命》（竹简共11支）中的第4、5简和《志书乃言》（竹简共8支）第1至7简都应该归入新《王居》篇。其理由如下：

1. 从版本形制看

（1）看篇题，《王居》《志书乃言》《命》三篇中，《王居》和《命》都有篇题，可以各自独立，《志书乃言》无篇题，且在《王居》之后，极有可能《志书乃言》不是独立的一篇，而是《王居》篇的一部分。《命》有篇题，应该独立，但第4、5简在内容、版状、简长和简字数等方面与《王居》是一类。

（2）看版式，虽然三篇都是两端平齐，编绳为两道，但是《王居》和《志书乃言》两篇都是满简书写于竹黄面，竹青面除篇题外都留白，每简字数大体一致。有两个墨钉或一个墨钉。最后一简字尾设有墨钩，其下留白，示文本结束。[1]

（3）看简长，原本《王居》第1—7简、《志书乃言》第1至7简和《命》的第4、5简简长一致，都是33.1—33.2厘米。

（4）看简数，《王居》和《志书乃言》两篇的第1—7简，简的字数相等，都是23—25字。《命》的第4、5简简字数多，多了1字。第4简共25字，重文符一，第5简26字。

---

[1] 陈佩芬：《〈王居〉考释》，载马承源主编《上海博物馆藏战国楚竹书》（八），上海古籍出版社2011年版，第205页。

2. 从书体看

《王居》和《志书乃言》两篇书体相同，笔画一致，字迹工整，字数相近。整个书体具有一个人的书写特点。遵循统一的文字结构规律，有一致的书写笔画，异写字、异构字书写一致。

3. 从内容看

把《命》篇第4、5简与《王居》内容一致，能编入《王居》。且《命》篇剩下9简，文脉贯通，清晰通畅。《志书乃言》篇编入《王居》篇后，内容一致，故事情节贯通一气。

这样，以《王居》为篇题的简文共有16支，此16支简构成一个整体，讲述楚王重用贤才彭徒的故事。

（二）关于新《王居》篇的简序

到目前为止，主要有以下学者对原本《王居》（简称《王》）、《志书乃言》（简称《志》）、《命》各篇的简序进行编连，其编连的顺序分别如下：

读书会（2011）：王1+志1+志2+志3+志4+志6+志7+王5+王6+王7[①]

读书会还有王2、王3、王4、志5、命4、命5等六简没有编连，主要是因为对《王居》简2、简3与《王居》的关系还没有厘清，对《命》简4、简5的归属虽然提出了意见，但认识还不够明朗。

单育辰（2011）：王1+志1+志2+命4+命5+志5+……+志3+……+王2+……+志4+志6+志7+王5+王6+……+王3+……+王4+……+王7[②]

单育辰把王2、王3、王4、志5、命4、命5六简编入，这是一个进步。但是认为志5简与志3简、王2简与志4简、王6简与王3简、王3与王4、王4与王7之间都存在缺简，还需进一步讨论。

陈剑（2011）：王1+志1+志2+志3+命4+命5+志5+志4+志6+志7+王5+王6+王2+王7[③]

陈剑认为需要把王2简编入王6简后面，没有把王3、王4=简考虑进来。

---

① 读书会：《上博八〈王居〉〈志书乃言〉校读》，复旦大学出土文献与古文字研究中心网站，2011年7月20日。

② 单育辰先生的意见参见读书会《上博八〈王居〉〈志书乃言〉校读》一文的评论帖，复旦大学出土文献与古文字研究中心网站，2011年7月20日。

③ 陈剑：《〈上博（八）·王居〉复原》，复旦大学出土文献与古文字研究中心网站，2011年7月20日。

陈伟（2011a）：王1＋王3＋志1＋志2＋志3＋志4＋志5＋志7＋王5＋命4＋命5＋王2＋王4＋志6＋王6＋王7。①

通过陈伟研究，《王居》篇1—7简、《志书乃言》篇1—7简以及《命》篇第4、5简可全部编为一篇，并且基本可以连读。这样由16简组成的新的《王居》篇基本确定。只是个别简之间的内容还不能畅通。

浅野裕一（2011）：王1＋志1＋志2＋志3＋命4＋命5＋志5＋志4＋志6＋志7＋王5＋王6＋王3＋王4＋王2＋王7②

浅野裕一认为，《王居》《志书乃言》和《命》第4、5简，竹简形制及文字字形都一致，且它们的简数两端平齐，编绳两道，简长都为33.1至33.2厘米，简文字数都为23至25字。据此，很有可能是同一篇文献。③但是，志5放入命5和王7之间意义表达不畅。

陈伟（2011b）：王1＋王3＋志1＋志2＋志3＋志4＋志6＋志7＋王5＋王6＋王2＋王4＋命4＋命5＋志5＋王7④。

与他的前一次研究（2011a）相比，陈伟这次对部分简序进行了微调，把志6移入志4之后，把志5移入王7之前，把王6调至王5之后。把命4、命5移入王4之后。这样，更符合故事情节的真实需要。

新《王居》篇故事完整、集中，根据故事的情节发展，我们通过梳理，可以把这16支简文分为四个层次，其分层于下：

第一层，简文是：王1A。这一层属于导言，介绍故事的时间、地点、人物和背景。具体指楚王在沮瀬之宫的时候，彭徒自鄢关归往，向楚王致命之事。经由邵昌转告，但楚玉未予回复。内容为：

王居穌（苏）瀬之室。彭徒舁（往）䜌（鄢）闗（关）至（致）命。邵昌爲之告，王未會（答）之。【王1A】

第二层，简文是：王1B＋王3＋志1＋志2＋志3＋志4＋志6＋志7＋王5A。这一

---

① 陈伟：《上博楚竹书〈王居〉新编校释》，简帛网，2011年7月20日。
② 浅野裕一：《上博楚简〈王居〉复原初探》，复旦大学出土文献与古文字研究中心网站，2011年10月21日。
③ 同上。
④ 陈伟：《上博楚竹书〈王居〉编连再探》，复旦大学出土文献与古文字研究中心网站，2011年10月1日。

层属于情节的发展阶段，叙述观无畏和楚王的对话。观无畏在楚王面前制造谗言诋毁彭徒，楚王对观无畏予以严辞驳斥，希望他认真反思，以国家利益为重。

觀無愳（畏）【王1B】……毀亞（惡）之。是言既睧（聞）於衆巳（已），邦人其瀘（沮）志解體，胃（謂）：【王3】"《寺（志）》箸（書）乃言：'是楚邦之弨（強）枊（梁）人，反昃（側）其口舌，以燮（對）誩（譸）王大夫之言。'縱【志1】不隻（獲）辠（罪），或（又）猶走趣（趨）事王。邦人其胃（謂）之可（何）！"王作色曰："無愳（畏），此是【志2】胃（謂）死辠（罪）。虐（吾）安尔（爾）而埶（褻）尔（爾）。尔（爾）亡（無）以叔（慮）枉（匡）正我，殹（抑）忢（惎）韋（諱）譁（讒）訑（詒）以在（載）亞（惡）。吾【志3】蟲（庸）材以爲獻，或（又）不能節尻（奢）所以辠〈親〉人。然以譁（讒）言相忢，尔（爾）思（使）我【志4】得忧（尤）於邦多巳（已）。吾欲至（致）尔（爾）於自辠（罪），邦人其謂我不能再（稱）人，朝起而【志6】夕灋（廢）之。是則盡不穀（穀）之辠（罪）也。後舍勿然。唯（雖）我忢（愛）尔（爾），吾無女（如）社【志7】禝（稷）可（何）！而（爾）必良慎之。"【王5A】

第三层，简文是：王5B＋王6＋王2＋王4＋命4＋命5＋志5＋王7A。这一层属于情节的高潮阶段，叙述令尹子春和楚王的对话。令尹子春朝见楚王，楚王赞赏彭徒的一片忠心，要求令尹子春给彭徒予以褒奖，以正国威。

其朚=（明日），命（令）尹子春■，王就之曰："夫彭徒一勞。爲【王5B】吾詖（必）之。"命（令）尹倉（答）："命須其儘。"王胃（謂）："虐（吾）谷（欲）速。"乃許諾："命須後似（必）。"王就【王6】命（令）尹少進於此，吾一恥於告大夫。述日，徒自關至（致）命，昌爲之告，虐（吾）未【王2】……□塵能進後人。怃（願）大夫之母（撫）■徒，以員（云）不穀（穀）之【王4】間（奸）臣而居虐（吾）左右，不再（稱）毄（賢），進可以粵

（屏）楠（輔）我，則戠（特）爲民▨（窮）窬（究）。虘（吾）聞古【命4】之善臣，不以厶（私）思（使）厶（私）悁（怨）内（入）於王門。非而（爾）所以復，我不能聰（貫）壁而視聖（聽），【命5】虘（吾）以尔（爾）爲遠目耳。而（爾）縱不爲虘（吾），爰睪（擇）吾父兄甥（甥）舎（舅）之又（有）所善。【志5】……言之津（篤）。【王7A】

第四层，简文是：王7B。这一层属于故事的结尾，令尹子春命彭徒为洛卜尹。

命（令）尹許諾，乃命彭徒爲洛卜尹。【王7B】

相比以上各编连结果，陈伟的编连顺序与此故事情节一致，全文编连的顺序宜为：

王1＋王3＋志1＋志2＋志3＋志4＋志6＋志7＋王5＋王6＋王2＋王4＋命4＋命5＋志5＋王7。

三 新《王居》篇有关释文的校释问题

（一）"王居稣满之室"中的"稣"（王1简）

稣，整理者（2011：206）读为"苏"。①《说文通训定声》："稣，假借为苏。"《清华简（一）·楚居》有云："以为处于▨满。"▨，地名，从禾西声。如《殷周金文集成·鄂君启车节》（12110）："▨焚。"▨，后作酥，《玉篇·酉部》："酥，酪也。"由内外结构转为左右结构。浅野裕一（2011）认为，▨与酥通，酥满即苏满。②陈伟（2011）依《昭王毁室》说"昭王为室于死沽之浒"，后"徙处于平满"，"苏"、"疋"相通。而认为"稣满"与"平满"实即一地。③但是，平满是楚昭王之所，稣满是楚惠王之所，二者恐非一地。我们的观点是，与酥同，酥与苏同音

---

① 陈佩芬：《〈王居〉考释》，马承源主编《上海博物馆藏战国楚竹书》（八），上海古籍出版社2011年版，第206页。
② 浅野裕一：《上博楚简〈王居〉复原初探》，复旦大学出土文献与古文字研究中心网站，2011年10月21日。
③ 陈伟：《上博楚竹书〈王居〉新编校释》，简帛网，2011年7月20日。

而通用，所以酥漭即苏漭。

（二）"彭徒羋譚（鄠）閈（關）至（致）命"中的"羋"（王1简）

羋，整理者（2011：206）释为"往"、"至"的意思。① "羋"就是"网"的早期形式。②

（1）文字形体上，整理者（2011：206）将其隶为"羋"③，确是。"网"甲骨文已经出现，作"𦉞"（《甲骨文合集》10759）。商代作"𦉞"（《亚网爵》）。战国作"𦉞"（《天观星简》《上博（二）•容成氏》第41简）。该字形与此篇简文"𦉞"形同。可见"羋（网）"的形体是一脉相承的。

（2）语义用法上，我们调查战国出土简帛文献，有3例通作"往"，1例通作"亡"。"羋"可通作"往"和"亡"。

① "羋"作"往"。古汉语中，"往"可以表前往义和归往义。表示前往义时带宾语。如：楚简《天星观简》："𦉞苕，享荐祫一佩玉环"。苕，作"瘵"，用作地名。"𦉞苕"指前往瘵地。④

表示归往义，《集韵•漾韵》："往，归向也。" 归往的"往"，其功能为不带宾语和带处所宾语两类。带处所宾语时，可以带起点和终点处所宾语，带终点处所宾语时表示"归往某处"，带起点处所宾语时表示"自某处归往"。

第一，不带宾语。如：《包山楚简》第103简背："须左司马之羋行，将以酭（问）之。"（陈伟2009：54）"羋"作"往"，指"归往"。⑤ 上例中"往行"指出行归往。该简的意义为"等左司马出行归往，马上查问此案"。陈伟（2009：64）释此"羋"字为归往的"往"。⑥ 甚确。

第二，带起点处所宾语。如：《上博（四）•昭王与龚之脽》第7简："龏（龚）之脽被（披）之，亓（其）衿视，𦉞（捆）逃（姚）珇

---

① 陈佩芬：《〈王居〉考释》，马承源主编《上海博物馆藏战国楚竹书》（八），上海古籍出版社2011年版，第206页。
② 陈剑：《楚简"𦉞"字试解》，《简帛》第四辑，上海古籍出版社2009年版，第135—160页。
③ 陈佩芬：《〈王居〉考释》，马承源主编《上海博物馆藏战国楚竹书》（八），上海古籍出版社2011年版，第206页。
④ 陈伟等主编：《楚地出土战国简册[十四种]》，经济科学出版社2009年版，第54页。
⑤ 同上。
⑥ 同上。

（宝）。整理者（2004：188）疑"殹"为"搁"之异文，说《集韵》："搁，举也。"①按，整理者举《集韵》"搁"字实为"掆"字之误，因为"掆"才是"举"。《玉篇》："掆，举也。"《集韵》："掆，举也。"其实，这里的"殹"就是"羿"，也是通"往"。其后面带有起点处所宾语"珧宝"，当将"往珧宝"释为"自珧宝归往"。李守奎（2011）释为"樊"，读为"返"。②释义是对的，只是略显迂曲。并且，李先生认为"殹"是"樊"的省略，理论上虽然可行，但是金文中"樊"不省，而战国时期"殹"是否真的是"樊"的截除式省略用法，也还有待进一步证明。

"彭徒羿（往）鄢关致命"中的"往"指归往，根据上下文语义，它带起点宾语，"往鄢关"就是"自鄢关归往"的意思。

②"羿"作"亡"，表示灭亡。《上博（二）·容成氏》第41简："于是虐（乎）殹（亡）宗鹿（戮）族戋（残）羣焉备（服）。"李零（2002：282）认为，此"殹"字应当通"亡"，表示灭亡之义。③可见，"网"字通作"往""亡"是战国时期最常见的用法。

（三）"殹忈（惎）韦（讳）譁（谗）（愬）以在（载）亚（恶）"中的"殹"（志3简）

殹，整理者（2011：220）读为"也"。④读书会（2011）引陈剑（2008：176）读为"抑"，表示转折。⑤其实，读书会是用借字解释"殹"的字义，"抑"和"殹"都是借字，其本字应该是"意"。

1. "殹"的本字"意"字形结构的产生

"意"是一个意义比较抽象的动词，产生于西周。汉代以前其字形有

---

① 陈佩芬：《〈昭王与龚之脽〉考释》，马承源主编《上海博物馆藏战国楚竹书》（四），上海古籍出版社2004年版，第188页。
② 李守奎：《〈楚居〉中的樊字及出土楚文献中与樊相关文例的释读》，《文物》2011年第3期。
③ 李零：《〈容成氏〉考释》，马承源主编《上海博物馆藏战国楚竹书》（二），上海古籍出版社2002年版，第282页。
④ 陈佩芬：《〈王居〉考释》，马承源主编《上海博物馆藏战国楚竹书》（八），上海古籍出版社2011年版，第220页。
⑤ 读书会：《上博八〈王居〉〈志书乃言〉校读》，复旦大学出土文献与古文字研究中心网站，2011年7月20日。陈剑《〈上博（六）·孔子见季桓子〉重编新释》，《出土文献与古文字研究》第二辑，复旦大学出版社2008年版，第176页。

两个，为"🈳"和"意"。它们的字形演变分两条路径：

第一条路径：由"🈳"和"🈳"到"意"和"🈳"。

西周金文中开始出现"意"字，西周中期《九年卫鼎》2831号"寿商🈳意"之"意"写作"🈳"，《意簋》3738号"意乍（作）宝簋"之"意"写作"🈳"。西周晚期《潪伯簋》3821号"意与尊簋"之"意"写作"🈳"。战国中期《令狐君嗣子壶》9720号"万意（亿）年"之"意"写作"🈳"。楚简"意"下偏旁从日。《上海博物馆藏战国楚竹书（七）·武王践阼》第1简"🈳（意）殳（微）丧（茫）不可尋（得）而䚢（睹）虖（乎）"之"意"写作"🈳"，《上海博物馆藏战国楚竹书（五）·鬼神之明》第4简"🈳（意）亓（其）力古（固）不能至安（焉）唬（乎）"之"意"写作"🈳"。可见周雅言"意"写作"🈳"，楚简写作"🈳"，表示"推测"之义。后来加心旁分别作"🈳"、"意"。钱大昕《廿二史考异·史记五·屈原贾生列传》："'好恶积意'，当作'🈳'。"

第二条路径：由"音"到"意"。

最初，字形用"音"，不用"意"。如：

（1）孔=（孔子）曰："🈳（詩）亡（無）🈳（隱）志，樂亡（無）🈳（隱）情，㐭（文）亡（無）🈳（隱）音（意）。"（《上博簡（一）·孔子詩論》1）

例（1）中"隐意"之"意"简文脱下半，作🈳，季旭升隶为"音"，用作"意"。又如：

（2）又（有）出於或（域），生（性）出於又（有），音（意）出於生（性），言出於音（意），名出於言，事出於名。（《上博簡（三）·恒先》5、6）

（3）音（意）非音（意），無胃（謂）音（意）。言非言，無胃（謂）言。（《上博簡（三）·恒先》6）

例（2、3）中"意"简文作🈳，廖名春隶为"音"，用作"意"。季旭升认为，"音"字应该直接释为"意"，表示"意思"之义。也就是说，"音"用作"意"是"音"的引申用法，此处的"音"字和"意"字可能是同形字。

战国秦汉之际，"音"字加意符为"意"。战国《十钟印举》作🔲。秦小篆作🔲。如：

(4) 甲意所盗羊殹(也)，而索繫羊，甲即牽羊去，議不為過羊。(《睡虎地秦墓竹簡·法律答問》29)

马王堆汉墓帛书《老子》甲第96简作🔲，银雀山汉墓竹简《孙宾兵法》第31简作🔲。定州汉墓竹简《论语》第283简作🔲，汉孔龢碑作🔲。如：

(5) 意〈音〉、聲之相和也，先、後之相隋(隨)，恒也。(《馬王堆漢墓帛書〈老子〉甲》96)

与"意"有关的文字，在《说文》中保存有三个：一是"意"，《说文》："意，志也。从心从音。从心，察言而知意也。"二是"意"，《说文》："意，满也。从心音。籀文'意'。十万曰意。"段玉裁注："《方言》曰：'臆、满也。'《广雅》曰：'臆、满也。'汉蒋君碑'余悲冯亿'。皆意之假借字也。""意"表示"推测"之义。三是"䇂"，《说文》："䇂，快也。从言、从中。""䇂"为"臆"的本字。《说文》"意"与"意"是形义都不同的两个字。于省吾在《甲骨文字释林》中认为，"音"和"䇂"都从"言"分化出来，而"音"与"意"关系密切。(第458—459页)"意"的语义抽象，文献中用"音"为"意"是"音"的引申用法。季旭升(2004)认为，根据出土文献用法，应该是"音"加上义符"心"，造出形声字"意"。文献中"意"早出，见于秦代，使用至今。"意"晚出，见于汉代，旋又废止，只保留在《说文解字》之中，其意义归于"意"。

综上所述，本字"意"的字形演变路径可以图标为：
表示"意志""意思"之义：音(战国)→意(秦代)，传到今天。
表示"推测"之义：䇂(战国)→意(汉代)，后来，字形废止，其义归入"意"。
出土文献中，由于"意"的意义抽象，字形晚起，通用字普遍，故多用借字。它是"殹""抑""伊""罷""鼠"等字的本字。

2."殹"的用法

殹"在文献中可以作副词、连词和句末语气词三种用法。

A."殹"作副词。如：

（6）亂曰："非天譄（廞）惪（德），殹莫肎（肯）曹（造）之。(《清華簡（三）·周公之琴舞》6)

整理者言："殹，读为'繄'。《左传》隐公元年'尔有母遗，繄我独无'，杜预注：'繄，语助。'譄，读为'廞'，《尔雅·释诂》：'兴也。'"[①]整理者所引"繄我独无"这一例，自古就有不同观点：《词诠》说它是"语首助词"，《助字辨略》说它是"发语辞"，这算作一种观点，"繄"作句首发语词；杨伯峻说它是"叹词"，与《论语》"人皆有兄弟，我独无"对比，"繄"作感叹词，表达一种不公；刘师培说"繄"当训"何"，为"何我独无"，"繄"表示强调。总之，"殹"的释读还需要再讨论。

我们认为"殹"读为"抑"，副词，表示揣测，相当于"也许"。理由如下：

第一，从语音上看，"殹"影母脂部，"抑"影母质部，双声，韵部阴入对转，"殹"与"抑"语音相通。

第二，从语义上看，王居（2014）认为，"譄"读为"歆"，指上天享飨成王之德，"造"指上天成就成王。[②]例（6）语译为：如果不是上天享飨此德的话，也许上天就不会成就他。揣测语气需要用于说话人不能控制的事件，上天享飨成王美德是非人力所能左右。把"抑"看作揣测副词，语义通顺，逻辑合理。

第三，从时体上看，"非天歆德，殹莫肯造之"这一句表达一种假设的时体，假设时体属于未然的事情，可以用来表达说话人的揣测。"殹"表揣测，与此句的时体相合。

---

① 李学勤主编：《清华大学藏战国楚竹简（三）》，中西书局2013年版，第138页。
② 王居认为，"譄"读为"歆"，此句语译为：如果不是上天享食此德，也许就不会事事有成就。王居：《清华简〈周公之琴舞〉解析》，简帛研究网，《学灯》2014年1月4日第29期。

第四，从语言社会性看，我们调查战国楚出土文献中"殹"作连词9次（表选择和转折关系），作副词3次（表揣测和强调语气），没有一次作句首发语词和叹词。句首发语词和叹词不是"殹"的常用义，连词和揣测副词是"殹"的常用义。例（6）"殹"表揣测副词符合语言社会原则。

综上所述，例（6）中的"殹"作揣测副词，相当于"也许"。此段大意为：如果不是上天享赐此德的话，也许上天就不会成就他。

B."殹"作连词。如：

（7）王乃訊說曰："帝殹（抑）爾以畀余，殹（抑）非？"（《清華簡（三）·傅說之命》3）

（8）子羔昏（問）於孔＝（孔子）曰："厽（叁）王者之乍（作）也，虘（皆）人子也，而丌（其）父戔（賤）而不足叟（偶）也與（歟）？殹（抑）亦城（誠）天子也與（歟）？"（《上博簡（二）·子羔》9）

整理者把例（7）中的"殹"释作选择连词，相当于"是……还是"。①李学勤把例（8）中的"殹"也释作选择连词。②

上面用例中的"抑"不是"殹"的本字，只是用借字"抑"解释字义。"殹"的本字是"意"。"意"属于职部，"殹"与"意"旁对转相通。

用法上，"意"是怎么演变出作副词和连词用法的呢？

先是用作動詞，有"思慮、謀划"之意。如：

（9）臣願以鄙心意公，公無以為罪。（《戰國策·魏策》）

鲍彪注："'意'犹'度'也。"③臣愿以鄙心意公，即臣愿以鄙心度公。"意"作动词，表示"揣度、料想"之意。动词"意"作"料想"意

---

① 李学勤主编：《清华大学藏战国楚竹简（叁）》，中西书局2013年版，第123页。
② 廖名春：《上博简〈子羔〉篇补释》，《中州学刊》2003年第6期。
③ 《战国策校注》卷七，鲍彪注，刘师培补正，钦定四库全书本，乾隆四十五年版，第40页。

的用法在战国时期已经出现。

接着，"意"用作副词，用于单句之内，表示反诘、揣测、转折、递进等。表示反诘的用法如：

（10）夫取天之人，以攻天之邑，此刺殺天民，剝振神之位，傾覆社稷，攘殺其犧牲，則此上不中天之利矣，意將以為利鬼乎？（《墨子·耕柱》）

此例的大意为：这种行为往上已经不合上天的利益，难道还能认为这样有利于鬼神吗？"意"表反诘，相当于"难道"。

在传世文献中，作副词的用法多写作借字"抑"。表示转折的"抑"如：

（11）拜命之辱，抑君賜不終，姑又使其刑臣禮於士。（《左傳·襄公十七年》）

此例中的"抑"表转折，有"不过"意。这里"抑"的本字是"意"。"抑"（质部）与"意"（职部）旁转相通。同理，上例（6）《志书乃言》中"殹"的本字也是"意"。"殹"（脂部）与"意"（职部）对转相通。

其后，"意"用于复句之内作连词，表示选择。如：

（12）復豈女为之与？竟鮑为之与？（《墨子·明鬼下》）
（13）武王똨（問）於帀（師）上（尚）父，曰："不晢（知）黃帝、耑（顓）琂（頊）、堯、乚（舜）之道才（在）卣（乎）？言（意）殹（微）喪（茫）不可寻（得）而訨（睹）卣（乎）？"（《上博簡（七）·武王踐阼》1）

文献中这种用法的"意"字少见，借字"殹、抑"多见。
"殹"作连词时也有转折用法。如：

（14）王問執事人，曰："信，殹公命我勿敢言。"（《清華簡

（一）·金縢》10—11）

此例"殹"在传世文献《尚书》中用"噫"。如：

（15）二公及王乃問諸史與百執事，對曰："信，噫公命我勿敢言。"（《尚書·金縢》）

整理者依据孔安国的注释，把例（14）"殹"看作叹词，廖名春依据王引之的注释，把"殹"看作转折连词。我们认为，根据语言的社会性，"殹"在楚简中没有发现作叹词的用法，而作副词和连词的用法常见，当看作转折连词。从词汇与文字的关系看，"殹""噫"都可以通"抑"。王引之《经传释词》曰："抑、意、噫、亿、懿五字并同也。"（第68页）

C. "殹"作句末语气词。如：

"殹"作句末语气词，表示判断。如：

（16）智（知）而弗敢論，是即不廉殹（也）。（《睡虎地秦墓竹簡·語書》7）

（17）故執道者之觀於天下殹（也），無執殹（也），無處殹（也），無為殹（也），無私殹（也）。（《馬王堆漢墓帛書·經法·道法》3下）

（四）"以讒（讒）言相忞"中的"忞"（志4简）

简文为"忞"，整理者（2011）隶为"忞"，释为"谤"。[1]陈伟（2011）认为，楚简中"病"多从"疒"从"方"，《郑子家丧》中"病"从"丙"从"心"之字。简文忞从"方"从"心"，疑是"病"字或体，表示"祸害"意。此用法见于传世文献中，如《汉书·沟洫志》："不豫修治，北决病四、五郡，南决病十余郡，然后忧之，晚矣。"[2]按，此简"忞"疑当为"忨"，"忨"同"妨"，有"害"之意。《集韵·阳韵》："妨，《说文》：'害也。'或作忨。"

---

[1] 陈佩芬：《〈王居〉考释》，载马承源主编《上海博物馆藏战国楚竹书（八）》，上海古籍出版社2011年版，第205页。
[2] 陈伟：《上博楚竹书〈王居〉新编校释》，简帛网，2011年7月20日。

四 新《王居》篇的释文

根据学者们的研究及上面的考释，我们将整理的新《王居》篇的释文抄录如下：①

王居【王1背】

王居鮇（苏）澫之室。彭徒羿（往）譚（鄩）闗（关）至（致）命。邵昌为之告，王未倉（答）之。【王1正A】

观无悢（畏）【王1正B】……毁亚（恶）之。是言既睧（闻）于众巳（已），邦人其瀘（沮）志解体，胃（谓）：【王3】"《寺（志）》箸（书）乃言：'是楚邦之弜（强）邴（梁）人，反尽（侧）其口舌，以斐（对）譬（讹）王、大夫之言。'纵【志1】不只（获）皋（罪），或（又）犹走趣（趋）事王。邦人其胃（谓）之可（何）！"王作色曰："无悢（畏），此是【志2】胃（谓）死皋（罪）。虐（吾）安尔（尔）而执（袭）尔（尔）。尔（尔）亡（无）以叔（虑）枉（匡）正我，殹（抑）忎（惎）韦（讳）諽（谀）詚（愬）以在（载）亚（恶）。吾【志3】虫（庸）材以为献，或（又）不能节鼐（奢）所以皋〈亲〉人。然以諽（谀）言相忎，尔（尔）思（使）我【志4】得忧（尤）于邦多巳（已）。吾欲至（致）尔（尔）于皋（罪），邦人其谓我不能禹（称）人，朝起而【志6】夕瀘（废）之。是则尽不毂（谷）之皋（罪）也。后舍勿然。唯（虽）我忎（爱）尔（尔），吾无女（如）社【志7】禝（稷）可（何）！而（尔）必良慎之。"

其昷＝（明日），命（令）尹子春䰍，王就之曰："夫彭徒一劳。为【王5】吾谧（必）之。"命（令）尹倉（答）："命须其尽。"王胃（谓）："虐（吾）谷（欲）速。"乃许诺："命须后伿（必）。"王就【王6】命（令）尹，少进于此，吾一耻于告大夫。述日，徒自关至（致）命，昌为之告，虐（吾）未【王2】……□鏖（庶）能进后人。忼（愿）大夫之母（抚）䰍徒，以员（云）不毂（谷）之【王4】间（奸）臣而居虐（吾）左右，不禹（称）檠（贤），进可以㕓（屏）桷（辅）我，则哉（特）为民窊（穷）寡（究）。（吾）闻古【命4】之善臣，不以厶（私）

---

① 对还未能确定的字，在释文里仍然保留原简文字形或原整理者所隶定之字，以供后人参考研究。

思（使）厶（私）悁（怨）内（入）于王门。非而（尔）所以复，我不能聅（贯）壁而视圣（听），【命5】虖（吾）以尔（尔）为远目耳。而（尔）纵不为虖（吾），爰睪（择）吾父兄甥（甥）咎（舅）之又（有）所善。【志5】……言之渼（篤）。

命（令）尹许诺，乃命彭徒为洛卜尹。【王7】

（龙国富：中国人民大学文学院，100872，北京）

学术信息

纪念吴玉章中国语言文字研究所成立五十六周年高端论坛在京举办

2016年11月12日，由中国人民大学文学院主办的"纪念吴玉章中国语言文字研究所成立五十六周年高端论坛"在北京举行。来自北京大学、清华大学、中国人民大学、北京师范大学、四川大学、安徽大学、厦门大学、武汉大学、湖南师范大学、首都师范大学、浙江财经大学、广西大学、江苏师范大学等国内各大高校的专家学者共30余人参加了本次论坛。

北京师范大学王宁先生、北京大学中文系唐作藩先生、北京大学中文系苏培成先生出席了开幕式。文学党委书记兼副院长朱冠明教授参加开幕式并致辞，朱冠明书记首先对参会的各位专家学者表示了欢迎，随后介绍了中国人民大学文学院语言学科的发展状况和人员配备，并希望吴玉章中国语言文字研究所的未来发展能得到各位专家学者的大力支持。吴玉章中国语言文字研究所所长王贵元教授在开幕式上介绍和回顾了吴玉章中国语言文字研究所的发展历史以及未来的发展规划。开幕式由吴玉章中国语言文字研究所副所长赵彤副教授主持。

本次高端论坛历时一天，共有四场大会报告。在上午的报告中，首先由王宁先生、唐作藩先生、苏培成先生分别做了题为"谈语言文字学的人文性"、"从音韵学看汉语拼音方案的优越性"、"学习吴老，全面推动语言文字事业的创新发展"的大会报告。之后各位专家学者分别就自己目前的研究成果做了19场大会报告，从宏观到微观，内容丰富充实，不仅有关于语言学科的发展定位问题，还有语言战略、语言规划等内容，尤其是新材料新问题的介绍，更是引起了学者们的浓厚兴趣。各位专家学者对每一场报告都进行了认真思考和积极回应，现场讨论和交流的气氛浓厚而热烈。

论坛闭幕式于当天下午5点举行，闭幕式由王贵元教授主持，中国文字学会会长黄德宽教授、江苏师范大学语言科学与艺术学院院长杨亦鸣教授致辞。黄德宽会长总结了论坛一天的发言，他指出本次论坛既有对传统学术问题的总结继承，又有关于新材料新方法的开辟，各种问题都引起了大家的思考和讨论，是一个开拓与会者视野的高端论坛。杨亦鸣院长则强调了吴玉章建立中国语言文字研究所的贡献，对语言文字研究所的传承给予肯定，并对语言学在当今社会发展中应承担的责任发表了自己的观点。

1960年2月，为配合国家简化汉字、推广普通话、制订和推行汉语拼音方案等文字改革工作，在时任中国文字改革委员会主任、中国人民大学校长的吴玉章同志直接领导下，中国人民大学成立"中国语言文字研究所"，这是我国高等院校中最早成立的语言文字研究所。

　　中国语言文字研究所成立之初，研究人员多达30人，吴玉章校长一度亲任所长，在中国语言文字的基础理论研究、语言文字应用研究和文字改革工作试验等方面，开展了一系列工作，成为国家语言文字决策咨询基地。1979年中国语言文字研究所开始招收文字改革研究方向硕士研究生，1985年《国家标准：信息交换用汉字编码字符集·基本集》获国家科技进步一等奖，1986年与解放军某部联合研制成功的"汉语拼音正字法输入系统"在京通过鉴定，1987年"信息处理用中文词库系统"和"中小学教材词频统计工程"通过省部级鉴定，1991年新华社的汉字输入系统采用中国人民大学中国语言文字研究所研制的人大码，"七五"重点攻关项目"新闻汉语词库"在北京通过专家鉴定，1995年《汉字信息处理用国际标准：ISO-10646中朝日CJK汉字大字符集》获国家科技进步一等奖，1996年《现代汉语动词大词典（人机通用）》获北京市哲学社会科学一等奖。

国家社科基金重大项目《日本藏汉文古字书集成与整理研究》专家咨询会顺利举办

2016年11月13日，2015年度国家社科基金重大项目《日本藏汉文古字书集成与整理研究》专家咨询会在北京召开。中国文字学会会长、安徽大学文学院教授黄德宽，首都师范大学文学院教授黄天树，江苏师范大学语言科学与艺术学院教授杨亦鸣，北京师范大学文学院、郑州大学汉字文明研究中心教授李运富，西南大学语言文献研究所教授张显成，厦门大学中文系教授李无未，浙江财经大学人文与传播学院教授何华珍，中国社会科学出版社任明编审等共八位专家出席了咨询会。

各位专家听取了由项目首席专家王贵元教授带领的项目组成员的汇报。首先由王贵元教授围绕"课题设计思路与进展情况"做了总体情况介绍，随后项目组成员张翔、郭照川、陶曲勇、李昕皓、刘寒青分别汇报了"课题的价值和意义"、"古字书选收情况"、"整理研究内容"、"释文校注汇证凡例"、"数据库建设"五个方面的内容。

听取汇报之后，各位专家首先肯定了"日本藏汉文古字书集成与整理研究"项目的价值，认为这个项目的研究成果将惠及日后的学术研究活动，具有重要的学术价值和文献价值。黄德宽教授指出，项目一定要注意"集成"的性质，争取把相关字书搜罗殆尽，为学术界呈现一份过硬的新资料，切不可遗漏重要字书或重要版本。同时，黄德宽教授对项目组借鉴出土文献的整理方法对日藏汉文古字书的校注深表赞赏，认为这种校注方法便于读者使用，同时建议数据库的建设应该以便于研究者使用为原则。黄天树教授则为数据库建设提供了新的信息，强调体例工作一定要做在前面，从一开始就要统一体例，宁愿开始时进展慢一点，也不要结项时再回头修改。杨亦鸣教授强调项目实施时应该综合考虑时间与经费，切忌贪大求全，重点要在"编"上下功夫，如果有需要，可以申请国家社科的持续资助。李运富教授指出，项目组要处理好"全"与"选"的关系，确定好选书的原则，并且应该贯彻始终。张显成教授则高度评价了选题的价值，认为这个项目做好了将是"流芳百世"的工程，并综合前面几位专家的意见，建议课题组调整研究思路，对于其中价值重大的字书坚持校注，而数据库应全部收录字书。任明编审从出版工作的角度出发，提供了富有针对性的意见。李无未教授和何华珍教授作为子课题的负责人也就下一步的工作提供了详细的建议，并表示全力支持课题组的工作。